U0165974

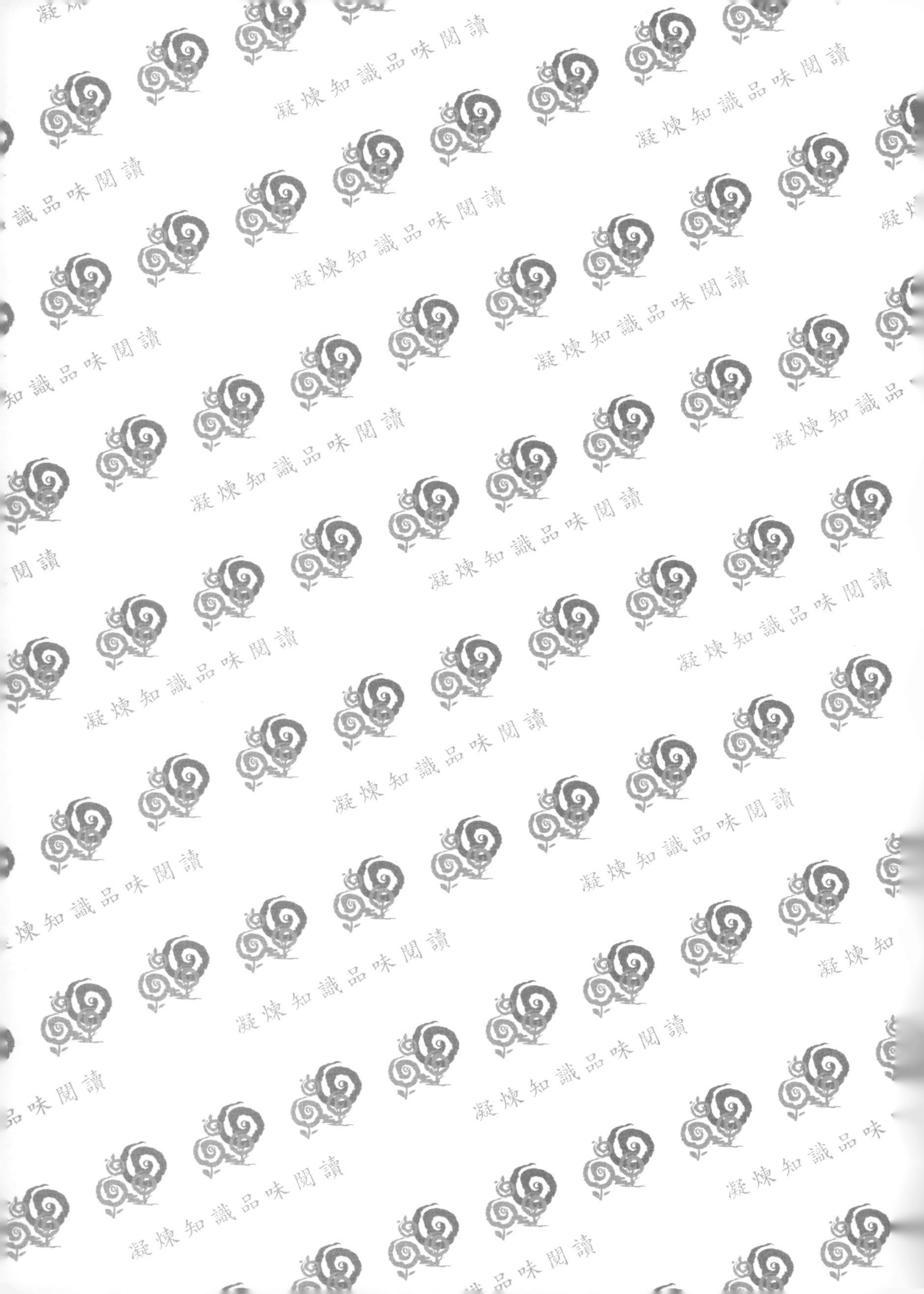

圖解系列

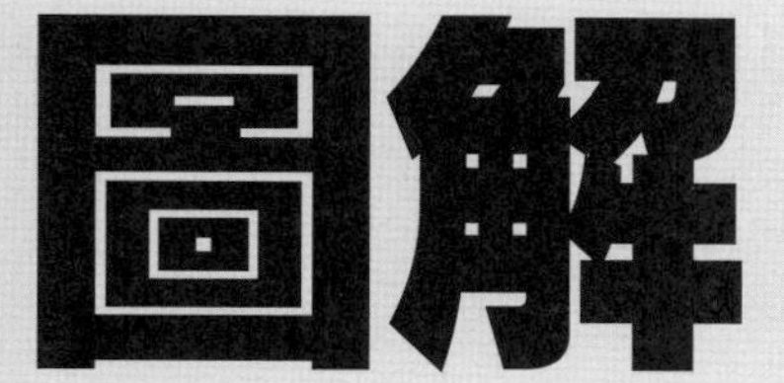

三大特色
- 一讀就懂的社會個案工作知識
- 文字敘述淺顯易懂、提綱挈領
- 圖表形式快速理解、加強記憶

社會個案工作

陳思緯 著

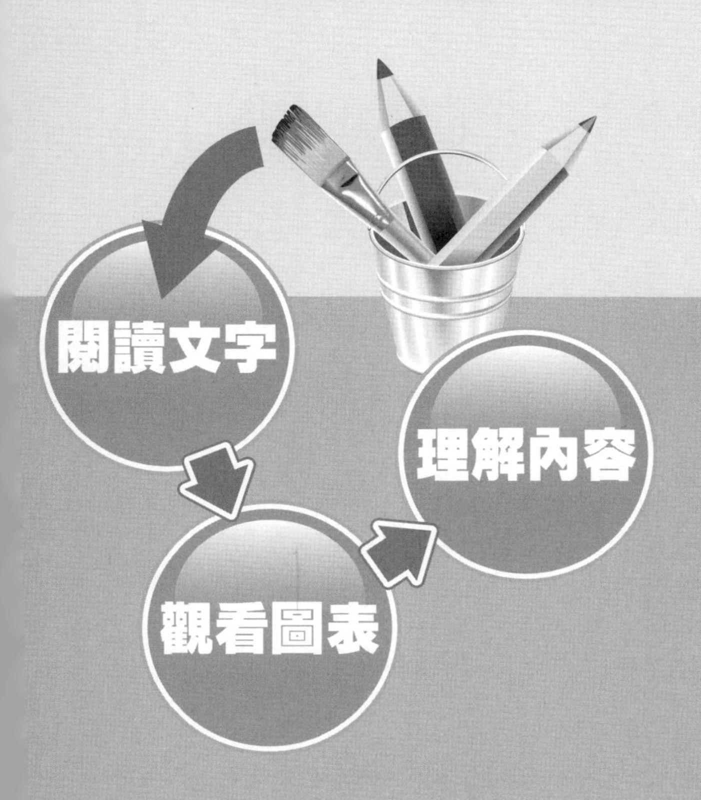

五南圖書出版公司 印行

本書目錄

第1篇 社會個案工作的入門

第2篇 社會個案工作的專業關係與專業倫理

本書目錄

第 3 篇 社會個案工作的過程

本書目錄

第6篇 非自願性案主

第7篇 社會個案工作的相關理論

第 1 篇

社會個案工作的入門

章節體系架構

Unit 1-1 社會個案工作的意涵

社會工作是一門科學，也是一門藝術。在社會工作領域，依照社會工作提供服務的方式，可區分為間接服務、直接服務兩大類。間接服務係泛指在社會工作者在服務的過程中，不會直接面對服務的案主或服務對象，而係以間接的方式提供服務，例如：社會政策規劃、社會工作研究等。至於所謂的直接服務，係指社會工作者在服務的過程中，會直接面對案主或服務對象，提供各項服務。直接服務通常係指社會工作的三大工作方法，包括：社會個案工作、社會團體工作、社區工作。

「社會個案工作」在中文的翻譯，係直譯自英文"Social case work"。何謂「社會個案工作」？潘淑滿（2000）之定義為：「是一種自助助人的歷程，以個人或個別家庭為服務對象，運用專業知識與技術協助一些個人暨其家庭，尋找有效之途徑，以解決他們本身能力或資源所不能處理的社會適應問題。」

從前述定義可知，在服務對象上，社會個案工作的服務對象是個人、家庭，其與社會團體工作之服務對象為團體成員、社區工作為社區居民，在服務對象上有所不同。

無論在社會工作實務領域，或是社會工作系學生實習中，社會個案工作常為社會工作者最先接觸，也是最常接觸的工作方法。例如：在公部門中，對於路倒遊民就醫的協助、對於遭受火災家庭給予的急難救助；在私部門中，對心智發展遲緩案主的個別化服務；在社會工作學生的實習過程中，跟隨機構督導所提供的服務，也多以個案服務居多，例如：醫務社會工作者針對住院的案主，提供醫療協助或協助尋求資源等。前述均是社會個案工作服務應用的領域案例，因此，就社會工作三大工作方法中，社會個案工作對大多數社會工作者而言，是最被廣泛運用於各種專業領域，其重要性不言可喻。

社會個案工作在提供服務的過程中，社會工作者係以個別化的方式提供服務，同時，與案主發展專業關係，並運用個案工作理論進行處遇（treatment），恢復並增強個案的社會功能。在這處遇過程中，社會工作者經評量（assessment）個案的情況後，視個案的需求，尋求跨網絡的資源協助，此即為社會個案工作中的個案管理（case management）的運用。

個案工作由於其應用性高，因此在各領域中被廣泛應用。例如：在學校社會工作中，針對中輟學生的處遇；在司法社會工作中，針對虞犯少年的處遇；在家庭社會工作中，針對家庭暴力加害人的處遇；在老人社會工作中，針對安養住民的個別處遇服務等。

綜合言之，社會個案工作是社會工作者運用專業知識及應用社會資源，以協助個人及其家庭解決問題、恢復社會功能及發揮潛能的一種工作方法。

社會個案工作的定義

Mary Richmond（芮奇孟）認為，社會個案工作是一連串的過程，以個人為著手點，透過對個人及其所處社會環境，做有效的調整，以促進其人格成長（林勝義，2013）。

Smalley（史梅莉）指出，社會個案工作是以個別的方式，透過專業關係的過程，促使案主運用社會服務，以增進案主或社會福利的一種方法（潘淑滿，2000）。

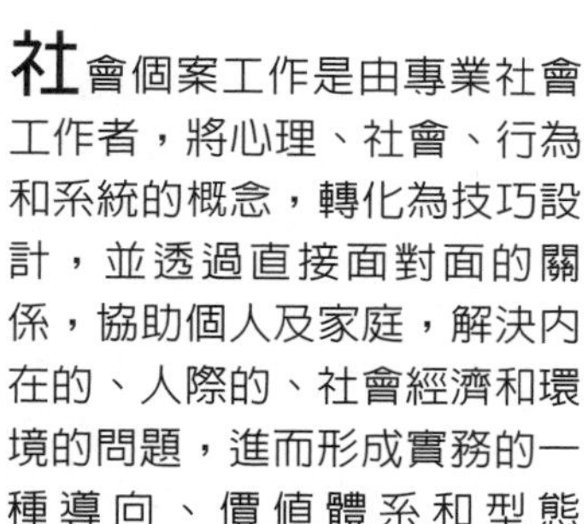

社會個案工作是由專業社會工作者，將心理、社會、行為和系統的概念，轉化為技巧設計，並透過直接面對面的關係，協助個人及家庭，解決內在的、人際的、社會經濟和環境的問題，進而形成實務的一種導向、價值體系和型態（Baker, 2014）。

美國社會工作百科全書對社會個案工作之定義為：「社會個案工作是社會工作的方法之一，是協助求助者解決個人痛苦，調整家庭環境，解決社會問題之一種有效手段。社會個案工作者須視個人情況、家庭環境、社會因素，應用適當物質資源、心理治療或社會諮詢等方式，去改善個人所遭受之不幸經歷」（莫藜藜，2021）。

Unit 1-2 社會個案工作發展歷史

英國伊莉莎白女皇於 1601 年頒布濟貧法（The Poor Law），亦稱為伊莉莎白 43 號濟貧法。這部法案的特色是將貧民分成三類：第一類是體力健全的貧民，強迫必須進入習藝所工作；第二類是無法工作的貧民，主要是老弱者、患病者、身障者，以及需要照顧年幼子女的母親，此類貧民採取進入救濟機構之院內就濟，或是採取院外救濟；第三類是失依的兒童，採取寄養或出養。伊莉莎白 43 號濟貧法有關救濟制度的設計，是現代社會救助制度的濫觴，對現今救助制度的設計，產生了深遠的影響。在伊莉莎白 43 號濟貧法中，設有濟貧監察員，其主要任務係對貧民申請救濟案件的接案、調查及評估。林勝義（2013）認為，濟貧監察員就現代社會工作而言，已經具有個案工作的影子了。

1834 年，英國修正原濟貧法為新濟貧法（The New Poor Law），此次修法主要係為解決日益擴大的貧富差距，但法案未見明顯成效，再加上英國已進入工業社會，帶來許多的社會問題。民間慈善機構為投入對弱勢的協助，紛紛成立慈善機構，但各自為政，致產生慈善資源的競奪、資源提供的重複與運用的浪費，致使慈善資源未能發揮最大的效益，在此社會背景下，促使成立慈善組織會社的動機萌芽。

索里（Solly）於 1869 年在英國倫敦成立慈善組織會社（Charity Organization Society, COS），是慈善組織會社發展歷史過程中的代表人物；美國則於 1877 年由哥爾亭（Gurteen）在水牛城成立第一個慈善組織會社。Solly 當時成立慈善組織會社，其主要目的是要聯合各慈善機構的力量，將慈善資源整合起來，以避免同一位貧民分別向不同的慈善機構申請救濟，造成資源重疊與浪費之情形。

此外，慈善組織會社設立「友善訪問員」（friendly visitor）制度，指派友善訪問員並前往貧民的家庭進行訪視，以評估是否為值得救助的貧民。而此種友善訪問員前往家庭訪視、調查，到最後依據訪視評估的結果，決定是否給予救濟的過程，與社會個案工作從接案、開案、會談、需求預估（assessment）及處遇提供的過程相同。莫藜藜（2021）認為友善訪問員的作法，已包含了現代社會個案工作的主要概念；且針對個別案主從事「家庭訪視」及調查的行爲，在當時已有所謂「個案」（case）一詞的出現，可視爲現代社會個案工作的雛形。

綜合言之，無論是在政府體制的伊莉莎白 43 號濟貧法，設有濟貧監察員；或是個別慈善組織的濟貧，以及聯合慈善組織力量所成立的慈善組織會社，所設立的友善訪問員，其對貧民救濟的程序，均採取接案後家庭訪視，以評估其是否符合救濟資格的方式，這即是社會個案工作的運用。

社會個案工作的發展

1601年

英國濟貧法（The Poor Law），對貧民進行救濟，以物資救濟為主，為社會個案工作的起源。

1869年

英國亨利索里（Solly）在倫敦成立第一個慈善組織會社（COS）。主要目標是促使慈善組織聯合，使救濟貧民的資源獲得合理的運用。COS派出「友善訪問員」實際進行申請救濟者之個案訪問，視個案的情況給予救濟，此種「個案化」的工作方式，即是「社會個案工作」的作法。

1917年

Mary Richmond出版《社會診斷》（*Social Diagnosis*），本書強調環境對人的影響。

1922年

Mary Richmond出版《何謂社會個案工作》（*What is Social Casework?*），此書主要說明社會個案工作的原則、方法和處遇步驟，奠定社會個案工作的基礎。Mary Richmond被認為是社會個案工作的先驅者。

Unit 1-3 社會個案工作發展歷史（續 1）

社會個案工作在歷經 1601 年伊莉莎白女皇頒布濟貧法（The Poor Law）、1869 年慈善組織會社成立後，個案訪問已經具有雛形，卻一直未有對於個案工作概念的學理論述，以作為建立個案工作的知識基礎。直至芮奇孟（Mary Richmond）於 1917 年出版了《社會診斷》（*Social Diagnosis*）一書，才使用了個案工作的概念，亦建立了社會個案工作的知識基礎。Richmond 被譽為社會個案工作的鼻祖，更奠定了社會工作專業化的里程碑。

1917 年 Richmond 出版了《社會診斷》，這本書提出醫學的診斷概念，但以社會學觀點為主，強調社會因素對了解人類行為的重要性，其指出要尊重與了解個人的差異性，並重視個人與家庭、社會間的相互關係（謝秀芬，2016）。Richmond 定義社會診斷為：「盡可能精確地定義案主的社會情境與人格」（林萬億，2022）。

緊接著，1922 年 Richmond 出版了《何謂社會個案工作》（*What is Social Casework?*）一書。相較於《社會診斷》，《何謂社會個案工作》對於社會個案工作的論述更具有體系化，且理論之論述更加完整。此著作除有系統的說明個人的人格發展如何受到社會環境的影響，亦說明社會個案工作的原則、方法與步驟。Richmond 提出社會個案工作的三個步驟，包括調查（investigation）、診斷（diagnosis）與處遇（treatment）。

無論 Richmond 在《社會診斷》或《何謂社會個案工作》的著作中，均提及社會環境對個案的影響。在 1920 年以前，個案工作等於社會工作，其被界定的較為廣泛，包括對案主行為影響及社會環境因素的分析。但回顧社會個案工作發展的歷程中，卻深受佛洛伊德（Freud）的精神分析理論影響。精神分析理論的觀點認為，個人的問題都源自於內在的衝突，這股衝突潛藏於潛意識中，與案主的早期經驗有關。在這股精神分析論的風潮席捲下，影響了 1920 年以後的社會個案工作的發展。

1920 年以後，社會個案工作受到精神分析理論的影響，社會工作者在對案主問題的診斷與處遇上，有著不同以往的觀點。在此時期，社會工作者所強調的是以個人為中心的心理因素。社會工作者不再關心使個人不適應的社會因素，而認為個人的不適應是個人的過失（林萬億，2022）。這種看待案主問題觀點的改變，充分顯示出精神分析理論影響了社會個案工作的處遇思維。此種思維係以對案主個別的治療，以及協助案主改變個人去適應社會環境為主要處遇焦點，理論應用屬性上，係將案主問題歸因於其個人，忽略了案主問題的發生，社會環境因素常具有不可或缺的影響因素，此即所謂的社會個案工作遭遇精神分析理論洪流的時期。

慈善組織會社與睦鄰運動之比較

慈善組織會社（COS）		睦鄰運動（SHM）
1869年	**年代**	1884年
Solly（索里）	**起始者**	Barnett（巴涅特）
整合慈善機構資源 訪視調查	**工作方式**	進駐社區 提供社區研究與改革
個案工作的前身	**對社會工作的影響**	社區工作的前身

慈善組織會社運用友善訪問員的主要目的

01 確定案主有無受助的必要。

02 以道德規勸來說服與鼓勵案主自立與自助。

Unit 1-4 社會個案工作發展歷史（續 2）

在社會個案發展的過程中，社會個案工作四大學派的建立，對個案工作理論體系化的發展，扮演著重要的角色，包括功能學派個案工作、心理暨社會學派個案工作、問題解決學派個案工作、行為修正學派個案工作。

社會個案工作在 1920 年代受精神分析理論影響，1930 年代美國賓州大學社會工作學院發展出功能學派社會個案工作。此學派源起於佛洛伊德的門生 Otto Rank，並由 Robinson 與 Taft 加以發揚光大。功能學派倡導自我心理學，強調「意志」（will）的功能。此學派強調機構的功能，意即可透過機構與助人過程間的關係以協助案主；且不同的機構，應承擔不同的社會功能，各機構對整體社會正常運轉，扮演了不可替代的角色與力量。此為社會個案工作的第一個學派。

其後，於 1937 年由 Gordon Hamilton 首次使用心理社會（psychosocial）一詞，並發展為心理暨社會學派，且與當時的功能學派社會個案工作分庭抗禮。心理暨社會學派主張對案主問題的了解，應從「人在情境中」著手，此為社會個案工作的第二個學派。

1950 年，Helen Harris Perlman 提出問題解決學派，此學派是從心理暨社會學派分支出來，又採借功能學派的觀點，成為一種綜合性的社會個案工作，此學派亦被稱為「診斷學派」，強調診斷程序，此即為社會個案工作的第三個學派。

社會個案工作的第四個學派，為 1950 年 Edwin Thomas 提出的行為修正學派個案工作。此學派係以社會學習理論為基礎，不重視內在心理動力、潛在動機或自我功能的影響，反而重視外在環境對個人行為的刺激、制約與改變的效果，主張個人行為應給予治療和訓練（潘淑滿，2000）。

隨著社會的演進，在 1970 年以後，社會個案工作的方法出現統整之趨勢，主要是要回應日益複雜的社會問題，綜融社會工作的出現即是。傳統的社會工作，將直接服務分為個案工作、團體工作、社區工作，但綜融社會工作不區分個案工作、團體工作、社區工作等方法，而係綜合成一種方法。綜融社會工作關心的焦點，不只是關心案主，更關心對案主直接或間接產生影響的相關系統。因此，其處遇的面向是廣泛的，社會工作者所應具備的社會個案工作知識與理論，必須是多元的，才能根據情境採取不同的服務措施，以提供案主最適當與最有效的處遇。

回顧社會個案工作的發展歷史，無論是 1601 年濟貧法的頒布、1869 年慈善組織會社成立，以及對建立社會工作專業化過程最具有影響力的 Richmond 相關著作之出版，乃至於 1920 年代之後社會個案工作四大學派的確立，均對社會個案工作發展具有重大的影響力與貢獻。

Mary Richmond對社會個案工作專業化過程的主要貢獻

01

強調科學化、系統化的步驟，進行資料蒐集與問題原因的探求。

02

強調與案主一起做（do with），而非傳統的為案主而做（do for）。

03

重視個人、家庭與社會間的互動關係。

04

尊重並了解個人的差異性。

社會個案工作四大學派

學派別	強調重點
1 功能學派個案工作	強調機構功能
2 心理暨社會學派個案工作	強調人在情境中
3 問題解決學派個案工作	強調4Ps
4 行為修正學派個案工作	強調觀察學習

Unit 1-5 社會個案工作的特質（特性）

社會個案工作的主要目的，是希望使社會適應不良的個人與其家庭，重新恢復、增強或發展其心理暨社會功能，並重新適應社會。社會個案工作的特質，包括：(1) 以專業知識和技巧爲基礎；(2) 注重個人的獨特性；(3) 以人在情境觀點爲基礎；(4) 強調案主的參與及自決爲助人的前提；(5) 重視專業關係的建立；(6) 整合社會資源（黃維憲等人，1985）。

社會個案工作是社會工作的方法之一。社會個案工作亦如同其他的工作方法一樣，是以專業知識和技巧為基礎，透過對人類行為與科學知識的學習，以作為預估（assessment）問題的成因；並因各種問題的型態與對問題的看法，發展多元的個案工作理論與處遇技巧。此外，社會個案工作注重個人的獨特性，其認為每一個個案都是具有個別差異的，因此，個別化是一種尊重。社會工作者必須覺察個案的個別性、差異性，雖然運用相似的理論進行處遇，但在處遇過程中，每個個案均是獨一無二的，因為，每個個案的問題性質和原因，並不會完全相同。

社會個案工作者必須意識到，個案的問題不是在真空的情境發生的。個案問題的產生，必定是受到內在因素與外在環境的交互影響，其成因是交錯複雜的。因此，社會工作者在進行個案工作預估時，必須以人在情境觀點爲基礎，重視並了解個人發生問題的生理、心理，以及外在情境所有的社會因素之相互影響。因此，前來求助的個案，其所呈現出來的問題現象，通常就如冰山的一角，其背後有引發個案問題的諸多因素，包括個人與社會因素影響問題等各種可能因素，社會工作者必須以此為人在情境中的觀點，探求個案的問題與需求以協助個案。

社會個案工作是一門助人的專業，是以強調案主的參與及自決爲助人的前提。社會個案工作者必須謹記，社會個案工作強調「與案主一起工作」（do with clients），而不是「爲案主工作」（do for clients）。社會個案工作的工作目的，在於協助案主解決問題，而不是代替案主解決問題。因此，在社會個案工作過程中，引導案主發揮潛能及積極參與問題解決的過程，一起與社會工作者尋求各種可能解決問題的方法，並由案主自己決定和採取積極行動去解決問題，才符合社會個案工作的案主參與與自決原則。

社會個案工作者與案主的關係，是建立在專業關係的基礎上。專業關係的建立，有助於社會個案工作的推展；非專業關係或是多重關係的建立，對協助個案問題的解決，將會產生阻礙。因此，社會個案工作重視專業關係的建立。亦即，在個案工作的過程中，必須採取理性的、客觀的，且避免涉入不適當的道德成見與價值觀。而在這工作過程中，社會個案工作者對於案主的問題或需求是單一機構無法解決時，應整合相關可用的社會資源，提供連結或轉介服務，以提供符合個案需求的個案服務。

社會個案工作的主要目標

01
增加社會生活之適應力。

02
發揮潛在能力及充實其社會生活之功能。

03
預防新的困難或問題之產生。

04
預防原有之困難或問題之再發生。

05
確實有效處理困難和解決問題。

資料來源：標題、文字引自Strean（1978）；圖作者自繪。

社會個案工作的功能

01 能改變生活態度。

02 能改善生活環境。

03 能改變心理動機。

04 能改變行為型態。

05 能發展潛在之能力。

06 能強化生活適應能力。

資料來源：標題、文字引自Strean（1978）；圖作者自繪。

Unit 1-6 社會個案工作對案主的界定

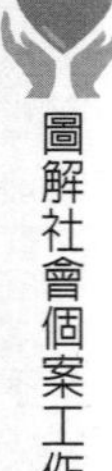

社會個案工作所謂的「個案」（case），包括需要社會工作者提供專業服務的個人、家庭。社會個案工作者將個人及其家庭作為整體，以提供專業的直接服務。社會個案工作將服務的個人，稱之為案主（client）。「個案」不應是案主（client）的代稱，案主是「人」，個案是人和事件。社會個案工作者將案主的家庭，稱之為「案家」，且將案主的其他家人，分別冠以「案○」加以稱呼，例如：案父、案母、案子等。Henderson 將這些統稱為「服務使用者」（service users）。

案主可分為「潛在案主」及「眞正的案主」。所謂「潛在案主」，亦稱為可能的「案主」，主要是其不一定是需要提供服務的對象。例如：至社會福利機構求助的人，並不一定就是社會工作的案主，有可能是代替家人來機構尋求服務；或是有些是經過一定的標準所篩選出來的個案，他們雖然符合在服務提供的標準內，但未必每一個人均需要提供服務，因此，只能先將其視為潛在案主。而所謂「眞正的案主」（actual clients），是指經過社會工作者專業評估後，符合開案的標準並給予開案，由機構提供服務的案主。

案主的問題來源，包含許多複雜的因素，例如：社會結構、種族、年齡、失業、醫療衛生、住宅政策等社會因素，或是個人的生理、心理等因素。社會個案工作者面對案主複雜多元的問題，無論是內在或外在因素，社會個案工作者應運用社會工作的理論與實務，了解案主所面臨的問題，並採取有效的處遇方式，以協助案主。

案主對於問題的認知，會受到社會文化的因素而有所不同，雖然這些情境相同，但在不同的文化，對於問題的認定具有影響力。例如：在華人社會早期對學童以藤條打手心的教育方式，在西方國家則會被視為兒童虐待；同樣地，以往我們對於兒童虐待的看法，也會隨著時代演進，而有所不同。此外，早期傳統文化對於家庭暴力事件，多以家醜不外揚處理，但現今社會對於家庭暴力問題的認知，顯然與以往有相當大的差距。此即是社會文化所形成對問題解釋的準則。

社會個案工作者所服務的案主，常為社會的弱勢者，有時對於問題的表達能力有欠缺或無能力。例如：腦性麻痺的案主、新移民家庭的外籍配偶等。不同的服務對象人口群，有其不同的文化，社會個案工作者必須了解不同文化的案主所面臨的問題，並具有文化敏感度隨時反躬自省，且應具有文化勝任能力，以所服務對象的文化為基礎進行溝通與問題評估，才能提供案主適切的服務。

個案工作可能的介入範圍

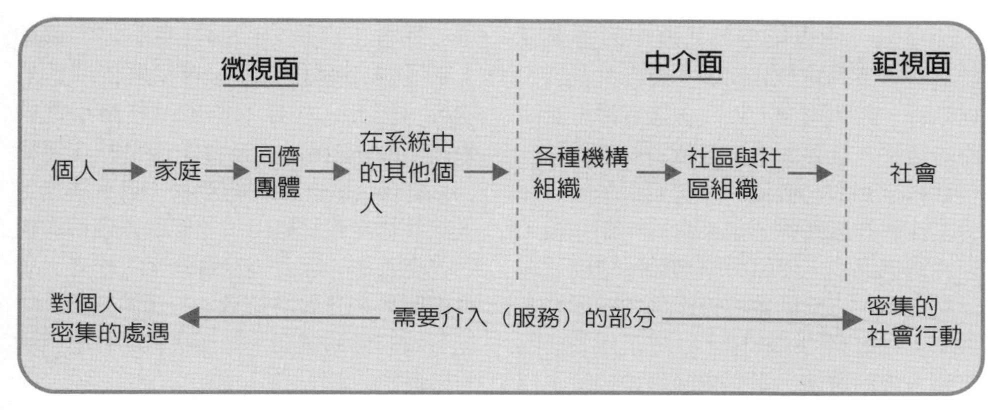

資料來源：標題、圖引自Fischer, J.（1978）。

文化勝任能力（cultural competence）之意涵

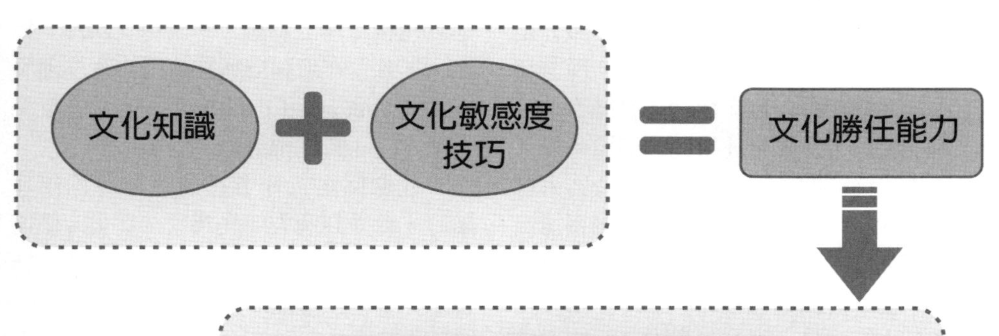

1.了解不同文化個案所面對的議題。
2.具有提供不同文化個案服務的知識和技巧。
2.能夠在不同的文化情境中工作。
3.具有反躬自省，覺察文化差異的能力。

Unit 1-7 個案工作的知識基礎

在每一個專業中，其運作的基礎在於具有專業的知識。知識，能告訴我們如何執行、如何選擇，以及各種選擇可能面臨的後果。社會個案工作所需要的知識，包括科學知識、價值、理念與哲學等。社會工作的知識基礎，是來自於科學知識；而在處遇過程，使用科學知識所建構之理論與技巧，以協助案主獲得適當的服務。然而，在服務的過程中，社會工作者面臨複雜多變的環境，當必須面臨抉擇時，價值、理念、哲學等，將影響社會工作者作出最後的決定。

社會個案工作者應具備的知識，包括兩類：(1) 因果／發展的知識（causal/developmental knowledge）；(2) 干預的知識（intervention knowledge）（Fischer, 1978）。因果／發展的知識，在屬性上，大部分是屬於社會和行爲科學所發展出來的理論和原則。此類知識，可作爲行爲發展的了解之用。社會工作者可運用此類知識，以了解案主目前的問題情況如何，以及爲何會有目前的情況，是用以作為評估個案情況的主要知識之一。至於干預的知識，係指用以干預時之原則和程序。亦即，如果要讓干預產生效果，那該如何做？此類知識提供了指引。此類的知識大部分是由實務過程中，累積眾多經驗而得的，屬於實務理論，是由價值觀與知識整合發展出預防和處理問題的實務。

社會工作是一門由社會工作者協助人們認清困難和問題，尋找解決問題的途徑，因此，社會工作是一門應用性的學科。Payne 指出，社會工作是社會建構（social construction）的產物，只有透過進入該社會文化脈絡中，才能眞正理解該國的社會工作。因此，社會個案工作者必須具備因果／發展的知識、干預的知識，才能有效的協助個案多元而複雜的社會情境所引發的問題。

理論是一套用以引導實務的概念化原則，其本體是充分連貫的，以至於（如果必要時）能夠以一種明確的型態隨時被檢驗（洪敏琬譯，2017）。社會工作是一門應用的科學，因此，社會工作不是純理論的學科，但必須要藉由理論的指引，以進行社會工作之實施。林萬億（2022）指出，社會工作理論慣稱社會工作實施理論（social work practice theory），也稱為實施模型（models of practice）。

社會個案工作者在運用社會工作理論時，會受到個人成長背景、文化、價值觀、哲學的影響，而偏好某種理論，但社會工作者應該謹記的是，運用社會工作理論應以案主的最佳利益為考量。社會工作者的知識基礎，來自於科學的知識，但在實務工作上，必須回到社會脈絡的情境下加以檢視。

知識、價值、技巧之區辨

以開車為例

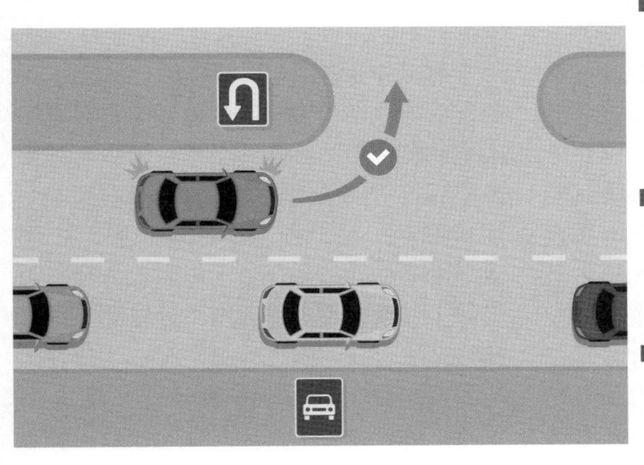

- ■知識：是指訊息。要會開車，要知道方向盤、煞車等操作方式。知識能告訴我們所做的選擇是什麼，以及此種選擇的可能後果。
- ■技巧：具備能夠去做某件事的能力。例如：能開車上路，路邊停車。技巧可讓施行的選擇有所限制。
- ■價值：開車上路禮讓行人，不讓斑馬線變成行人地獄。在面臨抉擇時，將由價值做出最後的決定。

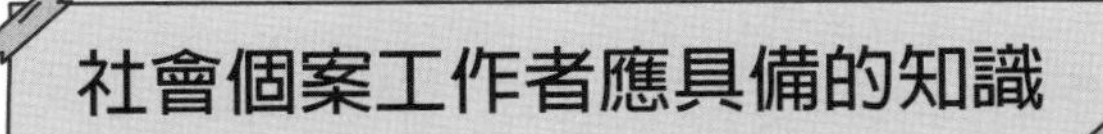

社會個案工作者應具備的知識

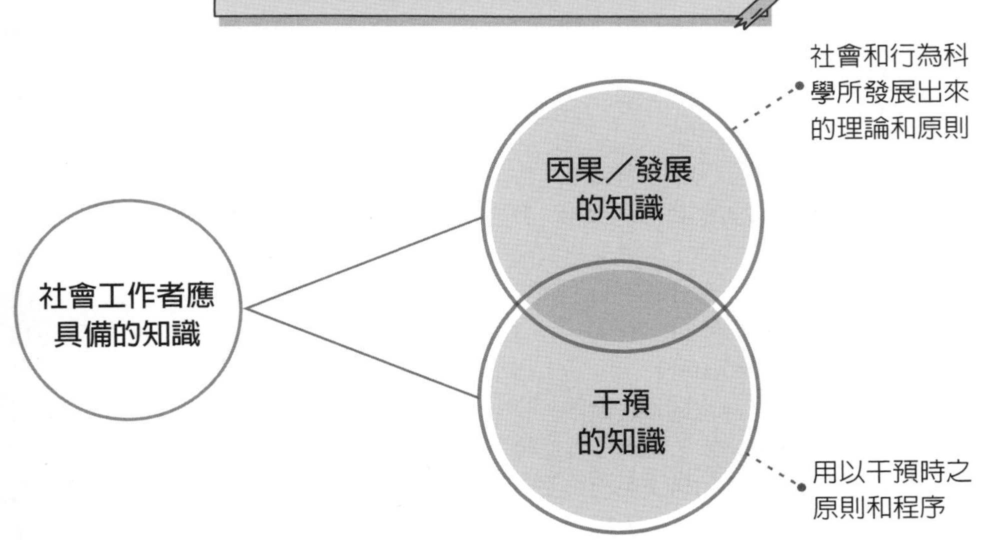

Unit 1-8 社會個案工作者的角色

社會個案工作者在個案工作的過程中，扮演不同的多元角色，綜整如下：

一、使能者／諮商者：社會工作者扮演使能者（enabler）和諮商者（counselor）的角色。個案工作者有時會直接針對個人或家庭的問題提出解決策略，例如：行為改變、提出勸告、危機干預、諮商或治療。個案工作者具有使能者角色，是因為案主必須親自去解決他自己的問題，但是個案工作者製造機會和情境，讓案主得以實踐他的改變；個案工作者具有諮商者的角色，是根據個案工作者所受的諮商理論與技術訓練，包括積極的傾聽和同理心等，提供服務。

二、諮詢者／教育者：諮詢者（consultant）是指這個角色可以提供專門知識或訊息。個案工作者有時會向案主提供訊息、解釋規則或相關規定、教導相關知識等。例如：提供親職教育課程之相關資訊、提供社會福利措施等相關資訊、說明相關辦法中的規定或法律條文內容等。教育者（educator）是因為處遇過程中，個案工作者都需用到教導的技巧，例如：教導單親女性如何獨立生活、教導父母親職技巧、教導案主如何了解和處理自己的焦慮與害怕、示範解決問題的技巧等。

三、調解者（mediator）：個案工作者中立的介於兩個系統之間進行調解，藉以解決雙方的衝突和建立良好的溝通管道。案主無法取得他們所需要服務的原因有很多，可能原因包括：案主未能滿足服務機構的要求或政策的規定、未提供足夠的證據、與服務提供者產生衝突等。在遇到這些情況時，個案工作者應扮演以消除服務輸送障礙為目的之調解者角色。調解是指提供衝突雙方中立討論的平臺，鼓勵雙方針對問題尋求雙方滿意的解決方法。

四、仲介者／資源連結者（broker）：是針對案主所受到限制的處境，需要更多的協助和資源時，個案工作者連結各項資源以獲得協助。例如：適當的醫療照顧、居住問題、經濟補助問題等。個案工作者在扮演仲介者角色時，需熟悉各項資源系統，以便在案主需要時做適當的連結或轉介。

五、倡導者（advocator）：是指爲了案主的利益，當處理個案問題時，發現他們有著因權益被剝奪而產生的共同問題時，於是透過社會行動的方式，促成問題的解決。

六、個案管理者：個案管理者（case manager）是指因為案主有複雜性的相關問題，並非單一機構所能獨力提供服務，此時，必須集結不同機構、不同的助人者等資源才能完成。因此，必須透過網絡資源的協助、轉介，以及監督服務的輸送，讓案主的嚴重問題得以有改善的機會。

七、管理經理（general manager）：個案工作者是機構的行政者。

八、策劃者（initiator）：個案工作者策劃和規劃相關處遇計畫。

九、研究者／評估者：指個案工作者的研究者（researcher）角色，亦即為評估者（evaluator）的角色。係指個案工作者在案主問題診斷時，要蒐集資料、參考文獻與理論，在結案時需具有研究者或評估者的角色。

直接服務工作者的角色

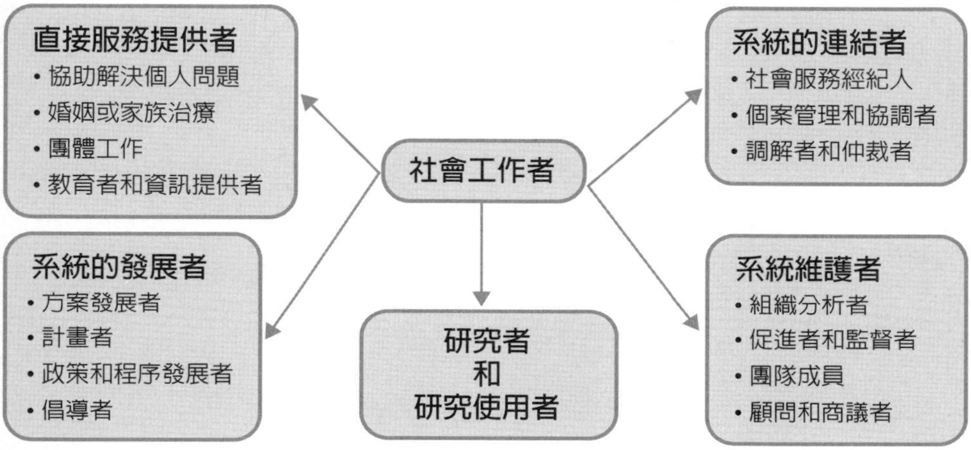

資料來源：標題、文字、圖引自曾華源等人編、胡慧嫈等人譯（2010）。

直接服務工作者的角色

實務的體系	體系意涵	個案工作者的角色
微視體系	指的是案主個人的生命歷程經驗、獨特個性、資源網絡等。	使能者、諮商者、教育者。
中介體系	指的是案主個人所屬的小團體。例如：深刻影響個人生活的家庭或社會團體。	調解者、資源連結者、管理經理、教育者、研究者。
鉅視體系	指的是案主個人所在的更大社會團體。例如：上班的場所、上課的學校、宗教團體等。	資源連結者、倡導者、策劃者、調解者／協調者。

資料來源：修改自 Sevel, J., Cummins, L. & Madrigal, C.（1999）。

第2篇

社會個案工作的專業關係與專業倫理

章節體系架構

Unit 2-1 社會個案工作的專業關係

社會工作是一門助人的專業，當案主尋求助人機構專業工作人員協助時，此時助人者與受助者兩者之間的關係，稱為專業關係（professional relationship）。專業關係亦稱為助人關係（helping relationship）。潘淑滿（2000）認為這種助人關係是建立在溝通的基礎上，所以也被稱爲「疏通關係」（rapport relationship）。

專業關係與朋友關係不同。專業關係是立基於目的性的一種關係，是一種合作的關係；朋友關係是一種情感性的關係。社會工作者在專業關係中所採取之處遇，係以案主的最佳利益為考量，且專業關係會隨著結案而結束，專業關係不若朋友關係般具有永續性。

社會工作者與案主建立專業關係之主要目的，係協助案主能有效的解決其所面臨的問題，以及提升未來面對問題的解決能力。在社會個案工作中，專業關係是個案工作的基石。在專業服務的過程中，無論是會談、處遇或評估，專業關係是扮演關鍵的角色。專業關係是社會工作者和案主之間態度與情緒互動所形成，藉由專業關係的工作過程，才能使案主信任社會個案工作者，願意自我揭露，共同尋求解決問題的方法。專業關係使社會個案工作者在預估、處遇、評量等過程中，更具有客觀性。

Biestek 將個案工作的專業關係定義爲：「工作者爲了要幫助案主本身對環境有較好的適應，在情緒上及態度上與案主所產生的富有動力的互動，稱爲個案工作關係」（張思忠等譯，1989）。社會工作者與案主之間的專業關係，是一種動態的交互關係，是社會工作者與案主基於特定目標，所形成的一種雙向交流與互動的經驗，社會工作者往往透過這種專業關係，促使案主對人或對事之感受與態度產生改變作用。Johnson（1998）亦指出，個案工作的專業關係是一種動態的關係（dynamic relationship）。

社會個案工作的專業關係，多於接案後開始，主要是以會談形式爲主；且從個案工作的助人關係的運作系統區分，可分為案主系統（client's system）或受助者（recipient），以及工作者系統（worker's system）或助人者（helper）等兩個系統。專業關係是個案工作的基礎，缺乏專業關係的個案工作，將難以達成專業服務的目標，甚至會產生違反專業倫理而對案主造成傷害。所以，專業關係是社會工作者與案主間有意義關係的媒介，是社會工作者與案主之間的一種交互反映的動態過程，社會工作者透過這種交互作用，以協助案主改善社會生活適應問題及增強權能，及協助案主在個人與環境間有更好的適應。

助人專業關係與良好的朋友關係之差異性比較

助人專業關係	朋友關係（親密的）
有目的的關係	關係即目的
混合性關係（情感性及工具性）	情感性關係
不平等與非互助	平等與互助
暫時性	永久性或暫時性
涉及機構	涉及個人
完全以案主的利益為優先考慮	可涉及個人的需求

資料來源：標題、表格引自黃維憲等人（1985）。

助人的專業關係

是一種兼具情感性和工具性的混合關係，關係的建立是有目的性的。機構透過社會工作者協助解決案主的問題，係以案主的利益為優先考慮，是一種專業的協助，而非互助的關係。

朋友關係

以情感性為主軸，關係本身即是目的。雙方基於平等自由、相互協助，以滿足個人的要求。朋友關係的維繫，需要雙方的共同經營。

Unit 2-2 社會個案工作的專業關係（續）

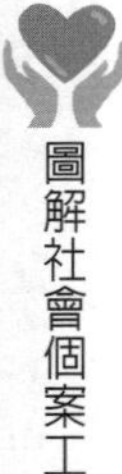

良好的專業關係，必須具備的基本要素，包括：(1) 關懷他人；(2) 承諾和義務；(3) 接納；(4) 同理心；(5) 真誠；(6) 清晰的溝通；(7) 權威與權力；(8) 目的等（Compton & Galaway, 1999; Johnson, 1998）。茲將各要素參酌國內外學者之見解，綜整說明如下：

一、關懷他人（concern for others）：關懷是指對案主所展現的一種溫暖、喜歡、友善、支持的關係。關懷的積極意義，是社會工作者對案主的需要，以專業知識和技巧來提供服務。

二、承諾和義務（commitment and obligation）：在專業關係中，為有效的達到助人專業關係的目的，社會工作的承諾有助於專業關係的推進，例如：對案主問題保密的承諾。然而，保密承諾，並不包括對違反法律依法應通報或危及生命時之保密。此外，社會工作者在專業關係中，應遵守對案主的相關義務，例如：照顧案主的義務。專業關係是一種契約關係，也是一種承諾關係，在個案專業關係中，透過契約的建立，使雙方都有一種職責感與義務。

三、接納（acceptance）：接納是一種非評斷的態度。接納是指社會工作應接納案主所表達的想法，社會工作的接納並非是接受的同義詞。接納是一種對案主個人價值的肯定和尊重的信念。接納的目的是治療性的，是社會工作者為使個案工作更具有效性的一種技巧。

四、同理心（empathy）：同理心即是「人同此心，心同此理」。社會工作者應具有同理心，而非同情心。同理心是指社會工作者能設身處地、感同身受的體會案主所處情境的感受。同理心是助人工作過程的第一步。

五、眞誠（genuineness）：在專業關係中，社會工作者應專注傾聽案主對問題的敘述，以溫暖和尊重他人的態度，傳達對案主的關係，即是一種真誠的展現。但在真誠的專業關係中，社會工作者應自我覺察，避免在專業關係中產生情感轉移或情感反轉移現象，而損及專業關係，造成反效果。

六、清晰的溝通（clear communication）：社會工作者與案主溝通，能清楚的將自己要表達的意念轉達給案主，讓案主完全了解。

七、權威與權力（authority and power）：所謂「權力」是一種責任與職責。而「權威」是一種影響力，並不是一種強制力或控制力（黃維憲等人，1985）。社會工作者是助人的專業、助人的專家，其具有專業權威。當個人遭遇問題處於無助的情況下，會尋找一個具有專業知識或能力，可以協助其解決問題的權威人士或專家。至於權力，通常社會工作者對於案主擁有一些權力，但社會工作者應善用專業所賦予之權力，以提供最符合案主利益的服務，而非是將權力當成為操縱案主的工具。

八、目的（purpose）：專業關係是一種有目的性的關係，且是一種有期限的關係。社會工作專業關係是以專業關係的目的和價值為基礎。無論是社會工作者或案主，對於專業關係目的之了解，將有助於共識的建立，以達成專業關係的目的。

Compton & Galaway提出的良好專業關係應具備八大基本要素

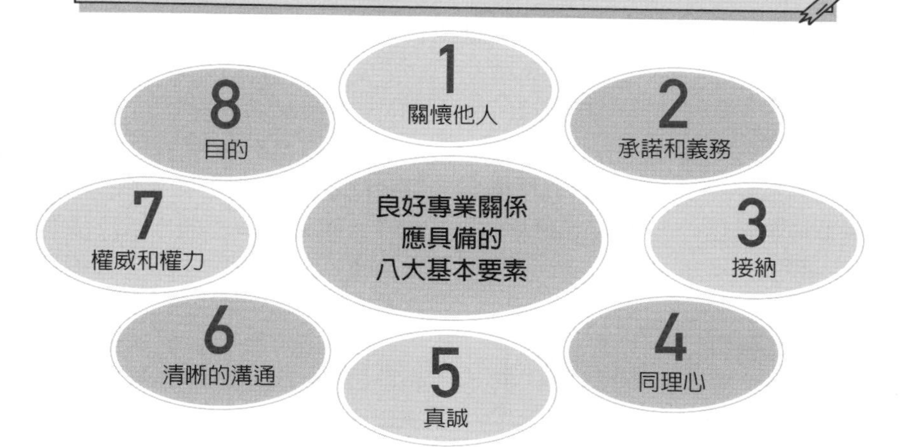

Keith-Lucas提出的助人專業關係必須具備的八個特質

01	助人關係是一個雙向而非單向關係，需要助人者與受助者雙方的投入。
02	助人關係不一定是令人愉快的，因為在助人過程中需要處理及解決問題，而這些問題往往是令人沮喪、難以面對及充滿矛盾痛苦的。
03	助人關係包括兩個同等重要的關係，工作者一方面要立基專業知識以分析受助者情況和規劃行動；另一方面需要情感反應與投入，使案主感受到同理與支持，而有意願改變　。
04	助人關係建立的目的是唯一的，那就是以受助者願意接受的方式予以協助。
05	助人關係強調的是此時此地應該做的事，協助案主從過去的經驗抽離出來，避免責備過去的錯誤，也避免不斷環繞在過去的挫折中。
06	在助人關係發展的過程中，要能提供一些新的資源、思考方式和溝通技巧等，使案主有能力自行解決問題。
07	助人關係是非批判的、接納的、尊重的關係，允許受助者表達負向的感受和情緒。
08	助人關係必須能提供受助者經驗抉擇的自由，不剝奪受助者經歷失敗的機會，但工作者能從旁提醒，適時伸出援手。

資料來源：標題、文字引自Keith-Lucas（1986），轉引自許臨高、顧美俐（2021）；圖作者自繪。

Unit 2-3 個案工作專業關係建立的原則

Biestek 提出個案工作專業關係建立的七項原則，以建立助人的專業關係情境，包括：(1) 個別化原則；(2) 有目的性的情感表達；(3) 接納；(4) 適度的情感介入；(5) 非批判的態度；(6) 案主的自我抉擇；(7) 保密的原則。茲分五個單元說明，本單元先說明個別化原則如下：

一、個別化原則

每一個前來機構求助的案主，其所面臨的問題，都是獨一無二的。社會工作者在提供服務的過程中，必須將視爲是生理、心理與社會環境因素所形成之獨特個體，採取個別化的服務，而非未審視個案的個別情況，採取千篇一律的處遇方式，而無法獲致最有效的服務。

個別化，顧名思義，即是對於案主的問題性質進行預估，並運用適合該個案的方法進行處遇。例如：有兩位各有一位 3 歲小孩的單親媽媽前來機構求助，希望社會工作機構能協助解決離婚後所面臨的困境。雖然兩位都是單親媽媽，也都有一位 3 歲的小孩，但其所面臨的社會環境問題不同，所採取的方法也應是個別化的，以符合案主問題的處遇。例如：A 單親媽媽，因為婚後一直是當家庭主婦，離開職場已有相當長的一段時間，因此，其就業技能不佳，所以，對於此單親媽媽所提供的服務是增加就業技能，提升其就業能力，至於其小孩的照顧，則有案姐協助照顧。至於 B 單親媽媽，其小孩亦有人可協助照顧，係由案主的娘家加以照顧，但亦面臨就業的問題。B 單親媽媽的問題，看似與 A 單親媽媽相同，但社會工作者經評估後，B 單親媽媽除就業技能提升外，其在婚姻過程中遭受家庭暴力，面臨心理的創傷，必須另外安排心理處遇，增強對自我的信心。因此，看似問題相同的兩位單親媽媽，事實上，其所面臨的生理、心理、社會環境是有個別差異性的。

不同的原則和方法，可幫助案主做最好的適應。因此，由前述的案例可以知道，雖然社會工作者可以將不同的個案類型加以分類，但每一個個案有其差異性。因此，社會工作者應重視案主的個別差異，以個別化的原則衡量案主的問題和需求，採取適合個別案主的處遇方式，而非採用生產線式的助人工作方法，忽略個別案主的差異性，以建立正向的專業關係。

為達成個別化的專業關係，社會工作者應具備之條件，包括：(1) 避免偏見；(2) 了解人類行為的知識；(3) 傾聽和觀察的能力；(4) 有能力配合案主的進度；(5) 同理的能力；(6) 保持期望的能力（Biestek, 1957，轉引自謝秀芬，2016）。

Biestek提出個案工作專業關係七項原則

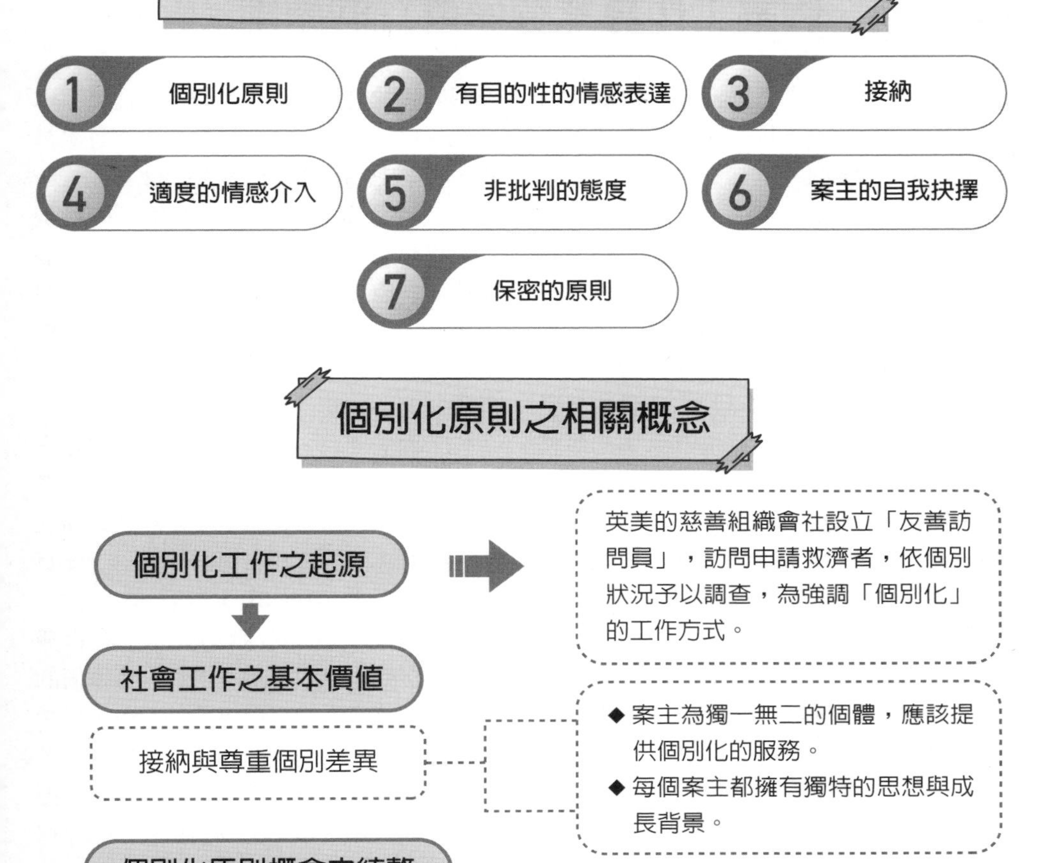

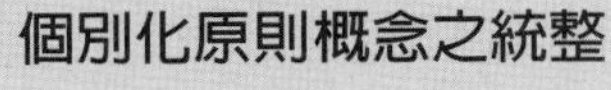

- 個別化是對每個案主的獨特性能給予認同與了解，並且運用不同的原則和方法來幫助案主做較好的適應。
- 社會工作者依據案主個別的情況，使用不同的方法及提供差異性的服務。
- 不同的案主問題看似相似，社會工作者雖可分類與組合，但仍應注意其個別差異性。
- 遵循一定的個案工作原則實施是通則，但是個別化的原則仍是重要的。

Unit 2-4 個案工作專業關係建立的原則（續 1）

本單元接續前一單元，說明 Biestek 提出個案工作專業關係建立的七項原則之第二至三項原則如下：

二、有目的性的情感表達

社會工作者在專業關係中，與案主的關係是有目的性的，主要是為協助案主改善其所面臨的困境，因此，社會工作者在專業關係中，為一種「有目的性的情感表達」。這是指社會工作者在個案的服務過程中，運用專業技巧，創造一種良好的專業氣氛，協助並鼓勵案主自由的表達其內在需求與情緒反應。社會工作者應傾聽及引導案主有目的性的表達其情感，並給予適當的支持，使案主感受到溫暖，案主才可能放心的、坦率的說出其心裡真正的話，以使社會工作者進行評量，並提供最適切的服務。

三、接納

接納（acceptance）是指將每位案主視爲獨特、有價值的個體，承認其存在的意義。每一個個體在其生命歷程中，面臨著不同的生理、心理與社會環境之交互影響；且在不同的生命歷程，面臨不同的生命事件與轉捩點，亦會影響個體的行為表現。社會工作者應接納案主的優缺點、人格特質，以及所表達的觀點、態度和行為。社會工作者不應該因案主所表現的行為或表達的言論，而予以鄙視。從建立專業關係原則的面向來看，社會工作者應視每一位案主為有尊嚴和有價值的個體。

在社會個案工作的過程中，接納是建立專業關係非常重要的原則，其對於個案的處遇成效，具有相當大的影響力。因為，當社會工作者讓案主感受到對其接納的態度，亦即顯示出社會工作者對案主的尊重與關心，使得案主可以自在的在社會工作者面前展現，亦即，接納的目的在使案主真實的表現自己，卸除對社會工作者的心理防禦，願意將案主真實的狀況向社會工作者述說，就能共同討論，以一種有效的、務實的方法來處遇所面對的問題。

接納是一種非評斷的態度，意指無條件的接受案主。接納案主為一有價值的個體，同時以不帶有價值評斷的色彩，評論案主的行爲與問題。亦即，社會工作者不對案主的行為做道德判斷，以及表示拒絕、反對。接納是一種無條件的積極尊重，是不帶評價地接納案主。

秉持接納專業關係的社會工作者，會對案主的行為予以分析，而非評斷案主行為的對錯。社會工作者必須在不評論個案的情況下，傾聽、接納並了解案主，並進而提供處遇。然而，社會工作者必須謹記，「接納」 並不代表「贊同」案主不合理或不良的態度和行爲。

Compton & Galaway提出社會工作者在「接納」應具有的三個基本要素

01 認識（knowing）

人的行為有其獨特的原因和目的，所以社會工作者必須積極的去了解案主，如果能了解人的行為目的，才有可能真正了解，而非去評斷對錯或好壞。

02 個別化（individualization）

接納要能視人為一獨特的個體，有其獨特的遺傳生理特質、感受、想法、經驗、價值觀和處境，雖然有很多地方與其他人一樣，但是也有很多地方與其他人不一樣。

03 信任和期望

指持有一種信念和期望，即每一個人有自我決定和自我引導的能力。每個人有權利和責任對他的生活，做最大的自我決定。

資料來源：標題、文字參考Compton & Galaway（1999）整理而成；圖作者自繪。

影響社會工作者表現「接納」的主要障礙因素

01 人類行為知識的不足

02 無法掌握自己的情緒

03 缺乏對自我的覺察和了解（包括個人的價值觀與信念、偏見和情緒反應等）

Unit 2-5 個案工作專業關係建立的原則（續 2）

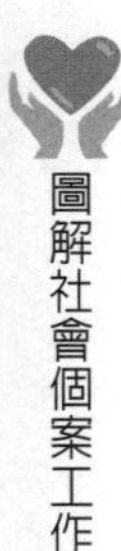

本單元接續前一單元，說明 Biestek 提出個案工作專業關係建立的七項原則之第四至五項原則如下：

四、適度的情感介入

適度的情感介入是指社會工作者要能敏銳地察覺受助者的感受，並對案主的反應和情緒，表達出有目的且適當地了解和接納。適度的情感介入，不是一種社會工作者私人情感的介入，而是基於專業關係所需的情感介入。社會工作者必須謹記的是，社會工作者與案主的關係，是建立在「專業關係」，而非建立在「友誼關係」。

社會工作者要如何更能夠表達適當的情感介入，這有賴於社會工作者與案主於互動過程中，案主語言、肢體語言等所傳達意義的觀察；亦即，是社會工作者對案主情緒的感受與對案主表達之意義的了解，是一種同理心的表現。適度的情感介入，必須運用專業的技巧。個案工作會談是一種雙向溝通的過程，是一種有目的性的會談，以達到雙向的溝通和交流，而在這過程中，唯有適度的情感介入，才能提升會談的有效性。

五、非批判的態度

批判是對於人、事、物等不同層面的批評與評論。而在助人過程中，非批判的態度，則是指社會工作者不就案主的價值作評斷，而是採中立的態度，以利專業關係的發展，藉以協助案主、幫助案主了解其所面臨的問題，並進而發展信任關係，共同探求改善的方法。

社會工作者必須運用專業的技巧，在不批判個案的情況下，傾聽並了解案主，而且，在許多的個案情況中，案主的行為並非是一般社會的價值觀所能接受的，社會工作者可能無法認同，但社會工作仍應採取非批判的態度與案主建立專業關係，以了解個案之所以有這些行為之真正原因。例如：性侵害施暴者為社會各界所厭惡，但面對一位性侵害施暴者處遇的社會工作者，在專業關係中，應採取非批判的態度面對案主，而非譴責案主的行為。因為，社會工作者與案主之間並非朋友關係，而是專業關係，是有目的性的，工作的目標主要是為了治療性侵害施暴者的行為，以減少日後再犯相同行為的機率。社會工作者有責任去了解案主發生該行為的原因，並幫助案主面對挑戰。社會個案工作者不對案主本人或行為加以批評或譴責，但並不表示社會工作者不可以對案主的態度、行爲作專業的評估，這兩者是有層次上之不同。

非批判的態度：案例

社會工作者對案主的會談

家庭暴力

◆ **具批判的態度**

從妳所述，既然妳的先生已經對妳施暴將近三年，為什麼妳這麼想不開，不會主動離開嗎？

◆ **非批判的態度**

從妳所述，既然妳的先生已經對妳施暴將近三年，我想了解有什麼原因讓妳無法離開？（背後潛藏原因可能是遭受控制、無經濟能力、小孩等因素）

青少年藥物濫用

◆ **具批判的態度**

你從法院交付來本機構進行藥物濫用戒除處遇快一年了，你為什麼總是不知道自己面臨的問題，還是沒有克制力而繼續吸毒？

◆ **非批判的態度**

你從法院交付來本機構進行藥物濫用戒除處遇快一年了，一年來你的表現都很好，不知道這次是什麼原因讓你想再碰觸毒品呢？（背後潛藏因素可能是近期受挫、壓力大、重要同儕引誘等因素）

Unit 2-6 個案工作專業關係建立的原則（續 3）

本單元接續前一單元，說明 Biestek 提出個案工作專業關係建立的七項原則之第六項原則如下：

六、案主的自我抉擇

Biestek 認為自決是指在個案工作的實務操作過程中，案主有自由選擇和決定的權利與需要。自決指案主有權利為自己做決定，而且不受他人限制、強迫或命令。社會工作的價值信念，認為只有在案主有權力為自己的決定做出選擇，才能實踐社會工作的基本信念，亦即，案主有權決定，也有能力掌握自己的生活，社會工作者和案主一起工作，達成案主的目標。

Barker 認爲自決是社會工作倫理原則之一，其確認案主有自由做選擇和決定的權利與需求。依據這個原則，社會工作者應協助案主了解資源和選擇，以及做任何選擇後可能產生的結果。案主自決是案主有決定的自主性（autonomy）展現。此外，案主自決的實踐，是對案主能力的信任，更清楚展現社會工作者不是案主問題的決定者與掌控者，案主才是應對自己決定負責的人。

社會工作者在個案工作的過程中，為了協助案主自決，可以就各項處遇方案的現況、優點、缺點等，與案主共同討論，讓案主透過處遇的過程，不斷地自我省察並做出抉擇。社會工作者應避免給予案主任何不合宜的承諾和建議，而誤導抉擇，也不應要求案主依循社會工作者的指導行事。社會工作者深信案主有自我抉擇的權利和能力。在可能的範圍內，社會工作者要做到極大化案主自決的機會（Collins, 1986；轉引自鄭維瑄，2014a）。

此外，案主自決並非表示案主的決定權是毫無限制的。案主的自我決定權利，必須立基於案主的能力做積極建設的決定為限，否則在特殊的情況下，社會工作者就不得不代替案主做決定。當案主的自決權有可能導致自傷或傷害到他人時，例如：案主要自殺，或是案主已計畫要傷害他人等，此時的自我抉擇權將由社會工作者基於保護職責而暫代。

社會工作者在使用此項取代案主自決的權力時，必須相當的謹慎，且應遵守社會工作者自決權最小化原則，必須在專業判斷上有非常必要性的前提下才能執行，否則，社會工作者將遭受剝奪案主自決權而違反專業的指責中，致落入帶有父權主義（paternalism）色彩的行動思維中。例如：我國的社會工作師倫理守則中規定，「社會工作師應尊重並促進服務對象的自我決定權，除為防止不法侵權事件、維護公眾利益、增進社會福祉外，不可限制服務對象自我決定權。服務對象為未成年人、身心障礙者，若無法完整表達意思時，應尊重服務對象監護人、法定代理人、委託人之意思；除非前開人員之決定侵害服務對象或第三人之合法利益，否則均不宜以社會工作者一己之意思取代有權決定者之決定。」

案主自決的四種限制

01 案主無能力做積極及建設性的決定

02 案主的決定違反法律和社會善良風俗

03 違反道德的行為

04 機構功能的限制

父權主義意涵的社會工作專業行動具有的五項檢驗指標

1. 為案主好（for the person's good）
2. 確認是為了案主的利益
3. 該專業行動必然會牽涉到道德規則的破壞（通常是破壞告知義務規則）
4. 為了案主利益的專業行動不必考慮案主的過去、現在或未來
5. 案主終究會相信（通常是不可能的），該行動確實是為他好

資料來源：標題、文字引自Abramson, M.（1985）；圖作者自繪。

Unit 2-7 個案工作專業關係建立的原則（續 4）

本單元接續前一單元，說明 Biestek 提出個案工作專業關係建立的七項原則之第七項原則如下：

七、保密的原則

在社會工作過程中，對於案主所告知的隱私，通常是案主對社會工作者的信任，因此，社會工作者在工作過程中所獲得的案主所有資訊，都負有保密的義務；沒有經過案主的同意而洩漏案主所告知的資訊，都是違反專業倫理的。亦即，保密是指對案主的個人資料未經案主同意，不能任意傳播或移作他用。

社會工作專業關係的建立，必須建立在互為信任的基礎上，唯有信任，案主才能將潛藏在心中的個人隱私等事項，向社會工作者透露。保密是指自專業關係開始，社會工作者對案主在會談過程所揭露之資料、會談內容或任何與案主有關之訊息，必須嚴守專業保密之職責，稱之爲保密原則（潘淑滿，2000）。亦即保密原則是會談溝通中，社會工作者與案主之間建立良好信任關係的第一步。保密除了是獲得案主信任及提供有效服務之重要基礎外，亦是案主的基本權利。

案主前來尋求協助，社會工作者應依據專業倫理守則，保護案主的隱私。保密不是案主的要求，而是社會工作者的職責。社會工作者應善盡專業倫理之職責，對案主的相關資料予以保密，因為保密不僅是專業倫理守則的規範，亦是案主的權利，也是發展案主與社會工作者關係的重要實務原則。

社會工作者蒐集到有關案主的資訊，只能做特定目的之使用，並妥善紀錄和保管，不得任意洩露給不相關的第三人。當社會工作者因協助上之必要，需與相關人員等討論時，應以獲得案主同意或合法授權的案主代理人之同意為原則。但保密並非絕對的，社會工作者應告知案主資料保密之限制及其可能產生的結果，尤其是依據法律之規定。社會工作者依規定必須通報的相關情況，必須事先讓案主知悉。但許多的情況下，社會工作者基於法律的要求，形成溝通特權（communication privilege），此即為遵守保密原則所面臨的例外情況之一。

然而，在社會工作實務中，Biestek 認為還是會有面臨衝突的情境，包括：(1) 與案主本身的權利衝突；(2) 與他人的權利衝突；(3) 與社會工作者的權利衝突；(4) 與社會機構的權利衝突；(5) 與整個社會的權利衝突。這些面臨衝突的情境，形成的保密限制，有時也會讓社會工作者面臨倫理的兩難。

我國社會工作師倫理守則對保密之規定

- ◆社會工作師應保守業務秘密；服務對象縱已死亡，仍需重視其隱私權利。
- ◆服務對象或第三人聲請查閱個案社會工作紀錄，應符合社會工作倫理及政府法規，否則社會工作者得拒絕資訊之公開。但有下列特殊情況時，保密需受到限制：
  - ➢ a. 隱私權為服務對象所有，服務對象有權親自或透過監護人或法律代表而決定放棄時。
  - ➢ b. 涉及有緊急的危險性，基於保護服務對象本人或其他第三者合法權益時。
  - ➢ c. 社會工作師負有警告責任時。
  - ➢ d. 社會工作師負有法律規定相關報告責任時。
  - ➢ e. 服務對象有致命危險的傳染疾病時。
  - ➢ f. 評估服務對象有自殺危險時。
  - ➢ g. 服務對象涉及刑案時。

溝通特權（communication privilege）

- ◆一般而言，除了法律對案主資料保密的相關規定外，案主保密權利是有其限制存在。除非法律提供保密的特權，否則社會工作者將有可能在法院的要求下，被要求提供應被保密的案主資料和紀錄。
- ◆溝通特權（communication privilege）是指「在法律所保障的範圍內」傳遞「在沒有案主同意溝通下，不能在法庭上說出來」的資料。
- ◆社會工作者接到法院強制提供之通知的另外一種情況，就是案主提出社會工作者服務過失之告訴，也可以免除案主同意。案主這種行為是「案主特權終結」，而能不受限制公開資料以作為答辯訴訟之用。

資料來源：文字整理自李仰慈、曾華源（2021）；圖作者自繪。

Unit 2-8 情感轉移

在社會工作的過程中，「情感轉移」是指案主將早期所經驗到的特殊感受或情緒經驗，投射到助人者或其他重要人士等身上。

「轉移」（transference）的概念係來自於精神分析理論。情感轉移是一種潛意識或無意識的過程，案主有可能是不自覺的自動化反應。例如：案主對社會工作者的仰慕、憎惡，或是其他的移情作用等。案主之所以會產生這些現象，多是過去所經歷的類似情境的投射或反應。例如：婚姻不順遂的案主前來機構尋求協助時，如果社會工作者長得像婚前對待案主極好的前男友，案主會將現在的婚姻不順遂，不自覺的將社會工作者當成其前男友加以投射，而對社會工作者採取以男友的方式互動，而非專業關係的互動方式。這種非現實性的反應，即屬於轉移反應（transference reaction）。

情感轉移依照轉移的方向性，可分為正向情感轉移、負向情感轉移。正向情感轉移，是指案主對社會工作者採取的移情行為是友善的，例如：依戀、理想化、迷戀、崇拜等。負向情感轉移恰與正向情感轉移相反，案主對社會工作者的態度、行為等，通常是不友善的、帶有負向情緒的，例如：攻擊、具有敵意、排斥、憤怒、生氣、害怕等。無論是正向或是負向的情感轉移現象，多數的情況是案主並未能意識到其所表現的行為背後所隱藏的意義，且案主可能是基於早期的經驗，而對社會工作者產生之自然反應。Woods & Hollis（2000）將情感轉移區分為四種類型，包括：(1) 早期生活的情感轉移；(2) 替代的反應；(3) 被移轉的人格形式；(4) 認同的情感轉移。

有關在會談時發生情感轉移的機率，會因社會工作者採取的工作面向而不同。任務中心取向較不容易發生，因為社會工作者關注案主此時此刻的狀況；社會心理動力取向，由於處遇焦點為過去經驗及案主內在心理過程，較容易發生情感轉移（Hepworth, Rooney, Rooney & Strom-Gottfried 2012；轉引自鄭維瑄，2014a）。

在社會工作專業關係中，對於案主所表現的情感轉移，無論是正向或負向，都可能會導致案主過度依賴專業關係，或是抗拒建立專業關係，進而影響專業關係的進行及處遇的規劃。因此，社會工作者在處遇過程中，應具有覺察的敏感度，應鼓勵案主探索情感轉移的來源，且進一步與案主討論其所表現出的情感轉移所潛藏的意義，以進一步釐清並提出適合的處遇方式。當然，在過程中社會工作者亦應秉持建立專業關係，採接納、不批判等原則進行。

發生情感轉移的案主之行為樣態

1. 高度依賴社會工作者。極度在意社會工作者的肯定，特別賣力的表現，期望獲得社會工作者的評價。
2. 特意誇讚社會工作者，誇大的讚美詞、超乎平常表達感謝的行為，如送午餐。
3. 詢問社會工作者許多私人性的問題與喜好，如欣賞的異性、喜歡的香水。
4. 挑釁、激怒社會工作者。
5. 希望和社會工作者有辦公室之外的互動，如看電影、吃飯。
6. 告訴社會工作者自己做夢夢到他。
7. 過度解釋社會工作者的反應，表現防衛情緒，覺得被指責或拒絕。
8. 與平時會談表現不同，心神不寧、情緒低落。
9. 拖延會談結束時間，會談結束後仍在辦公室徘徊，不肯離開。
10. 穿著打扮和平時完全不同。

資料來源：Brammer et al.（1993）；Woods & Hollis（2000）；轉引自鄭維瑄（2014a）。

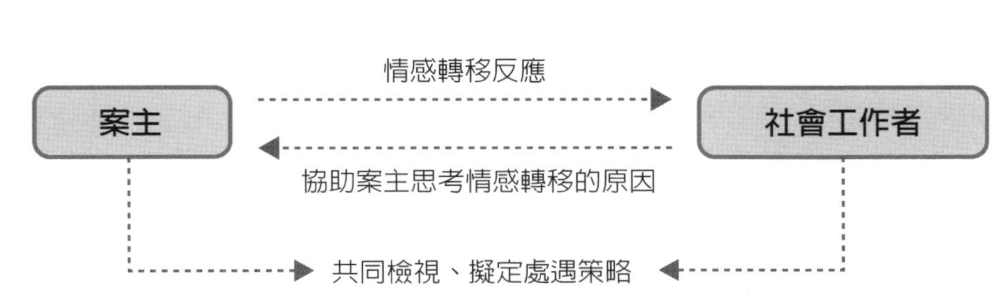

Unit 2-9 情感反轉移

如前一單元所述，「情感轉移」為案主對社會工作者的非現實性（unrealistic）反應，而「情感反轉移」則為社會工作者對案主的非現實性反應，兩者有所不同。亦即，當社會工作者對案主產生非現實的態度或情緒反應時，就稱爲「情感反轉移」（countertransference reaction）。通常，情感反轉移為社會工作者將案主視為早期或目前生活中的人物，或是將與他人相處不當的方式或是其人格特質的一部分，帶入助人的關係中。

社會工作者與案主一樣，在生命歷程中亦會面臨許多不同的事件，而這些事件在心理社會發展的過程中，會不自覺的反應在助人關係中。亦即，情感反轉移是社會工作者在治療或眞實生活中，因自我在成長過程、生活、社會環境或重要關係中的某些事件，而被激起的反應。而從社會工作專業關係中，社會工作者的助人目標是以案主的最佳利益為考量，但前述社會工作者因為某些事件所被激起的反應而表現出的行為、態度、處遇等，通常會產生以滿足社會工作者個人的需求多於對案主提供服務上的努力。

如同情感轉移一樣，從情感反轉移的方向性來看，可區分為正向的情感反轉移、負向的情感反轉移。情感反轉移為一種潛意識的行為，社會工作者多為不自覺的，包括對案主過分的認同，例如：同情心多於同理心、過分感情化地應對案主的困難、特別關心或喜歡案主、不自覺的刁難或討厭案主、喜歡和案主爭辯、責備或批判等。

從專業關係的角度來看，如同情感轉移一樣，無論是正向的情感反轉移或是負向的情感反轉移，對於專業關係的建立，以及處遇的方式、服務的品質都是具有傷害性的。例如：負向的情感反轉移激起案主的抗拒、不願意參與處遇等，對專業關係產生破壞性；但正向的情感反轉移，亦會影響專業關係，此指社會工作者因為情感面向的情感反轉移，所投入在案主身上之情感因素，有時會讓案主產生錯覺、混淆，而無法確定真實的專業關係，亦會造成案主更大的傷害。社會工作者的情感反轉移，除了對案主造成傷害外，亦會傷害機構的責信，以及社會大眾對社會工作專業的信賴。

情感反轉移的來源，包括：(1) 源自於助人者個人過去未被解決的問題；(2) 自我期許和情境的壓力；(3) 助人者對受助者過度的情感涉入（Brammer et al., 1993）。社會工作者發現對案主產生情感反轉移，要做的一件事是自省，這是一種內在的對話，檢查自己情感反轉移的情緒、反應、認知與行為的源頭。社會工作者可透過對自我的自省訓練，以及機構或專業督導的介入等方式，提升自我覺察能力、增強專業能力，以建立正確的專業助人關係。

情感反轉移的來源與案例

社會工作者情感反轉移的來源		案例
01	源自於個人過去未被解決的問題	社會工作者為目睹家暴兒，所以對於施暴的案主極度厭惡，致產生負向的情感反轉移。
02	自我期許和情境的壓力	社會工作職場環境的高工時、高壓力情境，致使產生負向的情感反轉移。
03	對受助者過度的情感涉入	對於某一類型的案主，表現出非專業的過度關心或同情。例如：長相像以前所交往過的女友，致使產生正向的情感反轉移。

社會工作者處理情感反轉移的思考

處理方法	方式舉例
社會工作者的自省與自我訓練	◆檢視個案紀錄加以分析 ◆檢視會談錄影檔加以觀察 ◆聆聽會談錄音檔加以省思
外力的協助	◆參加在職訓練加以精進 ◆藉由督導制度提升自我覺察 ◆參加成長團體提升自我

Unit 2-10 社會工作專業價值

「價值」（value）概念上是抽象的，但事實上與人類的社會生活息息相關。價值一般被認為是社會大眾對於某項事物的意念，例如：人類應該有尊嚴的死亡，因此不應該在臨終前進行無效醫療的處置。價值亦是社會大眾喜歡做哪些特定事物的理由，例如：環保人士認為地球永續是重要價值，因此高度支持綠色交通工具。亦即，價值泛指特定存在的信念。對許多專業來說，專業的價值是從專業教育中學習而來，進而內化為一種專業行為的準繩。例如：社會工作的價值觀是社會正義。價值可區分為隱性的專業價值和顯性的專業價值兩種類型。隱性的專業價值是指專業中所被約定俗成的實踐，不需有明文的規範；而顯性的專業價值，通常會透過社群的專業倫理守則來展現，例如：我國的社會工作師專業倫理守則，即是社會工作價值的具體表現。

Aptekar 指出，「社會工作的基本架構就是一套價值觀所組成。」社會工作的價值一直都是專業最重要的部分。Levy 亦指出：「社會工作的價值，並不是一套隨機或是容易變更的規範，也不是外在社會價值觀的反映。而是一種對集體責任的思考，隱含了社會工作在社會的角色。」

價值型態從一般價值延伸至專業社群，成熟的專業社群均會發展出其專業價值。社會工作專業價值（social work professional value）是指一套為社會工作者共同認定且遵守的價值標準，藉此提供專業使命的指引，以及社會工作專業服務應遵循的方向（曾華源、胡慧嫈，2021）。社會工作發展至今，已經建立了獨立的價值體系，並獲得專業社群中大多數成員的認可與接受，且對於專業的發展有所助益。

延伸而來的思考是，社會工作者應具有哪些基本的價值觀。依據 Baretlett 的看法，其提出了六項，包括：(1) 個人應受到社會的關懷；(2) 個人與社會是相互依賴的；(3) 個人對他人負有社會責任；(4) 個人有人類共同的需求，但也有個人的獨特性；(5) 要使個人潛能得以充分發揮，並透過社會參與來盡其社會責任；(6) 社會有責任提供機會，讓每個人克服困難，達成自我實現（李增祿，2012）。

社會工作的專業價值觀，會引導社會工作者的工作實務。當價值觀是明確的、完整的，則有助於社會工作者之判斷或抉擇。然而，社會工作者在實務工作的過程中，常會面臨專業抉擇的衝突，主要是因為相互衝突的價值觀同時出現，而面臨抉擇的兩難。

Pumphrey提出的三種價值層次

價值層次	概念思考引導
01 終極價值（ultimate values） 抽象價值（abstract values）	指最終或較為抽象的價值。 例如：社會正義、平等、公平。
02 中介價值（intermediate values）	指較為實質的價值。 例如：品學兼優的學生、具教學熱忱的教師。
03 工具性價值（instrumental values） 操作性價值（operational values）	指達到終極或抽象價值的工具或手段。 例如：具專業能力的社會工作者、具責信的社會福利機構。

McLeod & Meyer提出的十組相互衝突的價值觀

個人價值	體系目標
個人自由	社會控制
團體責任	個人責任
安全滿足	刻苦奮鬥
相對論、實用論	絕對論、神聖論
革新變遷	傳統主義
異質性	同質性
文化決定論	個人本能論
相互依賴	個人自治
個別化	刻板化

Unit 2-11 社會工作專業倫理

倫理是一種價值觀，社會透過倫理的約束，展現在日常行為上。例如：尊敬長者的倫理觀念，展現在交通工具上所設置的博愛座。一般的倫理，其適用的對象是普羅大眾，但專業倫理，其所約束的則為該專業社群的成員。亦即「專業倫理」是指將一般倫理原則，應用在某一特殊專業領域中，藉以協助從業人員釐清哪些是應遵守的行為準則，同時也幫助從業人員解決在工作過程可能面臨的倫理兩難問題（李宗派，1999）。

價值與倫理之不同，價值只是贊同的、可欲的，是一種偏好；而倫理則是要求具體落實助人行爲、遵循該有的行爲規範和堅持信念（潘淑滿，2000）。從一般倫理到專業倫理，延伸至對特定專業成員在專業服務約束的專業倫理，具有範圍上的不同，以及拘束層次上的深淺。專業倫理顧名思義，是指專業團體針對該團體的專業人員和服務對象之間的關係，所制定的價值標準與規範，亦稱為專業倫理守則。因此，當某個社群組織將這些專業倫理原則，透過專業組織認定予以明文規定，社群成員在提供專業服務過程必須遵守的行為規範時，就稱為專業倫理。

專業倫理在特定領域的應用，非常廣泛而多元，例如：醫學倫理、教師倫理，而若將專業倫理應用在社會工作領域，即稱為社會工作倫理（social work ethics）。社會工作倫理指的是社會工作者將社會工作價值信念與哲理，發展成一套具體可行的實施原則，作為引導或限制社會工作者在提供助人活動過程的行動依據（鄭麗珍、潘淑滿，2022）。

從價值、倫理、專業價值、社會工作倫理的轉化過程，所呈現的是社會工作專業價值由概念轉為實務規範。當社會工作社群成員依據這些社會工作倫理原則，透過專業組織的認定，訂定社會工作者在提供專業服務過程必須遵守的原則時，稱之為「社會工作專業倫理守則」（Professional Code of Ethics in Social Work）。例如：我國的社會工作師倫理守則，由社會工作師公會全國聯合會訂定，作為實務指引及處理倫理申訴陳情之基礎。

社會工作專業倫理其背後潛藏的是社會工作專業的哲理思想或道德標準，藉由社會工作專業倫理，用以體認專業行為和指揮其專業行為的道德準則，其具體內容表現於價值觀念。例如：社會工作者努力促使服務對象免於貧窮、恐懼、不安、壓迫及不正義對待，維護服務對象基本生存保障，享有尊嚴的生活等，為社會工作的核心價值。面對多元的社會環境，價值日趨多元化是必然的，社會工作者必須時時加強價值與倫理思考的連結，才能處理日趨複雜的社會問題。

社會工作倫理的目的

1. 實踐社會工作理想運用的原則。
2. 提供專業服務指南。
3. 社會工作實務是否適當的標準。
4. 提供社會信任對社會工作專業的基礎。
5. 規範適當的行為。

資料來源：標題、文字引自鄭麗珍、潘淑滿（2022）；圖作者自繪。

社會工作者所犯倫理議題的思考

案例

1 情境　犯了無心之過

- 對案主的資料保密未做好。
- 在案情研討會時疏忽，未隱蔽可資辨別案主的個資。

2 情境　不當的行為

- 與案主發展超越專業界線的雙重關係，例如：性關係、金錢往來。

3 情境　倫理兩難

- 社會工作者面臨抉擇的兩難。例如：行動效益vs.規則效益。

Unit 2-12 倫理兩難

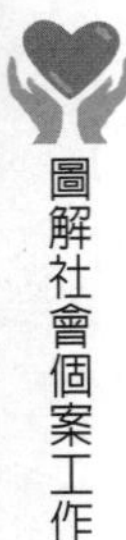

在日常生活中，我們常會對一件事情的抉擇，陷入兩難的困境，而無法做出決定。在社會工作專業中，亦會面臨同樣的情形，其中涉及倫理層面的抉擇，即是一種倫理兩難的困境。倫理兩難（ethical dilemma）關係到不同價值觀，選擇價值觀處理之優先順序是屬於專業判斷與個人價值判斷之間的議題（鄭麗珍、潘淑滿，2022）。

由於社會多元化，社會工作所具有的價值觀亦相對多元；同樣的，社會工作者在提供案主服務及處遇時，所面對的也是多元的價值觀、規範或倫理守則需要遵守，形成面對難以決斷的兩難。

在許多的社會工作服務過程中，經常會發生倫理兩難的現象。例如：社會工作者與案主僅進行幾次會談，會因為案主的問題較為複雜，需要較多次的深入會談與了解，才能夠擬定處遇的方向，但此時迫於當時案主的情況，社會工作者需立即做出處遇的對策，社會工作者因而陷入倫理兩難，以及在此急迫的情況下，社會工作者除必須做出介入行動的決定外，亦需徵求案主同意做出決定，而案主又遲遲無法決定的倫理兩難。

此外，從社會工作專業知識介入的角度思考，社會工作者在專業服務的過程中，係依據社會工作者的專業知識和服務經驗，以案主的最佳利益為優先做出處遇的決斷，但常見的情況是，因為案主本身的意願明顯地與社會工作者的判斷是不同的，且明知案主的決定將會帶來不好的結果，在此情形下，社會工作者面臨尊重案主自我決定的倫理兩難。

每一個人在社會中的角色是多元的，同樣的，社會工作者在工作過程中亦是扮演多元的角色，例如：為案主提供服務的社會工作者、與機構的同事之間的同僚關係、符合機構期待的受雇者等。這些角色之間，常會面臨職責與期望的衝突，尤其是面對案主多元的服務需求時。例如：案主的問題較複雜，社會工作者希望針對該個案提供較多次數的會談，但機構從管理的角度，希望社會工作者能在機構規範的會談次數中完成處遇，致使不同角色在實務工作中發生相互衝突的情況。

延續對倫理兩難的思考，包括當社會工作者面對案主的特殊情況，必須盡可能的提供相關的資源協助，但卻又會違反機構規定的兩難。抑或，社會工作者以案主的福祉為優先，但有時案主的意願，卻可能會造成傷害自己生命，或讓某些相關他人陷入威脅的風險，也是倫理兩難的情境之一。任何的專業，都有其侷限性，雖然案主需要多方面服務，但受限於專業關係的有限性，導致社會工作者在做專業行動判斷時而陷入兩難。最後，我們皆知社會工作者在專業服務的過程中，不可因為自己的價值觀而影響專業的判斷，但在助人過程中，社會工作者卻也常有陷入價值衝突的兩難情境。

專業倫理兩難

「專業倫理兩難」是指社會工作者在提供個案服務時，必須在兩個相近似的價值中選擇一個，導致社會工作者形成進退兩難的矛盾。由於社會工作者在提供個案相關服務過程，面對的不只是一種價值觀、規範或倫理守則需要遵守，且案主的問題與情境往往都是錯綜複雜，當遵守某一項倫理原則時，可能違反另一項倫理原則。亦即，選擇遵守這項原則時，可能又牴觸另一項原則，導致難以做出圓滿的選擇，此時就會產生進退兩難的困境。

資料來源：文字引自鄭麗珍、潘淑滿（2022）；圖作者自繪。

社會工作者的法定義務

社會工作者的義務類型	義務之說明
01 照顧的義務	必須依據專業知識與理論實證進行處遇。
02 尊重隱私的義務	必須尊重案主的個人隱私，不能隨意的侵犯。
03 保密的義務	案主所透露的個人隱私，非經案主的同意不得洩漏。
04 告知的義務	就案主接受服務的內容、風險及相關事項加以說明。
05 通報的義務	基於法律規定，應依法向相關單位通報。
06 提出警告的義務	如案主行為可能危及他人生命財產安全時，應向相關利害關係人提出警告。

Unit 2-13 倫理抉擇原則

在社會工作專業服務的過程中，有相關的法律規範、倫理守則可作為處遇行動的參考，這些指引對社會工作實務的進行具有相當的助益。然而，法律與倫理規範的運用，固然有助於處遇決定，但在實務情境中，仍有灰色的地帶，即形成了所謂的倫理衝突區域。因此，當社會工作者遇有倫理衝突時，如果有學理的倫理抉擇順序，將有助於在處遇時進行適當的考量，並評估其相對的影響之引導，此即所謂的倫理抉擇原則。

在社會工作的倫理抉擇原則中，以 Lowenberg & Dolgoff 所提出的社會工作倫理抉擇七原則，最廣為社會工作界所運用。依據他們所提出的原則，社會工作者服務處遇時，順序考量是由上而下思考運用，也就是原則一優於原則二到七，原則二優於原則三到七，以此類推。茲分兩個單元說明這七個倫理抉擇原則，本單元先說明第一至第三個倫理抉擇原則如下：

一、原則一：保護生命原則

生命具有不可逆的性質，因此，保護個案生命是最基本、最重要的原則，此原則排列在其他倫理原則之上。在考量保護案主生命原則為優先下，違反其他倫理原則的行為是可以被接受的。例如：案主為家庭暴力的加害者，依據《家庭暴力防治法》的規定，案主須依照加害人處遇計畫，接受機構的處遇，以期減少再發生家庭暴力的情形。但案妻因家庭暴力與案主離婚，且小孩的監護權歸屬案妻，案主因而對案妻心生不滿。在一次會談中，社會工作者得知案主要對案妻有危害其生命安全的意圖，這時，社會工作者應該立即採取行動，以保護這位可能遭受生命危險的案妻及小孩，其他的倫理抉擇原則考量，則屬次之，即使可能違反其他的義務，也是可以被理解的。

二、原則二：差別平等原則

社會工作的價值觀，即是社會正義。社會工作者認為有同等權力的人應該受到同樣的對待或責任，至於處於權力之間不均等的人，應該受到不同的對待。當所有人情況相同時，就該有相同的待遇。例如：成年人年齡已達法定的成年規範，因此，成人雙方在彼此同意的情形下，是有權利可以發生性行為的；相反的，未成年人因為心智尚未成熟，即使青少年同意與成年人發生性行為，基於雙方在法律規範及權力不平等的情形下，是不被允許的，在我國《兒童及少年性剝削防制條例》中即有相關的規範。

二、原則三：自主自由原則

尊重案主的自主、自由原則，向來係社會工作界奉為圭臬的原則之一，但尊重自主，不表示案主可以結束自己的生命；尊重自由，不表示可以傷害別人或放棄自己的責任。自主或自由的前提是，必須遵守相關的法律，而且以不能侵害公共利益或他人之權利為前提。例如：在 COVID-19 疫情進入三級警戒期間，為避免病毒的傳染危害公眾利益，疫情指揮中心要求全國人民在公共場所均需配戴口罩，此時，即不可主張以個人自由為名而不配戴口罩。

Lowenberg & Dolgoff的倫理抉擇原則

優先性（高→低）

原則1：保護生命原則

原則2：差別平等原則

原則3：自主自由原則

原則4：最小傷害原則

原則5：生活品質原則

原則6：隱私守密原則

原則7：真誠原則

- 社會工作服務處遇時，順序考量是由上而下思考運用。
- 原則一優於原則二到七，原則二優於原則三到七，以此類推。

Reamer的倫理抉擇六項原則

原則 1　基本上，防止傷害人們生存行動（如健康、食物、心理平衡、保護和生活）的必要先決條件之規則優於說謊、洩密、威脅和累加善（如娛樂、教育和財富）之規則。預估和介入行動過程，社會工作者必須依據專業理論知識和在實證證據支持下採取行動。

原則 2　個人基本幸福權利，應先於另一個人的自由權。

原則 3　個人自由權應先於他自己的基本幸福權。

原則 4　個人在自願與自由下同意遵守法律、規則和規定的義務，是凌駕於違反這些規定的權利。

原則 5　在衝突時，個人幸福的權利是超越法律、規則、規定和志願組織的安排。

原則 6　防止如飢餓等基本傷害與推行如房舍、教育及公共救助等公共善的義務，優先於保護個人財產。

Unit 2-14 倫理抉擇原則（續）

本單元接續前一單元，說明 Lowenberg & Dolgoff 提出的社會工作倫理抉擇七原則中的第四至第七原則如下：

四、原則四：最小傷害原則

最小傷害原則的倫理抉擇，是指在兩個倫理抉擇之間，要考慮的是最小傷害。亦即，專業服務的倫理兩難抉擇，必須優先選擇對案主限制最小，或負向影響最小的抉擇。如果無法避免的造成傷害，社會工作者應盡力協助案主弭平傷害。例如：對於出養的兒童，當國內和國外都有願意收養者時，考量文化、適應及其他相關因素，選擇國內出養的決定應優先於國外出養，這也是《兒童及少年福利與權益保障法》所規範，父母或監護人因故無法對其兒童及少年盡扶養義務而擬予出養時，應委託收出養媒合服務者代覓適當之收養人，並以國內收養人優先收養為原則。

五、原則五：生活品質原則

維護和增進案主與社區的生活品質為重要倫理守則，亦即應維護或滿足案主生活發展性需求。當然，社會工作者不能因為要維持案主的生活品質而帶給案主傷害（曾華源、胡慧嫈，2021）。例如：在 COVID-19 期間，疫情指揮中心依據《傳染病防治法》，要求國人在外出時均需配戴口罩，即使是在運動時亦同。因此，當初引起許多人的抗議，認為在運動時配戴口罩違反人性，將使呼吸極為困難，所以主張運動時不需配戴口罩。但指揮中心仍基於公共利益，為避免未配戴口罩者致使他人感染病毒，影響他人生活品質，故指揮中心仍規範運動時必須依規定配戴口罩。

六、原則六：隱私守密原則

社會工作者在會談中，會知道案主所透露的秘密，有時，這些秘密除了案主和社會工作者外，沒有第三人知曉。保密，是社會工作者建立具信任專業關係的重要關鍵。例如：案主婚前曾經在特種行業工作，但案夫並未知悉，社會工作者非經案主同意不得洩漏。社會工作者遵守隱私守密原則雖是天職，但並非絕對，也並非牢不可破。例如：當案主透露將對他人生命造成危害時，此時社會工作者無保密的義務，且應通知相關單位預作防範。

七、原則七：真誠原則

社會工作者對案主應秉持真誠、信實的原則。具有真誠原則，才能建立具有信任的專業關係。但當遵守真誠原則會影響案主自決、或危及案主的生活品質時，則真誠原則並非絕對。例如：案主婚前曾經在特種行業工作，但案夫並未知悉，如果案夫詢問社會工作者有關案主婚前的就業情形，此時在案主的諸多就業經歷中，此特種行業工作則應考慮略去，以免為已呈現緊張的夫妻關係造成更大的傷害，亦即，真誠原則並非絕對優先。

Reamer的倫理抉擇模式之七個步驟

1. 釐清倫理的議題，包括衝突的社會工作價值與職責。

2. 找出所有可能被倫理抉擇影響的個人、團體與組織，並評估每種行動的利弊得失。

3. 嘗試找出各種可能採取的行動以及參與者，並評估每種行動的利弊得失。

4. 審慎的檢視贊成或反對每種行動的理由。

5. 徵詢同儕以及專家的意見（如機構工作人員、督導、機構行政人員、律師、倫理學家）。

6. 做抉擇並記錄抉擇的過程。

7. 監督、評估與記錄倫理抉擇所帶來的結果。

Unit 2-15 專業關係中的界線

在日常生活中，所有的關係都會有界線。無論這個界線是隱性的或是顯性的，它是一種關係的框架。將各種關係應用到不同的範圍，就會成為該領域的關係範圍，例如：師生關係、長官與部屬關係、朋友關係、夫妻關係、同僚關係等。將關係運用在專業領域中所形成的專業關係，例如：社會工作專業關係，通常會有專業界線（professional boundary）。

專業界線是由一套期望、指導方針與規則所組成的倫理與技術標準，用來解決社會工作者在實務上遇到的難題。專業界線可以幫助社會工作者釐清安全距離、可接受的行為，以及做有效處置工作（白倩如、曾華源，2021）。社會工作者依據所受的社會工作專業訓練、價值、哲學、倫理等，以及社會工作倫理守則之規範，在執行業務時應遵守專業界線，才不至於損及專業責信及造成對服務對象的傷害。

然而，在專業關係中，社會工作者常會面臨雙重或多重關係的情形，這其中涉及的即是專業界線的問題。所謂雙重或多重關係，泛指社會工作者在專業工作場域外，與接受服務的對象有各種不同形式的接觸與互動。例如：社會工作者收受服務對象的餽贈、金錢借貸、有性關係、愛情發展等物質與非物質面向。

當社會工作者涉入多重關係時，會容易侵犯專業界線。或許有人會質疑，並不是所有的多重關係都是不符合倫理的，為何社會工作者需要遵守專業界線。Kagle & Giebelhausen（1994）對此提出的見解，相當值得社會工作者省思，其指出：「他們跨越了治療關係，這第二重關係破壞了治療關係的獨特本質，模糊了實務工作者與案主間的角色，允許了權力濫用。在治療關係中，實務工作者依據專業倫理和其他專業實務工作協定而影響案主。當專業關係變成雙重關係，實務工作者的權力仍然保持著，但並不受專業行為規範的約束，甚至沒有在一些案例裡被察覺。」此外 Mayer 則認為，是因為界線議題、角色混淆與權力剝削等多重關係所帶來對服務對象的危害。

此外，在實務上有一些情況下，雙重或是多重關係有時很難避免。例如：在我國的許多山地偏鄉地區人口數相對較少，且許多的部落居民彼此之間社會關係緊密，如果在當地服務的社會工作者，居住在部落中，生活區域鄰近，在日常生活中經常性的與服務對象有非正式的互動機會，或是當地熱情的文化因素等，社會工作者均會面臨雙重或是多重關係。因此，社會工作者必須考量文化、其他因素或與機構督導討論，並適當的拿捏，以利實務工作之實施。

雙重或是多重關係議題的五個處理階段

1. 檢視個人、社會、機構、案主和專業等的價值觀。
2. 考量可運用在雙重或多重關係議題上，相關的專業標準和規定。
3. 假設各種可能採取的行動方向，並考量相關的優點和長處。
4. 針對社會工作者採取的行動，確認可能的益處或是傷害。
5. 向其他工作者、機構的管理者或是督導尋求諮詢。

資料來源：標題、文字引自Galbreath（2005）；圖作者自繪。

健全的專業關係界線：風險管理條款應包括之六項重要元素

1. 要警覺潛存或實際上有關利益的衝突。
2. 告知案主和工作者的同事，有關潛存或實際利益上的衝突，並探詢合理的改善方法。
3. 為確定適切的界線和做出建設性的選擇，社會工作者可向同事和督導進行諮詢，以及閱讀相關的專業文獻、規則、政策和倫理守則。
4. 針對專業關係界線的議題，設計適切的行動計畫。
5. 針對專業關係界線的議題，詳載所有的討論、諮詢、督導和其他所採取的任何步驟。
6. 發展出一套有效的策略，以監控行動計畫的執行情況。

資料來源：標題、文字引自Reamer（2003）；圖作者自繪。

第3篇

社會個案工作的過程

章節體系架構

Unit 3-1 社會個案工作的過程：總覽

社會個案工作的過程，是協助案主解決問題的過程。社會個案工作的過程，有一定的運作程序；社會個案工作的過程，是有計畫的工作步驟。社會個案工作過程的啟動，起始於案主因為個人問題或困擾，向社會工作機構尋求專業的協助。因此，社會個案工作的過程是一連串的服務過程。在這服務過程中，影響許多的參與者，例如：案主、社會工作者、社會福利機構、案主的重要他人、其他社會資源等。

對於社會個案工作流程的劃分，歷來的國內、外學者各有不同的見解。主張流程三階段論的學者，例如：Perlman 認為個案工作過程是一個問題解決過程，應包括三個邏輯性步驟：(1) 研究：事實發現；(2) 診斷：思考和組織事實，做一個有意義目標指向的說明；(3) 處置：對問題該有哪些行動（黃維憲等人，1985）。而 Hepworth, Rooney & Larsen（1997）提出的三階段過程，包括：(1) 蒐集資料、訂定契約、預估（assessment）和計畫；(2) 執行和目標達成；(3) 結案和評估（evaluation）。此外，Compton & Galaway（1999）的三階段論，包括：(1) 接觸階段：含括問題的認定、初期目標的考慮和資料蒐集；(2) 中期或契約階段：包括將所蒐集的資料放在一起，考慮與重訂目標，擬定行動計畫和執行計畫；(3) 結束階段：包括評價與結案。

除了前述的個案工作流程三階段論外，亦有主張應區分為四階段的論點。例如：Richmond 將社會個案工作分為四個階段，包括：(1) 與求助者會談；(2) 與求助者的家人、親屬早日接觸；(3) 與其他有關人士或機構的相互磋商，以求得事實根據與解決問題的合作辦法；(4) 整理分析已取得的事實資料，加以解釋，以斷定求助者問題與困難及其原因所在，以及可能治療的辦法（萬育維，2003）。

至於主張個案工作過程為五階段論的，例如：萬育維（2003）提出的：(1) 申請和接案；(2) 調查；(3) 評量與預估；(4) 處遇與服務；(5) 結案、追蹤與評估。或是鄭維瑄（2014b）提出的：(1) 進入服務系統、接案、開案、準備階段；(2) 資料蒐集、評估、擬定初期服務計畫；(3) 執行服務計畫／介入／處遇；(4) 監督、再評估；(5) 結案、追蹤、歸檔。此外，莫藜藜、黃韻如（2021）則區分為：(1) 申請、接案和開案；(2) 蒐集資料；(3) 需求預估（assessment）（診斷與分析）；(4) 處遇計畫；(5) 評估（evaluation）與結案。本書後續各單元對社會個案工作流程的區分，係採前述莫藜藜、黃韻如所提出的個案流程為區分標準。

最後，亦有學者提出個案工作的七階段論，例如：林勝義所提出的：(1) 接案；(2) 蒐集資料；(3) 進行評估；(4) 訂定服務計畫；(5) 實施處遇；(6) 結案；(7) 追蹤；以及 Barry Cournoyer 提及的：(1) 準備期；(2) 開始期；(3) 探索期；(4) 預估期；(5) 簽約期；(6) 執行期和評估期；(7) 結束期（萬育維譯，2012）。

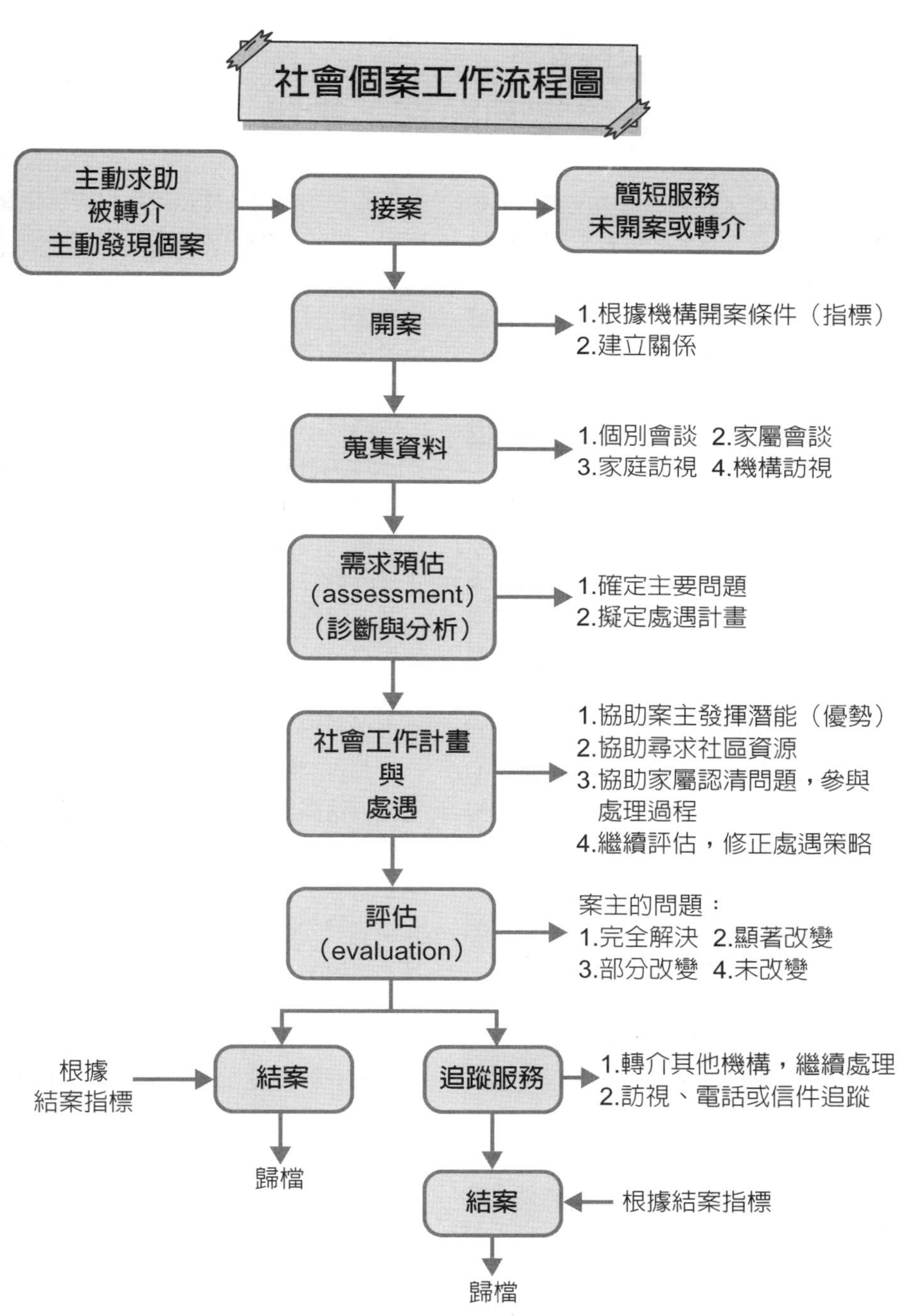

資料來源：文字、流程圖引自莫藜藜、黃韻如（2021）；作者在流程圖中增加assessment、evaluation英文，作為區辨中文用語之對照。

Unit 3-2 申請、接案和開案：申請

在社會個案工作的流程中，申請是第一個步驟。社會工作者要能接受案主的申請進而接案，則必須接觸到案主，才能進入個案工作服務流程中。一般而言，接觸案主的途徑，可區分為以下三種途徑：

一、需要服務的對象主動向機構尋求協助

當需要服務的對象主動向機構尋求協助，此為最常見的途徑。此主動前來尋求機構協助者，可稱為申請者。Compton & Galaway 指出，申請者是指個人或家庭帶著他們認為的問題，主動前來機構尋求幫助。案主在向機構尋求協助前，常見的情況是，其已經使用個人的支持系統或是可用的資源尋求協助，但仍無法使其所面臨的問題獲得改善，因而促發案主向機構尋求協助。以往案主向機構尋求協助，多必須親自到機構，但隨著資訊的發達，現行的求助管道非常多元，可以採取電話、網路等方式，使得服務的可近性大幅提高。

二、從外展服務中發掘案主

傳統的接觸案主的方式，為前述的需要服務的對象主動向機構尋求協助，但社會工作的方法非常多元，社會工作者為使服務的觸角更為廣泛、深入，常以外展社會工作的方式，主動發掘案主，以探求其需要服務的內容，據以接案以提供相關的服務。這種外展的社會工作方式，對於那些不會或不知道如何主動接觸社會福利體系的低社經地位，且遭受社會排除的對象來說，是使其獲得適切相關福利服務的好途徑。

三、經由其他機構轉介（refer）的案主

每一個機構都有其服務使命，因此，每個機構有其對案主資格的規範。當案主向某一機構尋求協助，但未能符合該機構的服務宗旨時，此時，機構可以將該尋求協助的案主轉介至其他適當的機構以提供協助。此外，另一種情況是，每一個機構都有其資源的限制，當機構所提供的服務已經無法滿足案主的需求時，為了案主的最佳利益，機構可以透過轉介的機制，將案主轉介至其他適當的機構。社會工作者在進行轉介時，應以案主的最佳利益為考量，並讓案主知道必須轉介的理由，且必須取得案主的同意。另社會工作者應填寫轉介單，以及與受轉介機構作好聯繫，而非在轉介後即置之不理。社會工作者應遵循轉介的相關程序，與受轉介機構之間，做好轉介的相關事項，以確保案主的最佳利益。

外展服務Outreach Program

- 「外展服務」概念緣起於英、美等國。
- 外展為社會工作者走出辦公室，主動觸及與發掘需要幫助之標的群體。
- 外展社會工作在必要時，可在外展區域設立駐點服務中心或關懷中心，使得服務可近性提高。

外展社會工作案例

- 聚集在某區域的遊民。
- 駐立街頭的性工作者。
- 流連某區域的中途輟學學生。
- 居住偏鄉的獨居老人。

轉案（transfer）

轉案
transfer

- 轉案（transfer）與轉介（refer）不同。
- 同一個機構的社會工作者，接到其另一位社會工作者轉來的個案，稱之為「轉案」。
- 轉案的原因，有可能是原來的社會工作者離職、換工作單位、方案結束等。這種情況下，原先的個案即需轉換給不同的社會工作者繼續提供服務，此即為轉案，但並非轉介（refer）。

Unit 3-3 申請、接案和開案：接案

當案主向機構尋求協助時，即是向機構提出服務的申請，接案依照不同機構的規定，方式相當多元，包括現場申請、電話、委託辦理、傳真、電子郵件、網路受理等。但案主向機構提出申請後，機構會有專門的人員或窗口受理案主的申請協助案件，此即為接案，擔任此項工作的人，即為接案者。接案者有時是一般的人員，但在許多的社會福利機構，接案者通常為社會工作者。

當案主經由不同途徑進入服務系統，社會工作者與個人及家庭的第一次接觸稱為「接案」（intake）（謝秀芬，2016）。接案是社會個案工作提供服務的前置步驟。接案者是與案主最先接觸的人員，接案是案主向機構尋求協助時，社會工作者與案主的首次面對面的會談，主要是針對案主所敘述的問題與服務需求加以了解，以評估是否符合機構的服務對象及機構能否提供相關的服務。

如前所述，機構的接案者和案主的會談，是要了解案主尋求機構協助的問題內容，透過社會工作者與案主的初步會談，社會工作者可以進行對案主問題的篩選與過濾，透過這樣的過程，釐清案主的需求與機構所能提供的服務之適配情形。這是一個非常重要的過程，因為，如果接案者沒有釐清機構所能提供的服務，而讓案主進入機構，於後續的社會個案工作服務流程系統中，才發現機構無法提供服務，除對案主造成傷害外，亦損及機構的責信。同樣的，如果接案者在接案過程中，對於案主的問題與篩選不夠精確，亦可能將原先可提供服務的案主拒於門外，使得案主無法獲得機構的協助，這也是對案主的傷害。由此可見，接案者必須由有經驗的社會工作者擔任，才能確保案主能在進入機構的服務系統時獲得服務，或是能正確的判斷案主的問題，轉介至符合其服務需求的機構。

接案者的主要工作，係針對案主的資格進行確認、建立初步關係、對案主問題的評估、確定機構可提供的服務項目，以及無法提供服務的轉介等。如果經過接案者評估發現案主的問題不符合機構開案指標，則應婉轉的說明理由或轉介至其他適當機構，並摘要紀錄不開案的情況。例如：某位受家庭暴力的婦女，向機構提出服務的申請，經社會工作者進行接案會談後，了解該婦女希望能給予短暫的庇護安置，但她所尋求的服務機構，雖然婦女亦是該機構的服務對象之一，但該機構主要是對於家庭的自立協助，並無設置相關的庇護場所可供安置。因此，該名受家暴婦女所尋求的服務，並未符合該機構的服務宗旨與服務對象的資格，所以無法受理其所申請的服務。但即使未符合該機構的服務對象資格，社會工作者可轉介該名婦女至其他可提供此服務的相關機構予以協助。

接案會談者之任務

Mission

1

確認是否是機構的服務項目？

通常機構會依據成立宗旨而有不同的服務項目。例如：伊甸基金會與創世基金會的服務項目就會不相同。

2

確認是否符合資格？

在確認案主的問題是機構服務的項目後，接著確認是否符合接案的資格。大多數的機構會設定資格，例如：所得收入、身心障礙情況，或家庭狀況等。

3

不符合機構接案規定之後續處理

如果經過接案者評估後，未符合機構的服務項目或提供服務的資格，這時接案者要向案主詳加說明原因，並留下接案紀錄備查。另外，必要時可提供相關機構資源供其參考，或予以轉介。

4

確認是否首次向機構申請服務？

如果是首次，則要先建立個案資料卡；如果之前有提供過服務，則要調出以往的服務歷程紀錄，了解所曾提供的服務情形。

5

向案主說明接案後的社會個案工作流程

機構如果評估可以接案後，應向案主說明後續的處遇流程，並說明服務的內容、期間，以及是否需要收費等，以保障案主事前同意的權益，以及增進機構的責信。

6

接案時特殊緊急情況的處理

如果接案者在與案主進行接案會談的過程中，發生危急案主生命的情況時，必須立即進行緊急處理。例如：案主在接案會談時太過激動而昏厥或自殺，應立即通報救護單位；或是案主在經接案者評估不符合接案資格時，情緒失控攻擊接案者，則應立即通報警方前來處理。

Unit 3-4 申請、接案和開案：開案

前來機構求助的案主，有其不同的服務需求。但每個社會福利機構，依據其成立的宗旨而有不同的使命，因此，各機構所提供的服務項目也未盡相同。在社會個案工作過程中，案主的需求必須是機構所提供的服務項目，且求助者的資格符合機構的接案條件，才能進入開案的程序。因此，案主的問題與機構的服務兩者之間必須適配，才是進入開案程序的開始。例如：天主教善牧社會福利基金會的使命為：「以婦幼服務為立基，以家庭服務理念為中心，幫助人群中的弱勢邊緣者建立自我價值與尊嚴，培養抗拒沉淪與積極建設的能力，進而改善其生活，並致力於實踐社會正義與和平。」（天主教善牧社會福利基金會，2023），其服務項目包括兒童及少年服務、婦幼保護服務、單親及收養服務、原住民家庭服務、新住民及婦女家庭服務、防制人口販運服務等。

如前段所述，案主如果進入開案程序，表示案主的問題初步評估是符合機構所可以提供服務的。但接案者與求助者在會談評估案主是否符合開案資格時，通常各機構都訂有開案指標，以供接案者作為是否開案的評估指引。亦即，開案指標係機構依據其服務使命，訂出其所提供相關服務的條件，作為開案判斷的準則。機構訂有明確的開案指標，對於接案者在接案會談時準確的評估是否符合開案資格，是相當重要的。

開案指標可分為一般性開案指標、特定性開案指標。一般性開案指標包括：(1) 案主的問題：是否切實符合機構服務的功能？(2) 機構的方案、資源和服務是否協助此個案的問題？機構聘任的個案工作者的能力和技巧，是否能勝任處理案主的問題？（鄭麗珍、潘淑滿，2022）。例如：有關案主的問題是否切實符合機構服務的功能這項開案指標，以各縣市政府的家庭暴力及性侵害防治中心為例，家庭暴力防治為該機構的服務功能之一，因此，當符合《家庭暴力防治法》對於家庭暴力之定義：「指家庭成員間實施身體、精神或經濟上之騷擾、控制、威脅或其他不法侵害之行為」，當案主符合前述家庭暴力之定義規範時，即為各縣市政府家庭暴力及性侵害防治中心的一般性開案指標。

此外，開案指標除一般性指標外，尚有特定性指標。通常係機構針對某些服務項目訂定較為詳細或特定的規定，或是對於服務區域的限定等。例如：以兒童福利聯盟網站資料為例，針對逆境與弱勢家庭服務，其所訂定的開案特定性指標為：(1) 實際居住於本計畫服務之鄉鎮區內；(2) 家中育有未滿 18 歲的兒少；(3) 家庭在養育子女時面臨經濟困窘及育兒上常感挫折。

開案指標

開案指標	案例
依機構服務宗旨、目的、功能，訂定開案指標	某兒少協助機構：提供遭受性剝削或性侵害的兒少及其家庭服務，幫助家庭失功能的弱勢少女建立自立生活能力，讓她們能順利進入社會與職場獨立生活。
	某婦女協助機構：提供遭受親密關係暴力／家庭暴力被害人，專業的社工輔導、醫療處遇、司法協助、緊急庇護等，協助求助者基本的保護，以支持婦女脫離暴力，開始社區的自立生活。
明確訂出服務對象資格	某老人服務機構：符合「65歲以上或原住民55歲以上，失依（獨居）、失能（身心障礙或生活自理能力不足）、失智（罹患失智症）長輩，或因其照顧資源不足影響其生活支持度」資格者，提供電話問安、輔具交換、敬老活動等服務。

某兒童安置機構接受兒少委託安置申請之資格：依據《兒童及少年福利與權益保障法》之相關規定，兒少之父母、監護人及利害關係人、兒童機構等，符合以下資格者可申請兒少安置服務：

(1)兒少有偏差行為，情形嚴重，且經其父母、監護人或實際照顧者盡力禁止或矯正無效果。
(2)父母雙方失蹤、死亡、入獄，且無其他直系親屬可協助照顧。
(3)父母一方或雙方罹患嚴重疾病、意外傷害或身心障礙，且無其他直系親屬可協助照顧。
(4)長期經濟陷困、流落街頭或居無定所。
(5)其他特殊因素致有需要委託安置者。

Unit 3-5 社會個案工作的過程：開案會談

開案會談不同於接案會談。接案會談的目的，是接案者針對案主的問題，依據機構訂定的接案指標，評估是否符合機構的開案標準；而開案會談主要的目的，是用來深入的蒐集案主的問題，以作為後續處遇計畫的擬定。

開案會談對於案主、社會工作者雙方而言，都是重要的。案主藉由開案會談，表達自己所面臨的問題、困難，以及希望機構能夠提供哪些幫助；對於社會工作者而言，開案會談是與案主深入接觸的關鍵，也是建立社會個案工作專業關係的起始點。

在開案會談中，應包括哪些內容，鄭維瑄（2014b）提出應包括：(1) 社會工作者與案主相互介紹；(2) 說明會談目的；(3) 界定案主服務需求與期待；(4) 會談重點。

如前所述，開案會談是社會工作者與案主建立專業關係的起始點，因此，首次的開案會談顯得特別重要。在第一次的開案會談，社會工作者應表現溫暖友善的態度，並主動介紹自己的姓名與職稱，並表達協助案主的熱忱。案主在開案會談中，難免會有緊張的情況，社會工作者應引導其放鬆情緒，並詢問案主的姓名及相關的基本與背景資料。第一次的開案會談氣氛友善，將有助於雙方後續專業關係的發展。

會談不同於一般談話。會談是有目的性的，是專業關係導向的。在首次的開案會談中，社會工作者可就案主所面臨的問題進行初步的意見交換，釐清雙方對於案主面臨問題的正確認知，避免溝通的落差，以免影響後續的處遇規劃。透過開案會談，社會工作者可以釐清案主對問題的看法、尋求改變的動機強度、希望改善的順序，以及希望在處遇結束後，能獲得怎樣的改善成果等。此外，社會工作者在會談的過程中，即是一種資料蒐集的過程，包括案主求助的原因、有哪些資源可用，以及預估（assessment）可以採用的社會工作理論及處遇計畫等。社會工作者必須謹記的是，預估是一個動態的過程，是持續不斷的，因此，在開案會談所蒐集到的資料，其資料與可用的資源，也是持續不斷的變化，社會工作者可透過每一次的會談，持續的修正預估的結果，以利作出最佳的處遇決斷。

在開案會談時，社會工作者還需注意在求助的互動關係中，案主和社會工作者可能產生的可預期之現實性反應，包括：(1) 案主方面可預期的現實性反應；(2) 個案工作者方面可預期的現實性反應（鄭麗珍、潘淑滿，2022）。

開案會談前準備

1 先查閱案主相關紀錄

如果案主已有接受過機構服務的紀錄，此項紀錄對於社會工作者先行了解案主是非常有幫助的。此外，先行查閱案主相關紀錄，也可以使得案主感受到社會工作者是用心的、有能力的，以及減少案主重複一再敘述過往相同內容之不耐感。

2 曾經與案主接觸的專業人員之徵詢

如果知悉案主曾接受過服務機構提供的協助，例如：其他機構的社會工作者、心理師等；或是相關的人員曾有過與案主接觸的經驗，應接洽並徵詢。例如：處理家庭暴力的警察、協助驗傷的醫事機構人員等。

3 專業意見的多方徵詢

如果社會工作者在會談前，對於某些事項有些疑慮無法釐清，可以在不透露案主個資的前提下，向同僚進行意見徵詢；或是向機構督導尋求協助，以及向外部的專家尋求諮詢。

4 準備具隱密及溫暖的會談空間

會談之場地必須具備隱密性，讓案主感受到社會工作者對隱私保護的重視。此外，會談的場地布置應有溫暖的氛圍，會談桌的擺設、燈光的柔和度等，均應納入考量。

5 擬定會談大綱

會談是有目的性的談話，因此，為使會談具有效率，社會工作者應事先就案主的問題、面臨的困境等，以及社會工作者依據理論與處遇計畫的相關面向，擬定會談大綱，以使會談更有結構性，及可避免會談內容掛一漏萬。

Unit 3-6 蒐集資料：蒐集資料方式

社會工作者在與案主經由接案會談接觸後，即已進入專業關係建立，提供相關協助的階段。社會工作者對於案主資料的蒐集方式，通常不外乎與案主本人的會談、與案主重要他人的會談，以及運用紀錄、測驗報告及各種的評估資料等。對案主資料的蒐集越多元，越可能深入且周延的了解案主的各面向情況，以利社會工作者做出對案主最有利的處遇決定。

與案主本人的會談，是最常見也是最直接的資料蒐集方式。這種資料的蒐集方式是經由與案主的會談，所取得的第一手資訊，通常是被優先考慮的資料蒐集方式。在資料蒐集的過程中，與案主建立良好的專業關係，有助於案主對於其個人發展、家庭史、家庭成員的互動與案主的問題等相關資料的說明。透過與案主本人的會談，社會工作者可以清楚的了解案主對問題的看法及需求。此外，與案主本人的會談，還可觀察其非語言的線索，以作為對處遇的研判，例如：肢體動作、神情、坐姿，以及表達的順暢性等，據以研判案主是否有刻意隱瞞或不實表達的情形。然而，並非每一個個案都可以運用與案主本人會談的方式來蒐集資料，例如：心智障礙的案主、年紀極小的案主，或是有腦部疾患的案主等，會面臨口語表達能力的限制。

與案主重要他人的會談，是社會工作者在與案主本人會談之外的輔助會談方法，此方法也廣為社會工作實務界所採用。與案主本人的會談，所蒐集到的資料是案主對於其問題的主觀陳述，在這陳述中，案主可能刻意隱藏、忽略或疏忽了某些重要的資料與訊息。雖然，與案主重要他人的會談雖是第二手的資料來源，但對於建構案主問題的圖像，具有相當大的助益。所謂的重要他人，即是對案主有重要影響力的第三人，常見的除了家庭系統中的父母、配偶、子女、兄弟姊妹外，在家庭系統外的男女朋友、師長，或是一起成長的青梅竹馬、閨蜜等均是。這些重要他人對於案主除了具有影響力外，對於案主亦是有相當的了解。因此，與重要他人的會談，可以蒐集更多元、更豐富的案主相關資料，以作為綜合研判案主問題與處遇之參考。

最後，利用書面資料進行資料的蒐集，即是以紀錄、測驗報告及各種的評估資料加以進行。這些資料的特點是有相關的書面資料可供參考評估。例如：接受心理治療的紀錄、就醫紀錄、測驗報告、學校會談紀錄，或是工作輔導紀錄等。這些資料係由相關的專業人員所產製，較具有客觀性，資料可參考價值高。但在運用這些資料時，仍應注意時效性問題，年代過久的資料，是否仍具有高度的參考性，社會工作者在使用時應一併列入評估。

蒐集資料之途徑案例舉例

蒐集資料之途徑

1 與案主會談

這是直接的資料蒐集方式。例如：當社會工作者詢問到某一個議題時，案主均會言詞閃爍或避答，則這部分是需要再另行進行其他資料蒐集。

2 家庭訪視

這是實際到案家去家訪，以觀察案主與其家庭的互動狀況。例如：前例案主對某一議題的避答（例如：與父親的互動），可藉此進一步觀察。

3 相關人員訪談

此為訪談與案主相關的重要他人或相關人員。例如：前例案主與父親的互動，在家庭訪視後，可以進一步訪談案主的閨蜜是否了解。

4 查閱相關紀錄

亦即查閱案主在其他機構曾經接受服務的紀錄。例如：前例案主與父親的互動，查閱家庭暴力防治中心的處遇紀錄後，發現案主在小時候曾遭受父親家暴。所以，研判此為案主與父親疏離之主因。

Unit 3-7 蒐集資料：會談

社會工作者與案主之間有目的、有清楚的角色界定、有清楚的目標，以專業規則進行互動的一種專業談話，稱之為會談（interview）。會談是社會工作者了解案主問題、需求及期待的一種途徑。Kadushin & Kadushin（1997，轉引自曾麗娟，2021）指出，經由會談，社會工作者協助案主說出自己的故事、幫助案主發展面對困境的能量，助人專業將會談定義為：達成參與者共同目的、有意圖的談話。

如同社會工作是一門助人的專業、是一門科學，也是一門藝術，會談也具有同樣的特性。會談在社會個案工作者蒐集案主資料的過程中，具有非常重要的角色，社會工作者透過與案主會談的溝通過程，藉以擬定適切的處遇計畫，以協助案主解決問題。因此。社會工作者在會談的過程中，為了能確實的了解案主所面臨的問題，必須採用科學的會談方法，與案主進行專業性談話；而為了達成會談的目的，社會工作者除必須運用社會工作的專業技巧外，亦必須掌握溝通的藝術。尤其在會談過程中，可能會面對案主複雜且多變的情緒，致使會談受到阻礙，因此，社會工作者必須善用溝通的藝術，掌握會談過程中的節奏，並應承擔引領會談的責任，才能達致會談的目的。

社會工作者在會談的過程中，每次的會談均應設定會談目標、所要蒐集的資料及擬定會談內容的計畫等。每次的會談，有可能因為設定的會談內容不同，致使會談的焦點不同。例如：首次的會談可能是關注於案主的心理層面，其餘的會談關注的層面有可能是生理層面、社會層面、資源層面等。這些會談關注的層面，端視社會工作者的會談規劃，以及每次會談時與案主所產生的相關問題而延伸出的當次或下次議題規劃。因此，會談是一個動態的過程，雖然社會個案工作對於會談有固定的會談程序與會談內容，但社會工作者對於每位案主，均是以個別化的原則加以對待，所以，視每位案主是具有獨特性的。亦即，在會談過程中，大部分具有相同的內容，但是個別案主另具有個別化、差異化，因此，每一個案主的會談內容，具有一定程度的個別化，此即為相同與個別差異同時存在於每個案主的會談情形中。

會談內容的擬定，應排除與會談目的無關的材料，如此才不會干擾會談的聚焦。因此，社會工作者在會談前，應有詳細的會談計畫，並詳加準備。此外，因會談是案主資料蒐集的步驟，所以，社會工作者必須在會談中注意會談的原則，包括與案主建立良好的專業關係，且要秉持尊重案主、同理等工作原則，並要能在會談過程中時刻的觀察案主口語與非口語所表示或隱藏的訊息，適時地予以追問，以提升會談的成效。

會談（interview）與一般談話（conversation）的區別

比較層面	會談	一般談話
目標	有清楚的目標，任務取向	沒有具體的目標或計畫
角色	清楚的角色界定	沒有清楚的界定
運作	清楚界定會談場合、時間、次數	沒有具體的界定
互動方式	以專業互動規則進行	以社會期待與社會規範進行
表達方式	正式、結構、有組織	非正式、結構性、組織性弱
溝通	單向、以受談者為中心、不均等、非互惠	雙向的、均等的、互惠的
責任	社會工作者承擔引領會談的責任	談話雙方不需承擔引領會談的責任
權威與權力	社會工作者擁有較多的權威與責任	雙方均等

資料來源：標題、表格引自曾麗娟（2021）。

相同處

- 會談與一般談話均有使用口語與非口語式的方式。
- 會談與一般談話均有可能會對雙方產生影響。

相異處

- 會談是有目的性的。
- 會談不是閒聊，無關會談的材料與資訊，均予排除。
- 會談者與案主的角色有明確區分。
- 雙方有互惠關係，是基於專業行為所建立的關係。
- 會談通常會擬定會談計畫。
- 會談的場所、地點、隱密性都需先經過規劃。

Unit 3-8 蒐集資料：會談的類型

會談是社會工作者與案主之間有目的之談話。關於會談的類型，通常以會談的目的加以劃分為以下幾種類型：

一、社會史會談（social history interviews）

社會史會談亦稱為資訊會談、資料性會談、社會調查會談（social study interview）。社會史會談是社會工作者在社會個案工作過程中，為了蒐集案主資料的重要方法，也是社會工作者最常使用的會談類型。

社會史會談的主要目的，是爲蒐集案主個人或其問題之相關背景資料、生活歷史資料，以便了解案主及其問題，作爲案情研判、決定具體服務方案的參考依據（曾麗娟，2021）。亦即，社會史會談除了可以獲得案主個人、生命史或問題史，亦可藉由社會史的會談，了解案主問題產生的原因。社會史會談雖然聚焦於案主，但會談的對象不限於案主本人，任何有助於增進對案主的了解，並同意社會工作者進行會談的其他重要他人、機構、團體等，均是協助對案主社會史資料蒐集更為周延的重要拼圖。

二、預估性會談（assessment interviews）

Assessment 譯為預估，亦有譯為評估，不過，就社會個案工作資料的蒐集過程，將 assessment 譯為預估，會比譯為評估更能精準傳達，亦能與 evaluation（評估）有所區別。既然稱之為預估性會談，即表示社會工作者在會談中，已進入案主問題與處遇進行思考的階段。因此，預估性會談已非如社會史會談般是蒐集一般性的資訊，預估性會談的重點是有特定性之目的。如前所述，預估性會談是進行處遇的前置步驟，因此，預估性會談是特定性的會談，是社會工作者為了擬定相關處遇的重要會談。預估性會談的會談品質，攸關社會工作者運用社會工作理論的選擇，以及擬定處遇的有效性與精準性等。

三、治療性會談（therapeutic interviews）

治療性會談亦稱爲處遇性會談（intervention interview）。治療性會談是以會談作爲治療的手段，經由會談達到治療或個人改變的目的。治療性會談有兩個重點：(1) 協助案主改變或改變案主的環境，以提升案主的功能；(2) 同時引發案主及環境之改變（莫藜藜、黃韻如，2021）。治療性會談通常是在預估性會談之後進行，但並非絕對，較常出現的情況是，在評估性會談時，社會工作者有可能在當下即進行局部或少部分的具有治療性的會談。常見的治療性會談，例如：夫妻聯合治療會談、家庭暴力施暴者治療性會談等均是。

社會史會談蒐集之資訊

1. 個人基本資料

- 姓名、住址、年齡、出生地（或戶籍）、婚姻狀況、宗教、種族、轉介者
- 家庭（家系圖）
- 教育與工作經驗
- 特徵
  - ➢身體狀況、身心障礙類別、等級、身心障礙史
  - ➢文化與族群身分
  - ➢其他特別差異性，如同性戀
  - ➢資源與期待
  - ➢環境因素

2. 需求與問題

- 尋求服務原因
- 問題史（或需求史）、起因、本質、結果、原因，以及解決企圖與經驗
- 能量
- 一般需求
  - ➢人類基本需求
  - ➢特殊需求
  - ➢環境期待的需求
  - ➢尋求服務的需求

3. 優勢與限制

- 案主對服務提供的結果的期待是什麼？
- 案主的理念、興趣、計畫是什麼？
- 案主使用服務的動機是什麼？
- 案主的能量有多少？衝突是什麼？內在改變的資源是什麼？
- 環境資源與環境的責任及衝突，可能引發或減緩改變嗎？
- 影響案主改變的動機、能量或機會。
- 案主的期待是否實際。
- 綜合上述優勢與限制，對解決問題或滿足需求的關係。

資料來源：文字引自Johnson（1998）；轉引自林萬億（2022）；文字經作者加以修改後繪製圖文。

Unit 3-9 蒐集資料：會談的類型（續）

前一單元對於社會工作會談類型的區分，係以會談的目的作為分類的依據，可區分為社會史會談、預估性會談、治療性會談等三種類型。惟若以社會工作會談的地點加以分類，常見的會談類型包括以下幾種類型：

一、**辦公室會談：**辦公室會談，顧名思義，就是指在機構進行的會談。在社會個案工作的過程中，辦公室會談是最主要的會談地點。採用辦公室會談的案主，多是案主主動至機構求助的案主。當案主至機構申請協助時，不論是剛開始的接案會談，或是後續的開案會談，其會談地點多以辦公室為主要會談地點。當然，辦公室會談的對象也非僅限於案主而已，與案主相關的重要他人、機構或團體，亦可以採取辦公室會談的方式來進行。

然而，辦公室會談雖然以主動前來機構求助的案主為主，但並非僅限此類型的自願性案主。在許多的情況下，非自願性案主也經常使用辦公室會談的方式加以進行，例如：法院裁定虞犯少年的輔導會談、家庭暴力施暴者的會談。辦公室會談的優點之一，是有妥適的環境，以確保隱私性。此外，對於與許多非自願性案主的會談，辦公室會談則是一個較為安全的會談場所。

二、**非辦公室會談：**相對於前述的辦公室會談，非辦公室會談則是指在辦公室以外的地點進行會談。這種在機構的會談室外所進行的會談，亦稱為訪視會談。採用非辦公室會談的原因，多是基於會談的現實性與需要性所作的會談安排。例如：至案主家中的會談、至中輟學生學校的會談、至安寧病房的會談、針對外展服務案主的在地會談等。

三、**電話會談：**無論在辦公室會談，或是非辦公室會談，都是屬於面對面的會談。然而，會談的方式不應僅侷限於面對面的會談，電話會談也是一種重要的會談媒介。電話會談可以彌補有些案主無法親自到機構的辦公室會談，或是機構的社會工作者因為某些因素無法進行訪視會談的情況。電話會談或許無法像面對面會談般可以深入的會談，以及觀察案主的肢體語言等線索，但在許多時候，電話會談仍扮演著重要的會談功能。例如：生命線電話提供的電話會談服務、衛生福利部 1925 安心專線提供的電話會談服務等。

四、**網路視訊會談：**受惠於資通訊科技的進步，在辦公室會談、非辦公室會談及電話會談外，網路無遠弗屆，網路視訊會談是新近的會談方式。在其他助人專業的運用上，例如：我國山地鄉及偏鄉，醫療人力相對缺乏，有些科別，例如：皮膚科、眼科，已透過遠距視訊診療的方式，進行山地鄉與都市地區醫師的聯合會診，提供更好的醫療服務；而 COVID-19 疫情期間對確診者的視訊診療，亦為網路視訊會談之應用。同樣的，許多的社會福利機構也開始運用網路視訊與案主進行會談，以因應無法實際進行會談等因素的限制。

電話會談的優缺點

優點 STRENGTH

- **可近性**：電話是普及的通訊工具，可排除地理空間的不便性。
- **立即性**：電話會談具有立即協助的特性，機構在接到求助者的求助時，即可透過電話給予適當的協助。此外，對於某些會危及生命的案件，電話會談更可發揮協助的立即性，例如：有自殺意圖的求助者。
- **匿名性**：求助者透過電話，可較面對面會談自在，且不一定要提供真名，具有匿名性。例如：遭受家庭暴力的婦女撥打家庭暴力協助機構之服務電話時，可匿名尋求諮詢，以協助求助者提升應對家庭暴力的能力。

缺點 WEAKNESS

- 缺乏觀察非語言線索的機會：因非面對面接觸，社會工作者難以觀察案主的非語言線索，致使在處遇規劃時需要更多細緻的預估；且因非面對面訪談，專業關係的建立較為困難。
- 難以掌握會談品質：無法如面對面般，社會工作者可以適度的引導與掌握會談的節奏，電話會談受案主所在環境的干擾而中斷或影響，致使會談品質大打折扣。
- 不適宜較長時間的會談：電話會談通常不適合太長時間的會談，且雙方因為空間的隔閡，無法面對面進行處遇計畫的討論，尤其是當需要使用書面或紙筆進行討論時，電話會談難以達成預期的會談效果。

資料來源：統整自曾麗娟（2021）；謝秀芬（2016）；潘淑滿（2000）；鄭維瑄（2014a）。

Unit 3-10 蒐集資料：訪視會談

在社會個案的工作過程中，社會工作者為了解案主的情況，必須離開辦公室，至案主的家庭、相關的機構、團體，與相關的人員進行會談，以蒐集更多有關案主自述以外的資訊，作為處理計畫擬定的預估，此專業性的訪問，即稱為訪視（visiting）。

訪視對於社會工作者是相當有幫助的，訪視就其訪視的對象所在之場域，可分為家庭訪視（home visiting）、學校訪視（school visiting）、機構訪視（agency visiting）等。基本上，這些受訪視的場域，其共同特色是與案主有過直接的接觸。

以家庭訪視為例，家庭是案主生活最密切的場域，因此，與案主共同生活的家人會談，可以更深入的了解案主及觀察家庭動力。而學校訪視則是社會工作者前往學校與相關人員進行會談，會談對象可能是學校的導師、輔導人員、社會工作師等，例如：在學校的學生自殺案件，即可透過與學校相關人員的會談，了解有無在學校諮商的紀錄、詢問導師學生的日常表現有無異狀、與同儕的相處情形，或是有無學業的困擾等，可以透過查看書面資料或口語詢問等雙軌進行。機構訪視則是社會工作者至案主曾經待過或接觸過的機構與相關人員進行會談。例如：案主曾經長期住宿的長期照顧機構、案主被救護車送往醫療救護的醫院、案主工作的公司行號等，或是轉介案主的機構社會工作者等。無論哪一種訪視，目的皆在於增進社會工作者對案主問題的了解，以進行全方位的資料整合，作出最佳的處遇研判。

社會工作者在進行訪視會談時，應遵守的訪視基本原則，包括：(1) 確定訪視對案主的影響與需要；(2) 釐清訪視的主要目的和內容；(3) 訪視前的準備和聯繫；(4) 訪視過程中會談要領的使用；(5) 訪視時的空間安排；(6) 訪視結束和下次訪視的安排；(7) 訪視結果的評價與紀錄（莫藜藜、黃韻如，2021）。

社會工作者在進行訪視時，必須清楚的了解，訪視是一個連續的過程。訪視前的準備、訪視中的應對與觀察、訪視後對所蒐集資料的整理，均會影響資料蒐集的正確性、完整性與可用性，進而影響社會工作者後續對案主問題的研判與處遇的決策。因此，社會工作者在訪視的每個環節中，應遵守訪視的相關原則，讓每一個訪視都是在社會工作者有意識的準備與安排下進行，且每一次的訪視都要有明確的目的與結構性的安排，並以提供處遇服務為目的之前提下進行訪視。

訪視應注意之事項

訪視的目標

社會工作者在進行訪視前，應先思考並規劃該訪視之目的，以達成訪視的目標。

訪視的準備

在進行訪視前，社會工作者要先做好功課，事先查看和統整與案主相關的資料，以作為會談的討論與觀察事項。

訪視的時間

原則上，以受訪者方便的時間為主。不過，社會工作者宜儘量避免在受訪者休息時間或過晚的夜間到訪。

訪視的服裝

依據所要訪視的地點與受訪者的特性，穿著相應適合的服裝。原則上，以整潔、端莊為原則。

訪視的態度

社會工作者前往訪視，必須預估該受訪場域的特性，態度和言行須留意，尤其必須注意多元文化的因素。

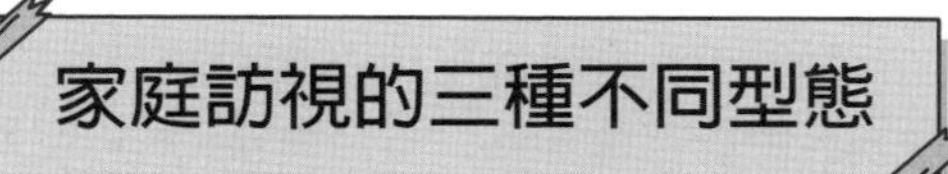

家庭訪視的三種不同型態

01

評價性家庭訪視

社會工作者實地了解家庭環境、家庭關係、父母態度、手足關係、社區風氣與環境等，以評價要採取何種作法。

02

聯絡性家庭訪視

社會工作者去聽取家庭成員所提供的消息，或與家庭成員交換有關的資料，並提供會談過程參考。

03

諮商性（或處遇性）家庭訪視

社會工作者就家庭情境，藉會談方式進行諮商，以促進家庭溝通，讓家庭成員共同參與解決問題。

資料來源：標題、文字引自黃維憲等人（1985）；圖作者自繪。

Unit 3-11 蒐集資料：會談的過程

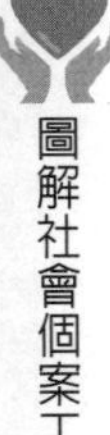

會談是社會工作者蒐集資料的過程。除了會談前的準備事項外，在真正開始會談時，會談的進行本身就是一套程序，此程序有先後的步驟。通常可區分為會談開始、中間、結束等階段，這即是常見的會談三階段。當然，亦有學者提出四階段論的會談過程，包括：(1) 準備階段；(2) 開始階段；(3) 工作階段；(4) 結束階段（曾麗娟，2021）。在眞正會談中，依據實務經驗，社會工作者是很難清楚的區分各階段的特殊活動，所有對於會談過程的各階段程序劃分，是為了學習與分析方便起見而區分。本單元採用三階段，說明會談的過程。

一、**開始階段：**會談的開始階段，即是首次與案主展開會談。誠如許多關係的發展一般，第一次的會談通常是重要的，其對後續的會談是否進行順利，具有相當影響力。這個階段的會談，由於社會工作者與案主首次見面，因此，會談的重點在於建立對彼此的熟悉感，發展良好的互動關係。這個階段的案主，因為面臨著問題的困擾，或許會帶有情緒，例如：焦慮、情緒控制不佳，或者表現無力感等。

社會工作者在此階段的工作目標，除了與案主建立良好的互動、互信專業關係外，宜著重建立日後會談的程序，以及提升案主持續參與後續系列會談的動力，如此，才能確保後續會談的進行，進而在次一階段深入了解案主的相關問題，作為處遇的決策之參考。此一階段的會談，主要聚焦在與案主共同建立接納會談的目的，屬於一般層面的會談，尚無深入且特定性的問題剖析與處遇計畫的討論。

二、**中間階段：**在前一階段成功的與案主完成開始階段的會談後，即進入會談的中間階段，這個階段是會談程序中的關鍵階段。此階段的會談目標，是在會談過程中擬定要達成的目標，以及如何達成，這個階段的會談所具有的目的性，較前一階段更強。曾麗娟（2021）指出，中間階段是會談的核心，所要進行的重點包括探索、了解與處遇等。

亦即，中間階段的會談，是會談程序的主體，它是實現雙方所訂會談目的之過程。會談的各種活動程序是針對會談目的而進行的，社會工作者必須運用其技巧，將他與案主之間的互動導引到會談目的，同時維持彼此舒適與滿意的情緒交流作用，並建立良好的關係（林萬億，2022）。

三、**結束階段：**每一次的會談，社會工作者除了事先預作會談的目標規劃外，對於會談時間的掌握也非常重要。在會談開始時，社會工作者即應明確的告知每次會談的時間，以利社會工作者與案主對於會談時間的掌握。一般而言，會談時間以 45-50 分鐘為原則，但仍保有彈性變通的原則，例如：年齡太小的小孩，因為專注力的因素，每次會談的時間不宜過長。

社會工作會談應注意事項

事前準備

事先要研讀與案主相關的資料，並予以綜合研判，而非等到會談當時，再逐項向案主詢問，讓案主未感受到尊重。

合宜場地

場地必須具有安全感及隱密性，並具有舒適感，減少其心理防衛，有助於會談的進行。訪視會談時，場地較難控制，社會工作者應因地制宜。

適配服裝

原則上，社會工作者的服裝應得體，顯現出專業，勿穿著暴露的服裝。尤其是至案主家庭進行訪視會談時，更需注意服裝的適配性，以免引起本身不必要的風險。

適宜時間

會談時間過短，無法蒐集到相關的資料；會談時間過長，案主失去耐心致無法聚焦。一般以 45-50 分鐘為宜。針對特定對象，保留時間變更的彈性。此外，會談時段的排定，亦應納入考量。

前次銜接

每一次的會談與前次會談都是有關聯的。前次會談未處理完，或是希望案主在前次會談後執行的事項，以及前次會談時延伸的議題，都會在下一次會談中進行。因此，社會工作者必須做好每次會談的前後銜接，才能延續每次會談的成果。

資料來源：文字引自林萬億（2022）；圖作者自繪。

Unit 3-12 需求預估（assessment）

預估（assessment），亦有學者譯為「評估」，本書將 assessment 統一用語為「預估」。在 1917 年 Mary Richmond 所出版的《社會診斷》（*Social Diagnosis*）一書中，提出「診斷」的概念，作為開案、問題研判、處遇介入等之參考，此即為預估概念之起源。

從病理觀點的角度來看，預估帶有診斷的意涵，亦即，病理觀點將案主視為是病理上有缺欠的個體。由病理觀點在預估案主問題時，通常會使用像徵兆、病症、障礙等字眼的診斷措辭，作為對案主問題的評斷。

社會工作者看待案主的觀點，受到 1930 年代佛洛伊德精神分析論進入社會工作的影響，社會工作界在相當長的一段時間中，對於案主問題的評斷，採取病理觀點，其所針對案主問題的預估，即是如前所述的以徵兆、病症、障礙等字眼的診斷措辭。

在歷經社會工作專業化的過程中，社會工作逐漸建立起自己的知識體系，以及引進其他非病理觀點的思維，而避免使用病理觀點的診斷措辭，以免這些用詞造成社會工作者對案主的負向刻板印象。故自 1960 年代以後，社會工作者不再使用診斷（diagnosis）這樣的名詞，而改用預估（assessment）一詞。可以確定的是，預估應包括確認案主的問題所在（謝秀芬，2016）。

在社會工作領域，將預估視為是在社會工作過程中，對問題和需求評定的過程。對於案主問題的處遇計畫，必須有詳實且正確的預估，因此，預估在整個處遇過程中，扮演著關鍵性的角色。Siporin 將預估定義為「一種了解的過程及結果，是行動的基礎。」（莫藜藜、黃韻如，2021）。

預估是一種動態的過程，在社會個案工作的過程中，必須不斷的修正，以符合協助案主的目標。因此，預估是社會工作者與案主一同進行資訊蒐集、討論、分析與統整的過程。預估對於了解案主的問題與需求是非常重要的，社會工作者亦可將所蒐集與案主有關的資料進行統整，作出暫時性的研判。預估的資料來源不限於案主本人，社會工作者可從與案主相關的人、事、物進行資料的蒐集。

此外，社會工作者必須謹記，預估是一個連續的過程，不是一個單一事件或是單一時間點的狀態。這主要是因為案主的問題是具有變化性的，且在每次會談時所發現或需處理的問題是動態的，因此，動態的預估是必須的，也是一種持續分析與行動的循環過程。因此，社會工作者在運用預估時，必須謹記預估只是暫時性的假設，其會與每次的會談及後續的處遇有連動性的關聯，是一種動態的循環過程。所以，在社會個案的工作過程中，預估的隨時修正是一個必然的過程。

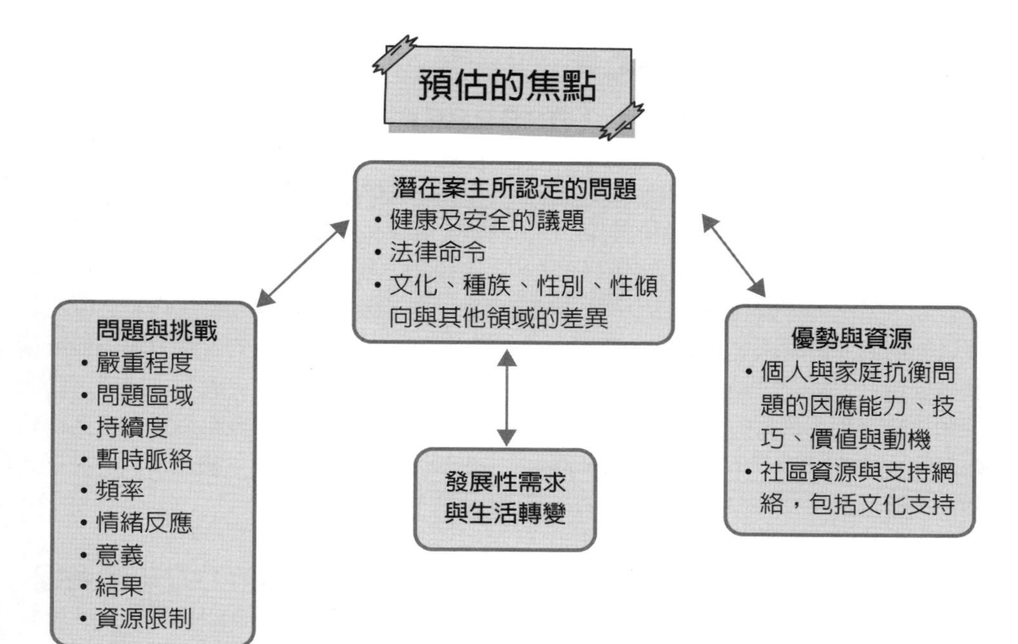

資料來源：標題、圖引自Hepworth, D., Rooney, R. & Larsen, J. A.（1997）；轉引自曾華源等人編、胡慧嫈等人譯（2010）。

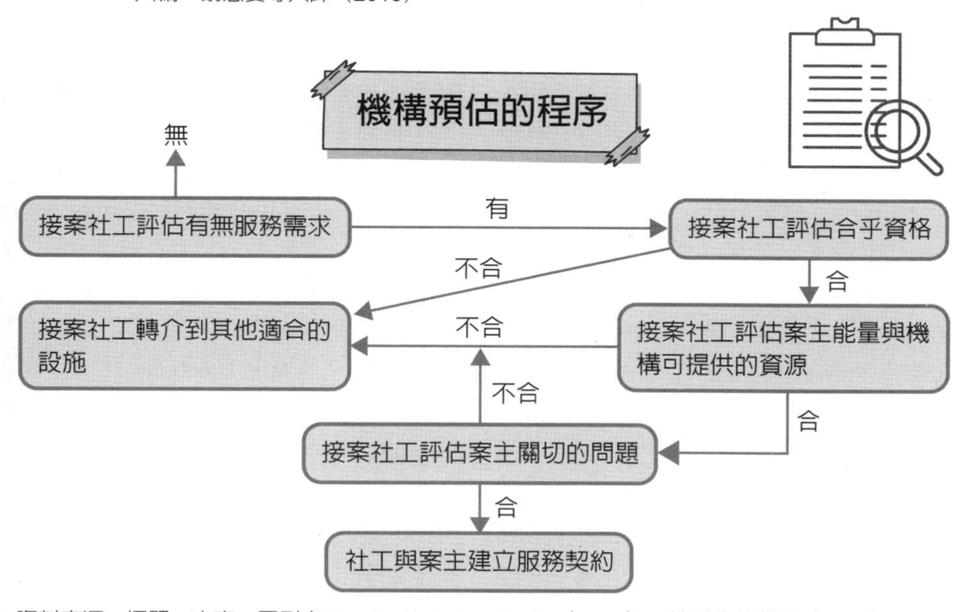

資料來源：標題、文字、圖引自Specht, H. & Specht, R.（1986）；轉引自林萬億（2022）。

Unit 3-13 需求預估（assessment）（續1）

預估是經過對案主的問題與需求的探求後，進行與案主相關資料的暫時性評估，其具有動態性；且預估是一種有目的的行動，是一個連續性的過程。而社會工作者對於案主的看法，主張每一個案主都具有獨特性，因此，是具有個別化的。對於預估的內涵，綜合國內外的文獻，茲分兩個單元說明預估的內涵如下（Johnson, 1998，轉引自莫藜藜、黃韻如，2021；鄭維瑄，2014b；萬育維，2003；林萬億，2022；萬育維譯，2012；鄭麗珍、潘淑滿，2022；謝秀芬，2016）：

一、預估是一個持續性的過程

預估在社會個案工作過程中於會談時即同時開始，以及在會談後加以進行，並在每次處遇後或案主的情況有新的變化時，即時進行並加以修正。因此，預估雖看似屬於社會個案工作初期的工作，事實上，預估在一連串的助人過程中，一直都持續的進行著。而這持續預估的過程，有助於社會工作者即時掌握案主的問題現況、處遇的效果等，讓社會個案工作的成效得以獲得確保。相反的，我們可以思考的是，如果沒有持續性的預估，將使得社會工作處遇的成效無法發揮。所以，持續性的預估，是一個必要的過程；而這種持續性的預估，可以及時修正處遇計畫，以免處遇成效不彰的情形發生。

二、預估具有多元的目的性

預估的目的具有蒐集資料與處遇行動的規劃之雙重目的。在社會個案工作過程中，為了進行預估，社會工作者必須周延的、細心的蒐集案主的各項資料；而所蒐集的案主資料，使用於對案主處遇行動的規劃。因此，預估的資料蒐集與處遇行動規劃，兩者互為表裡，缺一不可，這是一種互為影響的系統。

三、預估是一種雙方互惠的過程

雖說預估是社會工作者蒐集案主資料所進行的一種動態過程，但預估絕對不是社會工作者的單向行為，因為，如果是社會工作者單向的行為，所蒐集到的資料將不夠完整或詳實，因此，案主的全程參與是非常重要的。社會工作者應就所蒐集到的資料，與案主討論，並藉由案主的回饋，以了解依照預估所擬定的處遇計畫的可行性及限制。唯有雙方充分的討論，才能使預估的結果符合案主的期望，並可對預估不足或錯誤的地方加以修正。林萬億（2022）指出，有意義的預估是了解案主在情境中（client in situation），而不是將案主抽離出情境外。此即為強調生活情境（life situation）的預估概念。

預估的資訊來源

01 案主填具的基本資料及問題敘述表

案主在向機構申請求助時，大部分的機構會請案主填具申請資料表。該表格中即會請案主填列相關的基本資料，並對所面臨的問題進行初步的描述。

02 案主對問題的口語描述

這項預估資訊的來源，係透過與案主的會談所取得。社會工作者可以運用會談的機會，深入的發掘案主的多面向資料，以利處遇計畫的擬定。

03 對重要或相關他人的口語訪問

這是指對於與案主有密切關係或接觸的人所進行的口語訪問，以擴充社會工作者對案主問題的廣度。

04 相關機構的書面存檔資料

社會工作者可以透過與案主曾經接觸的機構，依法取得相關的書面存檔資料，例如：心理測驗、諮商報告、就醫紀錄等，以提升預估的深度。

05 對案主的非語言行為觀察

這是指對於案主行為的觀察，包括姿勢、眼神、手勢、肢體動作、穿著、說話語調等。

06 家庭訪視或外展服務所獲得

這是指社會工作者透過家庭訪視以獲得更多的預估資訊，並同時觀察家庭動力。至於許多無法輕易接觸到的案主，則可透過外展服務的進行加以觀察。

資料來源：統整自林萬億（2022）；莫藜藜、黃韻如（2021）。

Unit 3-14 需求預估（assessment）（續 2）

本單元接續前一單元，說明預估的相關內涵如下：

四、預估是橫向與縱向並重

影響每一個人的成長歷程的面向，包含縱向與橫向的因素。橫向的因素是指對案主當時問題情境的了解，例如：問題的範圍、影響的成員、互動的現況等。而縱向的因素則是指對於產生橫向因素的深究，進一步檢視其背後所隱藏的因素，例如：橫向因素所評估出來的是案主具有不善於正常社交活動的能力。但從縱向因素分析，案主在成長歷程中，因從小受父親高壓式的管教，不容許有意見的溝通，致使其人際關係疏離，影響其社交能力。社會工作者在進行預估時，應橫向與縱向並重，才能清楚的理解案主真正問題所在的緣由。

五、預估強調案主的個別化

每一個案主，其所面臨的生理、心理、社會環境都不會是完全相同的；同樣的，其所面臨的問題雖大部分相同，但是仍具有個別的差異，尤其是在不同文化體系下，其個別差異性更是可見。因此，社會工作者在預估的過程中，應掌握同中求異的預估態度，秉持案主個別化的預估原則進行預估，才能提出最適合個別案主的處遇計畫。

六、預估是一個多面向的過程

社會工作者在進行預估時，應提升預估的思考面向，納入更多元的思考面向。這是因為案主問題的形成，並非僅是單一的個人因素，其外在的影響因素，尚包括社會環境、不同社會體系等多元因素均會對其產生交互的影響。預估是一個多面向的過程，可以同時具有多重目標。因此，預估必須蒐集的資料相當多元，所以預估是多面向的過程，此即為多面向預估的概念。莫藜藜、黃韻如（2021）認為多面向預估的內涵，應包括：(1) 案主系統預估；(2) 家庭系統預估；(3) 社區系統預估；(4) 生態系統預估等四個部分。在預估過程，社會工作者可以透過對案主的引導，使案主深入了解問題產生的相關因素，以評估相關的助力、阻力。多元預估的資訊來源非常多元，包括書面資料、語言訊息、觀察，以及其他可用的預估資源。社會工作者進行預估時，必須對人類行為發展、社會系統等有廣泛的知識基礎，並對各種社會個案工作的理論、處遇，以及評估成效的方法，有專精的知識，才有能力做出準確和完整的多面向預估。

DAC預估模式

描述（description），指把探索過程中所獲取的資訊組成描述性資料。

指預估（assessment），將已產生的有關「人在情境中的問題」之理念或假設，有系統的陳述成暫時性的預估。

指簽訂契約（contract），即簡要說明與案主協商後的工作契約。

資料來源：標題、文字整理自莫藜藜、黃韻如（2021）；圖作者自繪。

DAC預估模式：D（描述）——資料描述的要項

- 確認案主
- 個人系統、家庭系統、社區系統
  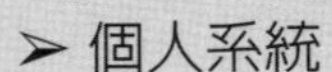
  - ➢ 個人系統
  - ➢ 家庭與家族系統
  - ➢ 社區系統
- 提出問題與初期目標
- 資產、資源與優勢
- 轉介資源與過程之相關資訊
- 社會史

資料來源：文字整理自萬育維譯（2012）；圖作者自繪。

Unit 3-15 處遇計畫

計畫是指事先擬定的具體方案或辦法。在社會個案工作的過程中，經由接案後進入機構服務系統後，即進入會談階段。社會工作者藉由與案主的會談，蒐集案主的資料，以及與重要他人的訪視、查閱相關紀錄等，進行多面向的預估（assessment），以利處遇計畫的擬定。處遇計畫的目的，是為了協助解決案主的問題與滿足其需求，以及透過處遇計畫以增強案主的權能。因此，預估與處遇是一個連續的過程，也是互為循環的歷程。預估是處遇的前置要項，也是必要的過程，沒有預估或是詳細的預估，所作的處遇計畫都是徒勞無功的；同樣的，處遇是預估的回饋，在進行處遇計畫時，可以檢視處遇計畫實施後的不足之處，再回頭檢視需要再蒐集的資料，並進行重新預估，以提升再次修訂處遇計畫的處遇效果。

處遇計畫是理性思考與選擇的歷程，在這歷程中，如前所述，除透過多面向預估來提升處遇的有效性外，社會工作者亦必須有專業能力可擬定好的處遇計畫。至於好的處遇計畫，應包括哪些內涵？依學者的見解，應包括：(1) 案主 vs. 處遇計畫；(2) 重要他人 vs. 處遇計畫；(3) 社會工作者 vs. 處遇計畫等三項（莫藜藜、黃韻如，2021）。

回歸到理性的思考層面，在社會個案工作的過程中，處遇計畫中最重要的主角是案主，因此，在好的處遇計畫內涵中，案主 vs. 處遇計畫是最關鍵的。這是因為案主位居整個處遇計畫的核心位置，處遇計畫的擬定，必須有案主的全程參與，且處遇計畫應以案主為中心思考；其次，除了案主外，對於處遇計畫的擬定，與案主相關的其他重要他人，亦扮演著重要的角色。既然稱之為重要他人，顯見其對案主的行為、態度、行動等具有一定的影響力，所以，社會工作者在擬定處遇計畫時，應與重要他人進行討論。藉由重要他人的參與處遇計畫的擬定，除讓處遇計畫更能達致成效外，對於處遇計畫的推動，也將是一種助力。最後，社會工作者必須謹記，無論是對案主 vs. 處遇計畫或是重要他人 vs. 處遇計畫，其核心的推動人物是社會工作者。社會工作者在擬定處遇計畫的過程中，係扮演匯集專業知識、技術、資源與技巧的專家，並將這些專業能力展現在處遇計畫的擬定上。社會工作者在處遇計畫的過程中，必須隨時覺察所擬定的計畫是對案主有利的，且應隨時進行檢視並視實際情況加以修正。

社會工作者在擬定處遇計畫時，應參考社會工作的各種理論，以及各項工作取向和工作方法的指引，並謹記預估處遇計畫是具有變動性的，因為預估經常是暫時性的判斷，所以處遇計畫也並非固定不變的，在服務過程中必須隨時滾動式修正。

好的處遇計畫應具備的四項要件

1. 有遠見的目標（goals）。
2. 擬定具體、可測量且具優先順序的子目標（objectives），通常可分為立即的（immediate）、中期的（intermediate）及長期的（long-term）等三部分。
3. 依子目標擬定可運用及具行動性的策略及替代方案，並根據案主需求掌握資源，包含經濟補助、協助方案、專業人力等。
4. 設計執行計畫的時間架構及確認改變的焦點，清楚確認行動計畫內個人的責任分工，包含案主系統、社會工作者及其他成員的個別責任，並列出評估基準、程序及問題解決的定義。

資料來源：標題、文字引自Siporin（1975）；轉引自莫藜藜、黃韻如（2021）；圖作者自繪。

使用不同理論擬定處遇的思考案例

擬定處遇計畫採用之理論		相對應之處遇計畫內容思考（以不喜歡上學的學生為例）
行為學派		以學習、制約方式為主要思考。例如：不喜歡上學的學生，給予獎勵與懲罰，以使其願意上學。
生態系統觀點		評估案主的不同層面系統，對案主不願意去上學的影響。例如：案主的家中沒有適當的讀書環境，致使功課不佳，失去學習的動力。
優勢觀點		評估案主的優勢，鼓勵其發揮優勢。例如：案主的體育能力很強，先鼓勵案主發揮體育的強項，參加學校田徑隊，以使案主重返校園。

Unit 3-16 處遇計畫（續1）

社會工作者在擬定處遇目標時，有其一定的步驟。一般來說，可概分為擬定目標、子目標的具體化、介入焦點系統的選擇，以及行動策略的架構。從前述的流程觀之，可知在擬定處遇目標時，就如同一個漏斗的過濾過程，從漏斗的最寬口進入，經過一連串的擬定處遇步驟，最後架構行動策略，付諸實施。茲將處遇計畫的歷程分兩個單元說明，本單元先予說明擬定目標、子目標的具體化等兩項如下：

一、擬定目標

目標是指工作或計畫中，擬定要達到的標準。處遇計畫的目標，是指社會工作者與案主期望透過該處遇計畫所達到的標準。處遇計畫目標的擬定，不是社會工作者單方面所為，必須要有案主的參與並討論後才能訂定。此外，處遇目標的訂定，除了目標的有效性因素外，必須將目標的可行性一併納入考量，以免所定出的目標好高騖遠，不切實際且無法達成，致使對案主問題的改善毫無助益。

目標的訂定除了必須具有可行性外，考量有些目標的達成，需要一段時間的努力才能達成，所以社會工作者在擬定處遇計畫目標時，可將目標分為短期目標、長期目標。短期目標通常是較為簡單，案主在付出努力後，即可達成的目標，這樣的目標有助於累積案主的信心，提供其對自我的肯定。若剛開始所定的短期目標就使案主遭遇到挫折，則將不利於後續處遇計畫的推動。而長期目標是指必須要有一定的時間才能達成，且其目標達成的困難度較短期目標為高。這類型的長期目標，通常必須透過處遇計畫中對案主權能的增強、改善案主的生態系統環境，以及引進社會資源等面向的努力才能達到。

二、子目標的具體化

每一個計畫，通常會有分支計畫，亦即，一個完整的計畫中，要達到整體計畫的目標，必須要有分支計畫的共同達成。同樣的，處遇計畫的目標是一個綜整的目標，其代表的是一種願景，也是一種希望的展現，為了達成處遇計畫的目標，必須在處遇計畫中訂定許多的子目標。這些子目標是將處遇目標分項化，當案主達成這些子目標並將之綜整後，即為達到處遇的整體目標。

子目標是處遇計畫目標的展開，社會工作者必須先協助案主訂出各項子目標，並將這些子目標訂出具體化的標準。通常各項子目標會有具體的進行步驟、要達到的期限、要達到的數據及測量的方式等，透過社會工作者與案主共同討論對子目標的具體化過程，讓案主更能掌握自己的處遇目標之達成度。

擬定處遇計畫的歷程

01 擬定目標

02 子目標的具體化

03 介入焦點系統的選擇

04 行動策略的架構

Hepworth, Rooney & Larsen 提出子目標具有的五項功能

01 確定社會工作者與案主都有一致要完成的目標。

02 在助人歷程中提供持續性方向，以避免不必要的探索歷程。

03 協助發展及選擇適當的策略與處遇計畫。

04 協助社會工作者與案主監控進步的情形。

05 評估處遇方法的有效性，並作為結果的評斷標準。

資料來源：標題、文字引自Hepworth, Rooney & Larsen（1997）；轉引自莫藜藜、黃韻如（2021）；圖作者自繪。

Unit 3-17 處遇計畫（續2）

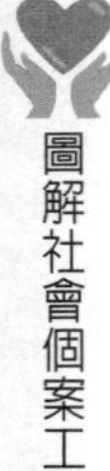

社會工作者在擬定處遇目標時的步驟為擬定目標、子目標的具體化、介入焦點系統的選擇，以及行動策略的架構，本單元接續說明介入焦點系統的選擇、行動策略的架構等兩項如下：

三、介入焦點系統的選擇

在擬定處遇計畫前，社會工作者必須思考介入的層次系統，才能針對各層次系統擬定相對應的處遇計畫。因此，所謂的焦點系統，即是指處遇計畫要介入的主要系統。焦點系統有非常多的層次，例如：微視系統、中介系統、外在系統、鉅視系統等，這些不同的系統，其處遇計畫的擬定也會有所差異。通常，針對微視系統的處遇計畫，較偏向於案主的處遇計畫；而到了鉅視系統，為了達成處遇計畫需要較多的資源，通常不是案主所可獨立達成的，鉅視系統處遇計畫的達成，常會透過倡導、立法、遊說等方式加以進行。

除了前述對於焦點系統的分類外，鄭維瑄（2014b）就處遇計畫介入的層面加以分類為：個人系統、家庭系統、小團體系統、組織系統、社區系統等。這些不同層面的處遇計畫，所需要的策略技巧、資源等亦不相同。這是一種多層次的系統概念，因為案主的問題通常非單一因素所造成，因此，需要多層次的處遇計畫，才能周延。

四、行動策略的架構

策略是一種計畫，以及未來行動的指導。處遇計畫之擬定，必須一併擬定可行的行動策略。行動策略，包含任務、責任與行動，並決定達成計畫所需時間及方法（莫藜藜、黃韻如，2021）。行動策略的架構，必須有層次性，從處遇目標建構行動策略的架構，再依序展開子目標的行動策略。子目標的行動策略必須與處遇計畫整體目標的行動策略架構扣合，且在架構子目標的行動策略時，必須周延。

此外，不同服務屬性的處遇，其行動策略亦有所不同。例如：直接服務的介入行動策略，多會偏向以案主為主，例如：案主對於性關係的偏差，社會工作者採取的行動策略係從對案主的認知重建為主，著重於促進案主重構其非理性或扭曲的認知；而對於間接服務的介入行動策略，則需要擬定面向較廣的各種策略，例如：面對個案複雜的問題，需要跨服務網絡才可以達成的，行動策略的架構，即需發展個案資源管理系統，整合內、外在資源及跨域的資源，共同為案主提供處遇服務。

介入焦點系統的選擇之正反向指標

系統	正向指標（indications）	反向指標（counterindications）
個人	• 訊息提供 • 訊息蒐集 • 具體服務 • 轉介服務 • 需要與案主初級系統相關（但家庭除外） • 沒有其他相關人 • 內在心理問題 • 個人經由協助後，就可以融入重要他人系統中取得協助，而進一步解決問題 • 個人選擇	• 案主無法在一對一的助人關係中運作 • 需要行動取向的服務 • 聚焦在家庭或同儕的互動關係 • 需求滿足最好是運用在大系統中改變的方式達成
家庭	• 主要問題存在家庭互動中 • 一位家庭成員降低其他成員對改變的努力 • 失功能家庭是家庭問題的癥兆 • 需要藉由了解家庭互動來了解個人功能 • 家庭需要檢視角色功能或溝通 • 混亂的家庭需要重建秩序 • 家庭選擇	• 家庭解構情形有無法復原的趨勢 • 個人嚴重失功能，家庭成員避免參與 • 家庭阻礙個人需求的協助 • 非普遍性目標 • 助人工作者缺乏處理破壞性互動的能力
小團體	• 個人面對相似的情境，並且可以藉由互動得到有力的協助 • 團體對個人有重大影響 • 需要發展社會化技巧 • 願意參與活動 • 聚焦在環境改變 • 可運用自然團體	• 個人嚴重受到團體打擊 • 個人對團體有破壞性 • 不存在一般性的目標 • 沒有足夠的凝聚因素 • 環境無法讓團體發揮功能 • 環境無法讓團體達到目標
組織	• 問題與組織功能相關 • 許多案主因為組織因素，而無法滿足需求或受到影響 • 助人工作者在提供服務時有過多限制	• 對案主而言可能產生負向結果的危機 • 案主服務可能會被疏忽或取消
社區	• 缺乏所需的資源或服務 • 服務缺乏協調 • 社區阻礙組織或家庭滿足案主需求 • 社區對許多家庭與個案造成負向影響	• 對案主而言可能產生負向結果的危機 • 案主服務可能會疏忽或被取消

資料來源：標題、表格引自 Johnson（1998）；轉引自莫藜藜、黃韻如（2021）。

Unit 3-18 處遇計畫（續 3）

社會個案工作在工作過程中，會與案主討論相關的處遇計畫，據以訂定處遇目標。而為了與案主對於處遇目標作確認，通常會訂定工作契約／合約（contract）。工作契約的目的，是在於透過契約的協議，來減少雙方對達成處遇目標的誤會，以及確認社會工作者、案主在此契約中的角色、權利、責任與義務等。

社會個案工作中的契約，與正式法律所指稱的契約（covenants）不同。社會個案工作所說的「契約」，比較接近一種行動承諾（commitment）的概念；契約可以是正式的書面契約，需要雙方簽名以做成服務協定。契約形式可能是服務同意書、行為契約、個案或干預計畫（白倩如，2013）。此外，除了正式契約外，採用口頭約定或較非正式的書面紀錄等方式，亦是契約的其他形式。

社會工作契約的訂定，如同一般的契約一樣，是基於兩造自願且同意契約內容的先決條件下，才加以訂定。社會個案工作契約是對處遇計畫的一種共同行動，表示社會工作者與案主對於所協商的目標和行動計畫的認可。

契約是助人過程的一部分，社會工作者和案主對於要表達的目標，所採用的相關服務策略、彼此的角色和責任，以及服務的相關安排都要有共識（謝秀芬，2016）。因此，在訂定契約時，必須要臚列出要達成的目標，這個目標必須清楚的說明。亦即，契約訂定的目的，是為了促使社會工作者與案主共同朝向達到目標的方向努力。

就如同所有的契約，在契約中對於雙方的權利、義務均有清楚的規範。在社會個案工作契約中，必須對參與者的角色說明清楚，以確認雙方的定位與職責。此外，訂定契約是為了達成處遇計畫的目標，社會工作者所要採取的技巧及處遇方法，也應該加以說明。黃維憲等人（1985）指出，契約的訂定，其主要用意有三，包括：(1) 可以提供雙方工作的重點與方向；(2) 減少雙方之間期望的差距；(3) 提供評估的基礎。此外，契約應隨著服務的進展隨時滾動修正，且要確保案主知悉這項修正的運作過程。

在與案主訂定社會個案工作契約時，社會工作者需要充分解釋契約的內容，以及契約訂定與處遇目標達成之關係。因此，契約的訂定，亦需秉持案主知情同意的原則來訂定，社會工作者不可用欺瞞的方式，使得案主在資訊不對等的情況下訂定契約，因為，這是違反社會工作倫理的。尤其是對於心智障礙、心智未成熟或無行為能力的案主，契約的訂定必須經過其法定監護人或輔佐人的同意，才可以訂定。此外，任何的社會個案工作契約不得牴觸法律、違反社會秩序及善良風俗，這是不可逾越的基本規範。

社會個案工作的正式契約與非正式契約

正式契約

- 政府機關、公共機構最常採用
- 採用書面方式
- 詳細臚列每一項條款與規定
- 較不具彈性
- 清楚規範，爭議性最低

非正式契約

- 民間機構較常使用
- 不侷限於契約的形式，亦可採其他方式，例如：口頭約定
- 較具彈性
- 雙方未形諸於文字，有爭議時難釐清
- 易有知情同意的問題產生

1. 契約要完成的目標
2. 參與者的角色
3. 所使用的干預或技巧
4. 會談時間架構與頻率長度
5. 會談的頻率和期間
6. 監控進步的方法
7. 重新協商契約條文
8. 其他項目

資料來源：文字引自曾華源等人編、胡慧嫈等人譯，Dean H. Hepworth等著（2010）；圖作者自繪。

Unit 3-19 評估（evaluation）與結案：評估

評估（evaluation），亦有學者譯為「評鑑」，本書將 evaluation 統一用語為「評估」。對社會個案工作而言，評估是對於所擬定的處遇計畫成效的檢視，是一種專業責信的展現。社會工作者如果沒有透過評估的過程，就無法說明在個案工作過程中及處遇計畫執行後的成效。

評估（evaluation）與預估（assessment）不同，但是卻具有密切關聯。在社會個案工作過程的初期，社會工作者透過預估（assessment），對案主的問題等進行估量，以了解造成案主問題的主要原因，並據以擬定處遇計畫加以執行。在處遇計畫執行過程中，為確保處遇計畫執行的正確性或效果性，會隨時或按照既定的時程進行過程評估；而在處遇計畫結束後，為了要驗證處遇的成效，結果評估是常用的評估方式。

評估是對於已經發生的事件，是否已如預期的發生。例如：針對人際關係不佳的案主，在處遇計畫中訂定安排 20 小時的卡內基訓練，以提升其人際關係技巧，並預估可以使案主在人際關係量表中的分數有所提升，藉由此評估的過程，可以了解前述的課程是否發揮效果，或是未達效果需再思考其他的處遇對策。

透過評估，社會工作者和案主一起決定哪些任務達到目標，以及是否繼續執行處遇計畫等（莫藜藜、黃韻如，2021）。從評估主要的目的來看，社會工作者可依據評估的結果，再行思考可能需改變案主對問題的預估、處遇目標的修正、服務計畫的改變，或是重新擬定新的處遇計畫進行處遇。

評估是檢討整個個案進行過程的成功或失敗、有效或無效，以及社會工作者所用的技巧如何，以作為日後處遇的參考。評估工作必須提出的證明包括：問題是什麼？採取什麼行動？結果如何？曾使用過哪些資源？等（Taylor & Devine, 1993）。評估是一個持續不斷的過程，評估依照過程，可分為服務過程中的評估、準備結案的評估等。社會工作者在擬定處遇計畫時，便應著手發展評估計畫。亦即，在處遇計畫實施前皆應確認評估的方式，方能有利於評估的進行。

評估是對案主責信的展現，主要目的是在了解案主達到處遇目標的程度。無論在哪一個期程的評估，社會工作者應邀請案主一起參與，畢竟，案主是整個處遇計畫的核心人物，處遇的效果如何，案主有權知道。藉由案主的參與評估，可以讓案主知道處遇計畫中的許多對策效果是否達到目標值，針對未達到目標值的，可以一起與社會工作者討論修正或調整，以達成處遇的目標。

評估的層面

過程評估（process evaluation）	• 過程評估的時間點為處遇進行的過程中。 • 過程評估是對處遇過程的檢視。 • 過程評估具有監測的效果。 • 過程評估有助於了解處遇計畫，是否如原先規劃或預期的方向發展。 • 過程評估可幫助機構思考，在處遇計畫中哪些要素對達成處遇目標較為有效。 • 過程評估有利於處遇計畫的及時修正。
結果評估（outcome evaluation）	• 結果評估的時間點為處遇計畫結束後。 • 結果評估是用來檢視處遇計畫目標之達成程度。 • 需要事先擬定測量基線，以利處遇前後之比較，了解服務成效。

內部評估（internal evaluation）

係由處遇計畫或方案執行單位的成員所從事的評估工作，動機往往是為了能夠立即改善或提升服務品質。

外部評估（external evaluation）

係由機構以外的專家，對計畫或方案進行評估工作。

Unit 3-20 評估（evaluation）與結案：結案

社會個案工作的過程，從申請、結案、開案、預估、處遇計畫，歷經這一連串的過程，最後進入結案（termination）。結案是社會工作者與案主專業關係結束的處理工作，是個案工作的最後一項程序。亦即，結案是社會工作者與案主服務的終止，社會工作者不再提供服務給案主，亦即代表個案工作專業關係的結束。

結案時機是指案主的問題已獲得解決、需求獲得滿足，以及案主已有能力面對未來的問題，對社會福利服務機構而言，這是最理想的狀況。但有時，社會福利機構因為機構功能的限制，無法提供案主所需要的服務，因此，必須要終止服務，進行結案並協助轉介至其他機構提供服務。亦即，結案並不表示案主的問題已經獲得解決，有時可能是其他因素致使必須結案。

如果從結案是否是預為規劃的面向分析，結案可分為計畫性結案、非計畫性結案。計畫性結案是指在建立專業關係時，對於處遇的期程、次數，以及時間等，都有明確的規劃，且事前即已告知案主。有關計畫性結案的原因，包括：(1) 擬定服務計畫有明確的時間期限；(2) 雖未完成預設目標，但是案主認為狀況已改善到可接受的狀況，或案主覺得已具備處理能力；(3) 特殊領域的案主死亡是可預期與計畫的；(4) 經費預算限制了一定的服務期間與時數，以經費有無為結案的主要指標（鄭維瑄，2014b）。例如：山地鄉早期療育巡迴服務，提供山地鄉 6 歲以下發展遲緩的兒童早期療育服務，以期藉由早期療育的介入，能使兒童的發展遲緩現象減輕或經過早期療育而迎頭趕上，減少對家庭的負擔。此類的山地鄉早期療育巡迴服務，有規定早期療育的次數，因此有一定的服務期間與時數而計畫性結案。而在安寧病房的案主，由於生命已近末期，其死亡是可以預期的，因此，當案主往生後即結案，亦是計畫性結案的原因。

至於非計畫性結案，其結案的期程通常較難掌握。非計畫性結案，通常與案主、處遇情形、社會工作者或社會福利服務機構等因素有關。不同於計畫性結案，非計畫性結案通常是較難預期的，甚或是突發的狀況必須結案。一般來說，非計畫性結案原因，包括：(1) 案主的缺席或失聯；(2) 案主因突發事故的死亡；(3) 社會工作者或社會福利機構因為臨時性因素必須中斷。例如：許多的非自願性案主，通常是依據法院的命令而至機構接受服務，因此，在處遇的參與上，均是沒有動力的，且常會有無故的缺席或失聯，迫使服務必須非計畫性的中斷；而案主的意外身故，亦是常見的非計畫性結案之原因。

不同學者對結案的原因（類型）的分類

- 已達成目標的結案。
- 按照機構期程規定而結案。
- 因機構功能調整或結束工作而結案。
- 因工作者離職而結案。
- 案主的片面結案。

資料來源：文字引自林萬億（2022）；圖作者自繪。

結案的原因（類型）

- 案主和社會工作者都滿意已完成彼此同意提供的服務，且案主沒有其他的需要。
- 服務目標雖沒有達成，但雙方都認為可以結束工作了。
- 關係停止，是因為案主離開，或社會工作者離開機構。
- 已完成了計畫中的服務，但案主所需要的服務，機構無法提供，所以必須轉介，然後結案。

資料來源：文字引自Compton & Galaway（1999）；轉引自莫藜藜、黃韻如（2021）；圖作者自繪。

Unit 3-21 評估（evaluation）與結案：結案（續 1）

結案是社會個案工作過程的最後一個階段，社會個案工作在結案階段的主要目標，包括：(1) 確定所有的干預或處遇目標都已達成；(2) 負向的情緒反應都已妥當處理；(3) 案主的適應能力的確增加；(4) 案主確實達到自我成長的目標；(5) 案主已經清楚了解個人的動機；(6) 案主覺得自我能力已增強，並相信自己有能力去解決問題；(7) 案主深深覺得自己是個有價值的個體；(8) 評估個案工作成效；(9) 確定個案工作者與案主之專業關係，對案主是有正向的幫助（Dorftnan, 1996；轉引自潘淑滿，2000）。

社會工作者在結案時，案主展現出正向的情緒反應，主要原因是案主的問題獲得改善，案主對自己未來面對問題的能力具有信心。社會工作者在結案的過程，可藉由回顧服務過程，進而提升案主對自己的肯定。常見的正向結案情緒反應，包括有自信、充滿感激、表現出喜悅等。例如：如果案主達成處遇的目標、有正向的回顧經驗、獲得滿足，或是案主的能力增強，案主將會樂觀的面對未來的挑戰，就會有較正向的情緒反應。

案主在結案階段，除了前述的正向情緒反應外，亦有可能出現負向的情緒反應，致使影響結案，如前 Dorftnan 於結案目標中所述。在社會個案工作過程中，因為案主與社會工作者長期的相處，在面對結案時即將分離，熟悉感即將消失，有時會產生負向的情緒。這種情緒未必是攻擊性的，較多的情況是因為失落感、悲傷、既期待結案又害怕結案的兩難、痛苦、憤怒、拒絕接受等情緒類型。社會工作者在面對案主的負向情緒，必須協助案主面對此情緒，並覺察為何會出現負向情緒反應，並提供處理分離的方法。例如：社會工作者經評估，案主已經符合結案指標，因此與案主討論結案的相關事宜，但在這段長達將近兩年的專業關係過程中，案主對每月與社會工作者會談一次，已經是其日常生活中的一部分，雖然知道這是計畫性的結案，但案主仍不願意面對此結案事實，否認可以結案，並在行為上出現處遇前所產生的問題症狀，出現退化的情形，此即為案主對結案的負向情緒反應。

結案對於社會個案工作來說，雖是最後一個階段，如果未能妥善處理，有可能讓之前處遇計畫所達到的成效受到影響。綜合而言，結案任務能否順利達成，受到許多因素的影響，例如：是否是自願性案主、案主參與程度等，都可能影響結案過程的困難度。

案主對結案負向情緒之反應型態

重新提出老問題	產生新問題	
依戀社會工作者	爆發情緒行為	否認
拒絕接受	沮喪	要求處遇延長
發生突發事件	要求成為朋友	感覺受背叛
產生分離焦慮	產生矛盾情緒	尋找替代者
行為退化	突然失去聯絡	痛苦

Unit 3-22 評估（evaluation）與結案：結案（續 2）

前一單元說明案主在結案階段，可能會產生的正向、負向的情緒反應。在社會個案工作過程中，社會工作者在進入結案階段，必須要有協助案主面對結案階段的作法，以減少案主負向情緒的產生。關於協助案主準備結案的相關作法，Dorfman 認為應包括回顧服務過程、最後的評估、分享結束感受並道別。

在結案時，社會工作者應和案主一起回顧整個服務的過程，讓案主檢視在過程中的努力、改變、成長，感受到經過處遇後變得不一樣的自我。社會工作者在此過程中，必須運用肯定的技巧，分享所看到案主的具體改變，以及強調案主好的表現及優勢。此外，在結案前做最後的評估是必要的，這主要是針對處遇的成效是否已解決案主的問題作最後的確認，如果處遇成效達到，才可進行結案。在測量處遇成效方面，可運用量表、基準線或是其他測量工具加以檢視。在結案過程的最後階段，為分享結束感受並道別，主要是處理結案分離可能產生的負向情緒。社會工作者分享結束的感受，必須是對結案有幫助的，因此，必須符合目的性。在社會工作者與案主相互分享情緒後，專業關係即告結束，雙方互相道別與祝福。

在結案後，後續的任務是進行追蹤，以維持處遇的服務成效。追蹤時可視案主狀況提供短暫的協助，但要避免案主對社會工作者的再度依賴。一般而言，追蹤通常為 3-6 個月左右。

在處理結案的負向情緒中，除了案主的負向情緒外，社會工作者也可能會產生負向的情緒，因此，社會工作者亦需覺察自己的負向情緒，並作妥適的調適或尋求機構督導的協助。社會工作者由於與案主在社會個案工作的過程中，建立了專業關係，但即使是因為處遇目標的達成而結案，某些社會工作者面對即將結束的工作關係，仍有可能產生分離的失落，尤其是社會工作者在專業關係期間如未能妥善處理情感反轉移的現象，在結案時較容易產生負向的情緒。在結案階段社會工作者常出現的負向情緒，包括結案階段的情感反轉移現象、對案主失落、產生罪惡感、違反專業關係界線的傾向，以及延後結案的日期以阻礙案主的離開等。

社會工作者該如何減少結案階段的負向情緒？社會工作者必須深化專業知能，並隨時覺察自己的情緒，且應加強結案階段應具備的技巧。例如：如何處理分離、處理否認和逃避，如何尋求專業的支持與協助等。對自我的了解及完整的督導制度，有助於減少社會工作者在結案階段省思、反思，以及處理自己在結案時的反應，對於提升結案的品質，具有相當大的助益。

社會工作者對結案負向情緒之反應型態

罪惡感		如釋重負
主動延長服務次數	延緩告知結案時間	分離焦慮
不與案主直接溝通		失落感
痛苦反應	逃避	失去耐心
	提供額外服務	
有情感反轉移現象		沮喪

Unit 3-23 評估（evaluation）與結案：轉介

社會工作者在歷經一連串的社會個案工作過程，從接案、預估、提出處遇計畫，最後進入結案。當結案時，如果案主的問題與需求能獲得協助，符合結案指標時，社會工作者即可進行結案。但社會個案工作過程中，當機構在接案時，經評估該案主不符合機構的服務對象時，社會工作者可以協助前來機構請求提供協助案主，轉介至其他適當的機構。亦即，在歷經一連串的社會個案處遇後，機構提供了相關的服務，解決了案主的大部分問題，但案主仍有些問題無法獲得解決，可能是機構功能的限制，或是資源的不足，此時，社會工作者在考量對案主有利的情形下，應提供適當的轉介。

轉介（refer）是協助案主與其他資源連結，也是社會工作過程中常會使用到的技巧。轉介之目的是爲了使案主得到更佳的服務，所進行的社會工作過程之一，而非是將手邊的案主推離機構。因此，在轉介後，社會工作者應請案主回報轉介情形，或主動聯繫轉介資源 ，以確定案主已前往接受服務。

Hepworth, Rooney & Larsen（1997）提出社會工作者在進行轉介時，要達成有效的轉介，應遵循的原則包括：(1) 引導案主表達感受，以確定其準備好接受轉介；(2) 配合案主所需；(3) 尊重案主自決；(4) 避免虛假與非現實的承諾；(5) 避免先確定下一位服務者是誰。茲說明如下：

一、引導案主表達感受，以確定其準備好接受轉介：通常，案主知悉要被轉介時，有時心裡會很複雜，有時會認為是社會工作者放棄他。為了化解案主這樣的疑慮，社會工作者應詳實地向案主說明轉介的必要性、轉介的潛在利益，以及不得不轉介的理由等，以避免案主不必要的猜忌。

二、配合案主所需：社會工作者會進行轉介，通常是機構的資源不足，因此，受轉介機構所提供的服務，必須符合案主的需求，且應具有資源的可近性。

三、尊重案主自決：社會工作者進行轉介的理由，係以案主的最佳利益為考量，並清楚向案主說明，但案主有權決定是否要接受轉介，這是基於社會個案工作案主自決原則之對案主的尊重。

四、避免虛假與非現實的承諾：社會工作者可以對案主說明轉介可能帶來的利益，但不可為了說服案主接受轉介，而對案主給予虛假或不切實際的承諾。

五、避免先確定下一位服務者是誰：社會工作者是轉介者，經評估受轉介機構適合轉介，也先向受轉介機構徵詢後，可告知案主即將轉介的機構所具有的服務特色與資源有哪些。但社會工作者必須謹記，社會工作者的角色是轉介者，不是受轉介機構的接案者，因此，不可向案主確定受轉介機構由誰提供案主相關服務，以避免造成受轉介機構的困擾，以及案主期待的落空。

轉介的歷程

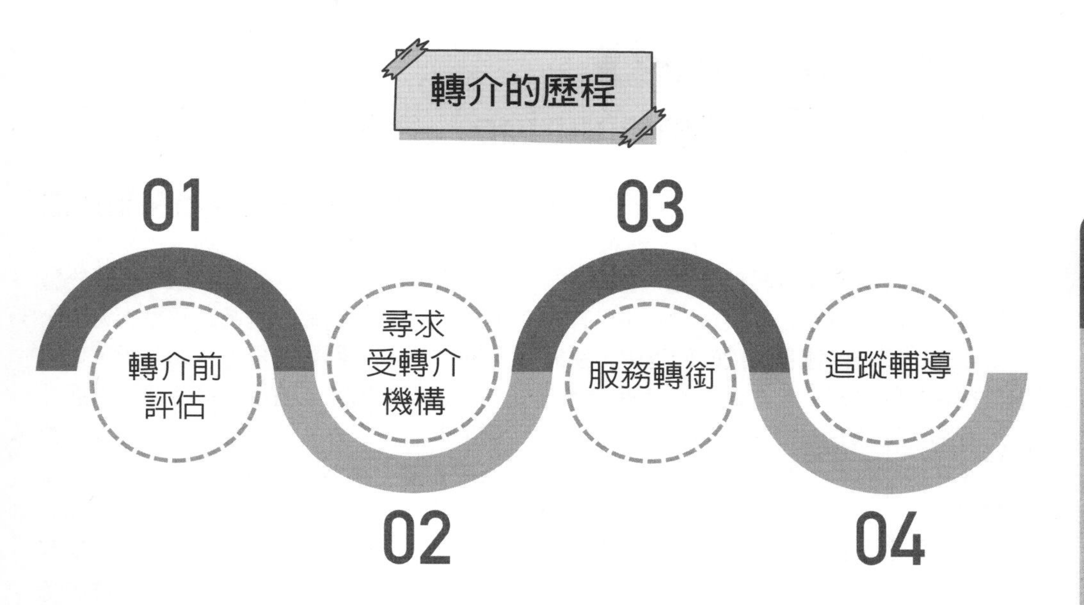

轉介的步驟

轉介前提

- 確認案主有轉介的必要
- 經案主自決同意

轉介前

先與受轉介機構接觸，說明轉介理由和案主的問題

轉介

提供受轉介機構給案主，包括：受轉介機構名稱、地址、連絡電話、連絡者、轉介問題、需求

轉介後

請受轉介機構填寫，並寄回「轉介回覆單」

Unit 3-24 評估（evaluation）與結案：紀錄

社會個案工作，從申請、接案、開案、預估、提出處遇、評估、結案等過程，各階段均需留有紀錄，此即通稱為個案工作紀錄。個案工作紀錄，並非只有結案才需撰寫，前述各階段的過程中，都需要撰寫相關的紀錄。本書基於說明之便，將有關「紀錄」的相關單元之說明，編排於「評估（evaluation）與結案」單元中統整說明。

「個案紀錄」（case record）係指「個案工作者對其日常所服務之個案的會談及有關聯絡事項，以文字記載方式記錄，並將之保存於特定之個案資料夾中。基本上，每個完整的個案資料夾應包括：個案申請表、接案表、服務登記表、個案服務紀錄、轉介紀錄及結案紀錄等資料（潘淑滿，2000）。社會個案工作者將其在個案工作過程中與案主的接觸過程加以記錄，即為個案紀錄。

個案紀錄對於社會個案工作而言，具有非常重要的功能。無論是對社會工作者、機構、受轉介機構、案主，乃至於社會工作界的教學與研究等，都是相當重要的。茲綜整相關文獻的論述（莫藜藜、黃韻如，2021；鄭維瑄，2014b；謝秀芬，2016；黃維憲等人，1985；曾華源等人編、胡慧嫈等人譯，2010，林勝義，2013；林勝義，2023；林萬億，2022），個案工作之目的（重要性、功能）如下：

一、有助於正確的診斷和有效處遇的提升

個案工作紀錄係社會工作者對於整個服務過程所撰寫的具體和詳盡的資料，有助於對案主問題反覆思考和分析，以提出正確的診斷，進而採取最適合的處遇計畫。個案紀錄亦有助於評估執行過程是否達成目標，有助於對服務成效品質的監測。此外，社會工作者可以透過檢視個案紀錄，以了解在個案工作過程中有需要改善之處。社會工作機構督導則可透過個案紀錄，對社會工作者的處遇品質加以督導。在社會工作者將案主轉介至其他機構時，個案紀錄可提供受轉介機構作為參考，以利後續對案主處遇服務的延續性。

二、使得案主的權益獲得保障

個案紀錄為社會工作者與案主之間的處遇相關過程，社會工作者可透過檢視個案紀錄，以查檢在處遇過程是否完整、周延，以保障案主的權益。亦即，個案紀錄的內容，社會工作者可藉以評估擬定處遇計畫時，各項的處遇規劃、倫理考量、決策理由等，是否符合社會工作倫理守則，以及符合機構、政府或其他法規之規定，以確保案主的權益。

三、提供持續服務之參考

個案服務是一項持續性的服務過程，透過個案紀錄，有助於社會工作者服務之接續。此外，個案紀錄亦有助於新接手的社會工作者，或是受轉介的機構了解案主，可確保案主獲得持續且適切的服務。

個案紀錄的價值

直接的價值	間接的價值
• 社會工作服務的資料。 • 評估社會工作服務效果的依據。 • 保護案主。	• 轉案、照會和個案討論的依據。 • 作為督導的素材依據。 • 機構評價服務功能及制定政策的參考。 • 社會研究社會計畫和教學的材料。

資料來源：文字引自鄭麗珍、潘淑滿（2022）；圖作者自繪。

個案紀錄之目的（重要性、功能）

1. 有助於正確的診斷和有效處遇的提升。
2. 使得案主的權益獲得保障。
3. 提供持續服務之參考。
4. 有利於專業間的溝通與合作。
5. 作為教學和研究的工具。
6. 成為提供服務的證明。
7. 在法律行動中成為機構自衛的工具。

Unit 3-25 評估（evaluation）與結案：紀錄（續 1）

本單元接續前一單元，說明個案紀錄之目的（重要性、功能）如下：

四、有利於專業間的溝通與合作

案主的問題，有時非單一機構的功能所能完成，此時，必須整合專業團隊或跨專業團隊共同合作。在同一個機構或不同機構的助人工作者，要了解案主的問題並進行專業間的溝通，個案紀錄是一個相當重要的媒介。雖然，個案紀錄無法取代專業人員間面對面的溝通，但個案紀錄有助於各專業人員對案主問題的先行了解，當在面對面溝通時，較能夠快速聚焦，以利各專業人員提供有效性的處遇建議。因此，個案紀錄有助於對專業間的溝通與合作。

五、作為教學和研究的工具

個案紀錄是對於實務過程的紀錄。紀錄的內容會包括案主的基本資料描述、案主的問題、社會工作者對於處遇計畫的思考、決策、所採取某社會工作理論的緣由等。這些均是實務上的寶貴素材，對於社會福利機構而言，可作為督導時的參考，以及社會工作者教育訓練的材料，以提升機構社會工作者的專業能力。因此，個案紀錄對社會工作者專業發展的督導、工作會議、個案研討、專業諮詢等，具有積極的意義。此外，個案紀錄除了作為教學之用外，亦可提供給研究者作爲研究之資料，進行深入的探討和發現，以促進理論與實務之結合。

六、成為提供服務的證明

個案紀錄是呈現個案的問題，以及如何擬定處遇計畫以協助案主的過程，及社會個案工作的全部歷程。這些紀錄資料，可作為檢視機構服務品質的文件，以及行政管理的參考。此外，許多的社會福利機構承接政府的社會福利委外契約案，個案紀錄可供方案評鑑或機構評鑑之用，以展現機構的服務成效，是一項相當重要的佐證文件。另外，面對社會各界對社會福利機構服務成效的關注，個案紀錄亦可成為展現機構責信的重要資料。

七、在法律行動中成為機構自衛的工具

社會工作者所服務的對象為人，在這過程中，社會工作者雖然是以案主的最佳利益為考量，但若案主對於處遇期待有落差或是對服務不滿意，均有可能提出法律訴訟之情形，在此情形下，完整的個案工作紀錄，可協助社會工作者面對法庭時，成為社會工作者、機構辯護的佐證文件，具有自我保護的功能。

「社會工作紀錄內容撰製注意事項」對紀錄類型之說明

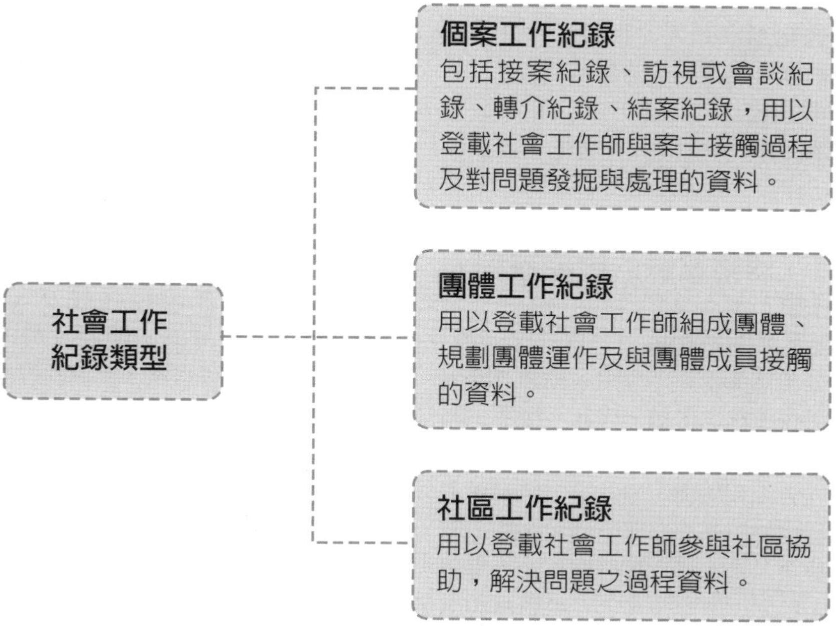

本注意事項所定紀錄，應依事件發生之先後次序，註明日期，分段記錄，並應於段尾簽章。

說明：

1. 各類社會工作紀錄，參酌實務與學理，概分流水帳式、對話式、分段式三類型，比較各該紀錄方式之優缺點，以分段式紀錄為清晰、簡要、實用。
2. 本注意事項規範之紀錄係為社會工作師執行業務之紀錄，宜具指導性質，爰明定採分段式紀錄。
3. 由於問題需求之多樣性與急迫性，同一期日內可能必須對同一問題多次進行處理，是以本點所稱日期含括時間段之記載。
4. 為維護案主權益，提高社會工作師責任感，爰規定於段尾應予簽章。

資料來源：文字引自衛生福利部社會救助及社工司網站／「社會工作紀錄內容撰製注意事項」；圖作者自繪。

Unit 3-26 評估（evaluation）與結案：紀錄（續 2）

個案紀錄的類型，有諸多的分類面向，包括以「個案紀錄的服務流程」，或是以「個案紀錄的紀錄方式」等加以分類。本單元先說明以個案紀錄的服務流程對個案紀錄類型的分類如下：

一、以「個案紀錄的服務流程」分類

（一）接案／開案紀錄

在社會個案工作過程中，接案／開案是個案工作流程之伊始，因此，接案／開案紀錄就是在此階段所撰寫的個案紀錄。每一個社會福利機構，因為設立的宗旨不同，所提供的服務亦有所不同，因此，對於接案對象、接案標準等訂有不同的規範與指標，接案／開案紀錄即在於對前來申請服務的求助者所評估是否符合機構所提供的服務之紀錄。接案／開案紀錄是進入個案工作服務的最初始流程，雖未進入處遇階段，但從接案／開案開始，即是一種專業服務的開始。接案／開案可協助機構檢視接案的正確性、品質等。

（二）服務需求預估（assessment）紀錄

在進入開案後，社會工作者與案主、重要他人及相關機構進行會談，以多方面了解案主的需求，作為對案主需求的預估（assessment），在此過程中所撰寫的個案紀錄，即為服務需求預估紀錄。在社會個案工作過程中，預估是一種動態的過程，是必須隨著對案主資料的蒐集，進行預估的修正，而在此修正的過程中，社會工作者必須將每次的預估撰寫成紀錄，以利後續處遇計畫擬定之評估參考。潘淑滿（2000）指出，此類紀錄的內容應包括：個人社會史、家庭生活動態關係、問題發展史及處遇計畫等。

（三）處遇服務紀錄

社會工作者在經過預估（assessment）後，即依據案主問題及需求之研判，運用社會工作理論、實務與技巧，擬定處遇服務，而據此所撰寫之紀錄，稱之為處遇服務紀錄。處遇服務紀錄記載每次與案主會談的過程、所希望進行的方式、目標、行動策略，以及與案主的互動、反應等。此外，與案主的家庭訪視、重要他人或是相關機構的溝通、協調，以及所做的各項努力與服務，均應列入處遇服務紀錄中。處遇計畫有助於社會工作者評估處遇之成效及作修正。

（四）定期評估紀錄

定期評估紀錄，是指對於處遇計畫的執行成果進行的評估。這類型的評估紀錄，通常是按月、按季、每 6 個月或是按年進行並撰寫。定期評估的目的是要檢視服務目標是否達成，定期摘要紀錄的內容應包括案主問題的改善情況及修正建議等。定期評估紀錄的內容應包括：案主的概況、問題改變情況、下一階段的處置計畫和步驟等（潘淑滿，2000）。

社會工作紀錄內容撰製注意事項

《社會工作師法》§16：社會工作師執行業務時，應撰製社會工作紀錄，其紀錄應由執業之機關（構）、團體、事務所保存。前項紀錄保存年限不得少於七年。

- **個案工作之接案紀錄，至少應包括以下內容：**

（一）個案來源。
（二）個案之問題需求及內容。
（三）處理建議及情形。

說明：

「接案」為社會個案工作過程的第一步，個案工作之接案紀錄用以登載案主申請或請求協助資料，爰規定其至少內容：

(1) 個案來源，用以了解案主的求助過程：本人自行求助、親友或關係人介紹、轉介等，以為往後工作參考。
(2) 個案之問題需求及內容，紀錄案主之主要問題、問題史、個人史、家庭背景及對問題之看法等初級資料。
(3) 處理建議及情形，紀錄初步判斷之結論：接受申請、不接受申請或轉介適當機關（構）、團體，及其理由。

- **個案工作紀錄，至少應包括以下內容：**

（一）基本資料。
（二）案主問題及其對問題之看法。
（三）社會工作師對案主問題之分析。
（四）處理經過。
（五）評估。
（六）結案。

說明：

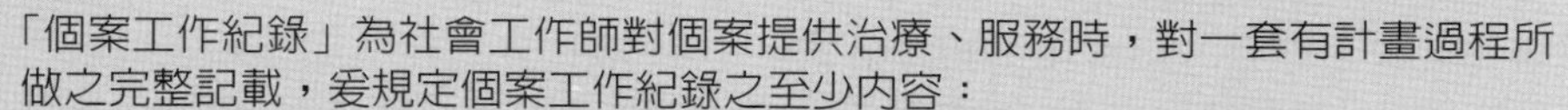

「個案工作紀錄」為社會工作師對個案提供治療、服務時，對一套有計畫過程所做之完整記載，爰規定個案工作紀錄之至少內容：

(1) 基本資料，用以記載案主本人、案主家庭成員及案主之重要關係人姓名、性別、年齡、住所、職業等資料。
(2) 案主問題及其對問題之看法，以記錄案主對問題之陳述，包括案主對問題本身的描述、對形成原因之解釋、對主、次要問題之排列及對問題解決方法之期待等詳細資料。
(3) 社會工作師對案主問題之分析，記載社會工作師對案主問題之所在及成因之分析，解決問題之阻力、助力之描述，案主家庭之環境生態之建構以及提供協助、治療之方向、方法、行動與時間表。
(4) 處理經過，登載實踐協助案主解決問題之過程，包括實施之經過、案主之反應及社會工作師本身之感受、過程中突發事件之因應、協助方向之變動等。
(5) 評估，用以檢討實施過程之進行、得失、運用技巧等事項及對個案工作成敗之判斷和其判斷依據。
(6) 結案，用以回顧整個個案進行之過程，並標示往後應注意事項。

資料來源：文字引自衛生福利部社會救助及社工司網站／「社會工作紀錄內容撰製注意事項」；圖作者自繪。

Unit 3-27 評估（evaluation）與結案：紀錄（續3）

本單元接續前一單元以「個案紀錄的服務流程」分類，說明如下：

（五）結案紀錄

社會個案工作流程的最後一個階段，即是結案的階段，在結案階段所撰寫的紀錄，稱之為結案紀錄。社會工作者在評估一個個案能否進行結案時，必須依據機構訂定的結案指標加以評估，唯有以明確的結案指標作為依據，才可確保案主已得到機構完整的服務。因此，結案紀錄的紀錄重點，社會工作者必須說明評估結案的支持理由，包括對案主服務目標達成的主客觀評估。結案紀錄是用來檢討服務內容與方式之適當性，以及確知案主之需求是否妥當處置。結案摘要紀錄應包括：何時、何處及如何結案（潘淑滿，2000）。結案評估紀錄是社會工作者與機構向委託單位及社會大眾，呈現社會工作專業績效的具體證據。總括而言，撰寫結案紀錄的目的，除了提升機構的責信外，亦有利於接續之服務，以及社會工作專業的成長。

在撰寫結案紀錄後，社會工作者通常彙整成為一份結案紀錄摘要，這主要是方便機構或經費提供單位檢閱時，能夠快速的了解個案的結案情形。如果機構或經費提供單位在閱覽結案摘要後，對於摘要的內容有疑義，社會工作者可另行提供完整的結案紀錄供參考。撰寫結案摘要紀錄時，必須掌握重點性、完整性、清晰性等特性，才能是一份品質佳的結案摘要紀錄。此外，結案摘要紀錄對於長期服務的個案，尤為重要。因為，長期服務的個案，處遇的期間較長，如要清晰簡要的了解案主的處遇結果及結案情形，結案摘要紀錄是最為便利的工具。

（六）轉介摘要紀錄

當機構提供的服務無法滿足案主的需求時，社會工作者可透過跨專業間的合作或是轉介機構接續提供服務，共同運用可用的相關資源，提供最適切的服務。為使前述之各專業對於案主問題有清楚了解，社會工作者應提供轉介摘要紀錄供參考。在轉介摘要紀錄中，應僅提供有關案主必要的資訊之分享，包括：案主基本資料、簡述開案原因、已提供的處遇服務、案主期望後續提供的服務，而與案情無關的資訊，毋須列入。

（七）追蹤紀錄

當社會工作者進行結案後，不表示服務立即終止，通常，為了解案主服務成效的維持情形，社會工作者會進行後續的追蹤。一般而言，追蹤的期間以3-6個月最常見。社會工作者在進行追蹤時，必須撰寫追蹤紀錄。主要的記載內容為案主在結案後，如再次面對原處遇問題的回應能力，以及經由處遇對案主的增權，案主面對新風險的能力。追蹤紀錄的重點是評估案主回應風險的能力，而不是記述案主的生活狀況。追蹤紀錄代表社會工作者對案主權益的維護。

個案工作轉介紀錄應包括之內容

個案工作之轉介紀錄，至少應包括以下內容：

（一）案主基本資料及其家庭概況。
（二）案主主要問題。
（三）社會工作師處理經過。
（四）轉介理由及期待。

說明：

「轉介個案」為機構基於宗旨和目的之限制，無法提供案主適當服務之狀況下，協助案主尋求適當機關（構）、團體解決問題之方法，轉介紀錄用以登載轉介案主至能提供其適當協助之其他有關機關（構）、團體之資料，爰規定其至少內容：

(1) 個案基本資料及其家庭概況，用以讓受轉介單位了解案主及其家庭基本狀況。
(2) 案主主要問題，用以讓受轉介單位了解案主問題之所在與成因。
(3) 社會工作師處理經過，用以讓受轉介單位了解轉介單位曾經協助案主之程度。
(4) 轉介理由及期待，用以讓受轉介單位了解轉介單位轉介之原因與期待受轉介單位提供案主服務之範圍。

資料來源：文字引自衛生福利部社會救助及社工司網站／「社會工作紀錄內容撰製注意事項」；圖作者自繪。

責信之意涵

責信（accountability）

- 責信，是一種責任，是社會工作者負責達成對案主提出或同意的服務。例如：對於績效監督，就能夠因其透明公開而展現出機構的外部責信。
- 社會工作者與其他助人專業一樣，必須確定服務的成果和其有效性。社會工作的評估是確保服務品質的必要措施，也是加強社會工作的責信和服務品質的保證。

Unit 3-28 評估（evaluation）與結案：紀錄（續 4）

個案紀錄的類型，除前兩個單元的以「個案紀錄的服務流程」分類外，本單元接續說明以「個案紀錄的紀錄方式」之分類如下：

二、以「個案紀錄的紀錄方式」分類

（一）對話式紀錄

又稱逐字稿紀錄。使用對話式紀錄，通常在會談時，會同時進行錄音。此方式是將所錄下的社會工作者與案主、重要他人或其他機構會談的內容，逐句的轉譯成文字。對話式紀錄的特色是社會工作者在轉譯為文字時，必須忠實的呈現會談的話語。但使用此方式進行紀錄時需進行錄音，因此需事先徵得相對人的同意，才可進行錄音。此類紀錄對新進社會工作者或是社會工作實習學生提升專業能力，有相當的助益。

（二）摘要式紀錄

摘要式紀錄，是一種問題導向式的紀錄。摘要式紀錄通常會透過明確的大綱與標題，將蒐集得來的資料和對案主問題的探索分析、服務概況等加以紀錄。摘要式紀錄著重簡明、強調重點紀錄，因此，社會工作者必須掌握將社會個案工作過程中的事件，以重點分類、簡明文字陳述的方式作摘要。摘要紀錄對長期服務的個案，或正在進行接觸的社會工作者，是很重要的，這些紀錄對一個特定案主來說，提供了過去經歷的畫面（謝秀芬，2016）。摘要式紀錄對於業務繁重、人力短缺的社會福利機構而言，可快速的記載相關的服務重點，減省時間，順利完成紀錄。

不同於敘述式（narrative）紀錄，是將會談過程方面的事實作報導，個案工作者可以運用濃縮形式或過程形式兩種形式予以紀錄；摘要式紀錄，則較偏重於靜態、客觀之事實紀錄（黃維憲等人，1985）。這類型紀錄的靜態資料，常見的有個人社會史、家庭發展史、定期紀錄、診斷紀錄、結案紀錄、轉介紀錄等。摘要式紀錄的形式，主要視服務機構的目標與政策而定，但至少應包括：基本資料、個人發展史、處遇計畫、定期性的紀錄與行動等相關之訊息，以及結案的描述等。

此外，社會工作者在撰寫摘要式紀錄時應謹記，摘要式紀錄應以簡短、容易閱讀、容易運用為主要原則。這類型紀錄重點不在過程，而在於記錄發生在案主的事件，且不是記錄社會工作者對個案服務過程中的專業或自我省思。

（三）研究問卷式紀錄

研究問卷式紀錄是指為了特定的研究計畫所採用的紀錄方式。此種紀錄方式是依據研究目的和研究問題而設計的問卷或紀錄格式，並將所獲得之資料填入已設計好的格式內。

摘要式紀錄／問題導向式（PAP）之格式

基本資料

問題編號和項目：________

轉介來源和事由：________

家系圖和／或生態圖：________

P：（problems）問題陳述：

案主或家屬針對問題的看法和期待，即當事人主觀的（subjective）問題敘述，以及其他相關人士（objective）對問題事實的看法。

A：（assessments）心理暨社會診斷（需求預估）

社會工作者對案主或其家庭問題的專業判斷，對案主或其家庭需求的預估，以及列出需要介入的問題（從案主的角色功能、人際關係、反應和資源入手）：

1. 案主目前的社會「角色（role）」：社會功能的背景資料。
2. 案主的人際「關係（relationship）」：與重要他人或相關人士之間的關係。
3. 可運用的「資源（resources）」：案主所擁有經濟的、環境的、機構的、個人的資源。
4. 所觀察到的案主或家屬的「反應（reaction）」：態度、行為、動機和能力的事實。

P：（plan）計畫與處遇

社會工作者擬介入的具體計畫和後續提供的處遇，及處遇後對此個案繼續的建議。

Unit 3-29 評估（evaluation）與結案：紀錄（續 5）

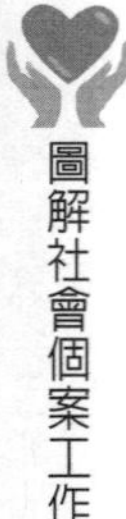

本單元接續前一單元，說明依「個案紀錄的紀錄方式」之類型如下：

（四）過程式紀錄

過程式紀錄又稱敘事式（narrative）紀錄。服務過程紀錄，紀錄了會談的內容，於會談後進行撰寫，常見的過程式紀錄，包括對話式過程紀錄、逐字稿形式過程紀錄。過程式紀錄是紀錄與案主接觸過程的一份文件，包括與案主、重要他人及與其他機構接觸的過程、想法，當然也包括社會工作者服務個案過程中的想法等。過程式紀錄可以採取錄影、錄音與文字三種方式紀錄，依不同的會談目的與其他需求因素的考慮，選擇所需的方式，每一種方式都有其價值與功能（謝秀芳，2016）。

過程式紀錄最常被使用於教育與督導的過程，且在教學與研究上有其重要功能。過程式紀錄特色在於社會工作者以回顧或說故事方式，敘述案主與社會工作者及機構間互動之過程，並將案主接受治療服務期間所發生的情況作具體描述。這類紀錄會以特定標題對事情發生的前因後果清楚地陳述，其對實習學生、新進社會工作者的學習也很有幫助。

社會工作者在撰寫過程式紀錄時，應秉持客觀性的原則作記錄，才能確實呈現在會談過程中相關參與者的行為與溝通內容。但社會工作者必須留意的是，過程式紀錄為了取得原本的感覺與意義，不宜在會談結束後過久才進行撰寫，如此將會使得回憶當時真實情況的能力、想法等隨著撰寫時間的延長而遞減，影響紀錄的品質。

過程式紀錄常見的紀錄格式，包括SOAP 格式、SOAIGP 格式，說明如下：

1. SOAP 格式

SOAP 係指「主觀感受」（Subjective）－「客觀感受」（Objective）－「預估／分析」（Assessment）－「預定處遇計畫」（Plan），為醫療與其他健康照顧專業工作者普遍採用的紀錄格式。SOAP 協助專業工作者系統化與及時的確認、決定處理順序與追蹤案主問題。SOAP 也是服務過程中，持續評估案主狀況的重要依據。

SOAP 紀錄格式的運用有一定的彈性，並非每一項都需撰寫，有新的訊息或變更評估才需撰寫。SOAP 紀錄之限制，包括：(1) 強調問題，忽略需求、資源及優勢；(2) 聚焦於個人，忽略環境；(3) 重視個人失功能，忽視社會與生態因素；(4) 著重個人治療取向，輕忽個案管理。

2. SOAIGP 格式

以服務中心為導向的 SOAIGP，係指「補充」（Supplementary）－「觀察」（Observation）－「活動」（Activities）－「印象」（Impressions）－「目標」（Goals）－「計畫」（Plans）的過程紀錄格式，在 SOAP 基礎上增加服務及服務結果兩個面向，以符合社會工作的重點。

- 主觀感受（Subjective, S）：描述案主對自己所處的情境與問題的看法。包括：
  1.面對的問題是什麼？
  2.哪些因素造成這些問題？
  3.最迫切的需要為何？
  4.對問題的主訴。
  5.對問題的界定。
- 客觀感受（Objective, O）：描述社會工作者在提供個案服務過程，觀察到的客觀事實資料。
- 預估（Assessment, A）：描述社會工作者根據理論或工作模式，對個案面對的問題與需求的分析。
- 計畫（Plan, P）：描述社會工作者如何協助案主處理問題的方式和步驟。

- S-補充：案主、家屬或案主的主要社會系統中人物補充之訊息（添加或修改來自案主，以及與案主系統中相關的人提供的新訊息）。
- O-觀察：社會工作者與其他服務提供者觀察的訊息（撰寫社會工作者對案主、問題與狀況的觀察）。
- A-活動：社會工作者、案主或其他人採取的行動（可摘要記錄案主、社會工作者的行動，或在會談中進行的活動）。
- I-印象：社會工作者的印象、假設、評估，與整合醫療、心理測驗等資料的評估（是社會工作者摘要評估目標達成程度，與案主問題暫時假設正確程度）。
- G-目標：服務是否達成目標（記錄目前服務的目標）。
- P-計畫：維持、新增或改變計畫（記錄案主與社會工作者採取與原計畫不同或新的行動）。

Unit 3-30 家系圖

家系圖（genograms），又稱家族樹（family tree），係指社會工作者運用簡單符號及線條，呈現家庭成員基本資料及相互關係，是個案工作的基礎技術。社會工作者應用家系圖的簡單符號與圖形，摘要記錄家庭成員基本相關資料，以及透過不同線條運用，說明家庭的成員與成員之間的互動關係。通常家系圖含括的成員，應包括三代或三代以上的家庭成員。

在社會個案工作的過程中，家系圖是進行家庭評估的重要工具之一。社會工作者在與案主會談或家庭訪視的過程中蒐集到的資料，即可用以建構家系圖。家系圖是採用圖像式的方式呈現，因此，有利於社會工作者在短時間內，了解案主的家庭結構、家人互動關係及可能的家庭問題等。家系圖主要呈現的是家庭組織結構、家庭界線（boundaries），以及互動模式，對於協助社會工作者了解家庭結構、運作等有相當的助益。

家系圖可以使社會工作者立即以視覺化的方式，掌握案主的重要訊息；且藉由家系圖，社會工作者可以同時掌握案主家庭生活水準與垂直的時間軸變化。所以，社會工作者在繪製家系圖前，必須蒐集完整詳實的案主與家庭資料，才能精確地繪出家系圖。

在家系圖中，呈現的是家庭結構圖的圖像。社會工作者透過家系圖的建構，呈現家庭成員與家庭之間的關係。在繪製此部分的家系圖時，必須清楚繪出家庭成員的性別符號及相關基本資料。例如：年齡、婚姻狀況、存歿、手足等。家系圖亦應記錄與家庭相關之資訊，包括：

（一）社會人口資料：包括年齡、出生與死亡日期、職業、教育程度、居住區域等。

（二）功能資料：包括生理、心理的狀況。例如：身體的殘疾等級、健康情況、情緒障礙狀況。

（三）重大家庭事件：重大生活事件是指發生在家庭中，對家庭有影響的事件，此類事件通常以時間先後順序發展，包括：家庭發展週期的重要事件、成員關係改變的重要事件、成功或失敗的特別事件等。

綜合而言，社會工作者透過家系圖，以圖像呈現家庭成員與家人關係，能清楚迅速的呈現相關資訊，提供社會工作者在預估時能清楚的掌握家庭結構的圖像，以做出正確的預估。

繪製家系圖參考範例

15 方形為男性，圖例為15歲男性

38 圓形為女性，圖例為38歲女性

加註斜線表示為案主，圖例為男性案主

83 圓（方）形內打叉表示死亡，圖例為83歲死亡的女性

打叉表示流產或墮胎

三角形代表懷孕中的胎兒

連結實線代表婚姻關係

連結虛線代表同居關係（或性關係，而同居則須加虛線框標示同住）

斜線代表分居關係（前者為結婚關係內分居、後者為同居關係內分居）

兩斜線或打叉代表離婚關係，常會加註19××－20××代表婚姻關係起訖時間，或以M20×× S20×× D20×× C20××分別代表婚姻中的結婚、分居、離婚、同居時間

婚姻關係線下延伸子女關係，長幼有序從左至右，實線代表親生孩子，虛線則為收養孩子。圖例左為一位兒子及一位女兒，兒子較年長；圖例右為一位養女及一對龍鳳雙胞胎，養女較年長

不規則線條框內標示同住的家庭成員，顯示家庭界線

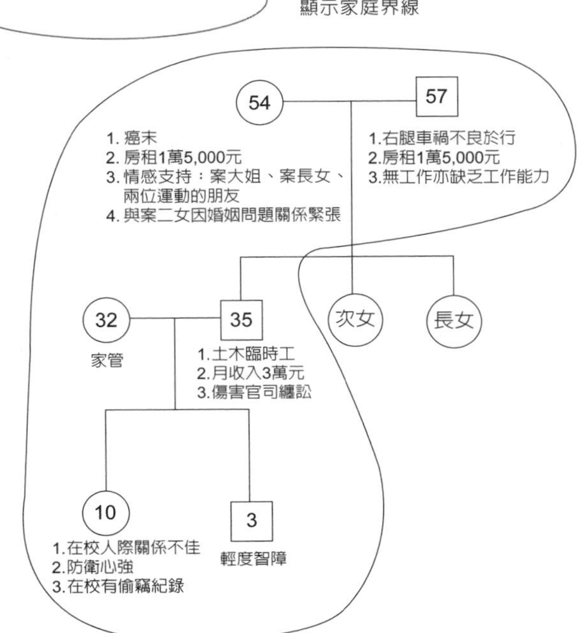

Unit 3-31 生態圖

生態圖（ecomap）係將家庭視為社會系統中一部分，藉以呈現家庭於社會系統中的角色定位，也同時呈現家庭與外界社會環境之互動關係，有助於案主重新詮釋及預估其所處的社會情境。生態圖呈現家庭或個人的生活空間，檢視個人與家庭所處的環境。生態圖視覺化家庭系統和環境中多樣系統的交互影響，能夠區辨出家庭與環境內（intra）與之間（inter）的動力。

生態圖是一項重要的評估工具，可以描繪出案主家庭與其社會環境之間的關係和互動。社會工作者經常透過生態圖（ecomap）來評估個案的特殊問題，並規劃介入調解的方案。

生態圖是指將家庭視為是社會大系統的一部分，評估家庭與外界社會環境之互動關係，通常圓圈代表與案主或案主的家庭有關之機構、組織或其他單位，而符號與線條則表示案主或案主的家庭與外界社會環境互動之關係的本質，所以社會工作者在建構生態圖時，應包括兩部分：

一、內部系統（internal system）：指家庭系統，並以圓圈與外部系統區隔。

二、外部系統（external system）：外在資源系統，並以圓圈表示不同系統，在系統與系統之間則是以線條表示家庭系統與外在系統的互動關係。

生態圖繪製過程，通常由社會工作者與案主一起完成。生態圖的繪製，通常建構於家系圖之外，形成由家系圖繪製中央的內部系統（internal system），並將家庭以外的資源系統繪製於內部系統界線外，形成外部系統（external system），並以圓圈表示系統問題的界線，而線條則表示互動關係的本質。亦即，社會工作者在繪製生態圖前，必須先繪製家系圖，然後再擴展為生態圖。

生態圖之內容，包括：(1) 年齡、性別、婚姻狀況及家庭組成結構；(2) 家庭結構及關係。例如：生父母、繼父母、收養父母等；(3) 職業情形；(4) 社會活動、興趣及娛樂等；(5) 正式社團。例如：教會成員、俱樂部會員等；(6) 支持性資源及社會互動的壓力，包含個體間、個人及社區間的互動。

生態圖可應用在各種不同的情況，包括：家庭暴力、中途輟學、兒童虐待、脆弱家庭等評估。除了傳統的社交背景與個案紀錄之外，生態圖是一項很好的補充資料。生態圖所呈現的案主的各種生態環境之情況，非常有助於社會工作者在預估時使用，以利提供最適當的處遇。

繪製生態圖的參考範例

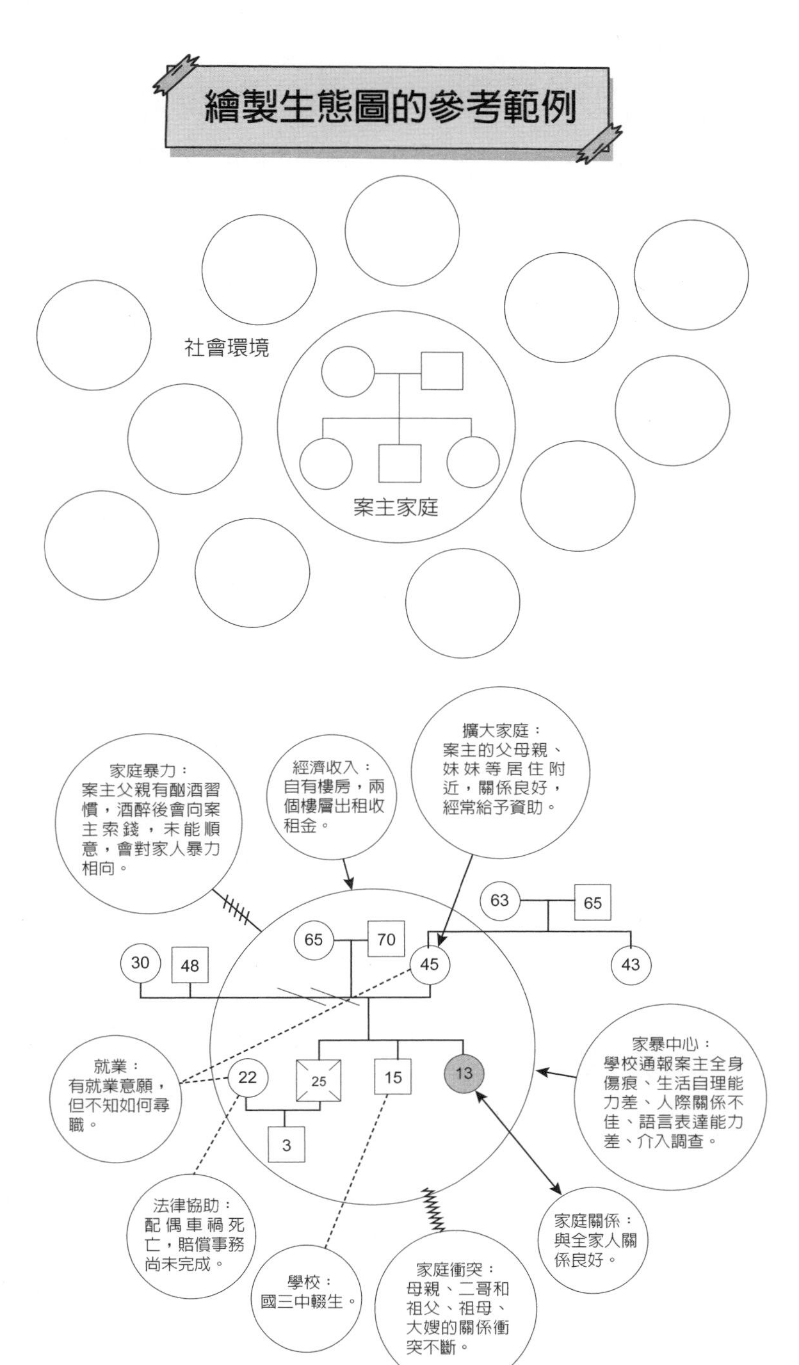

關係圖示	說明	關係圖示	說明
————	表示強聯繫	⋀⋀⋀⋀⋀⋀	表示衝突關係
————→	箭頭表示資源互動方向	—////—	表示關係惡化
- - - - - -	表示弱聯繫		

第4篇

社會個案工作的會談技巧

章節體系架構

Unit 4-1 同理心

同理心（empathy）就字面的涵義，是人同此心、心同此理之意，也與「將你的腳穿在別人的鞋子走路」具有相同的意涵。亦即，同理心是站在對方的立場，設身處地去體會對方的心境，並將所了解到的給予對方回應。對社會工作者而言，同理心是一種分享的能力，具有同理心的社會工作者，能夠正確的了解案主，敏銳覺察其內在感受，並透過語言將感受正確地表達回應給案主。謝秀芬（2016）指出，同理心是將你對訊息的了解用文字予以表達，包含「內容」和「感覺」。「內容」是你對對方所陳述的內容表達你的了解，而「感覺」是表達你對對方所隱含的內在感受表達以澄清。在社會個案工作的助人關係中，同理心是對於社會工作者與案主建立和維持良好的助人關係，進而對後續各項處遇的進行，具有相當重要的影響力。

如前所述，同理心不僅要能感受到案主心裡的想法，社會工作者還要能用符合案主的語言，將所體會的感受向案主加以表達。例如：一位以閩南語為主要使用語言的長者，當社會工作者在表達同理心時，使用相同的語言，會讓案主更能感受到社會工作者的同理能力。此外，社會工作者必須謹記的是，同理心不等同於同情心，同理心是社會工作者對案主的經驗感受共振後而產生的共鳴，反之，如果社會工作者對案主經驗的感受覺得難過，此為同情心，而非同理心。

依據 Hepworth, Rooney & Larsen（1997）的觀點，同理心的回應可分為五種層次，包括：(1) 最低層次的同理心回應；(2) 低層次的同理心回應；(3) 中低層次的同理心回應；(4) 中高層次的同理心回應；(5) 高層次的同理心回應。茲分三個單元加以說明，本單元先說明「最低層次的同理心回應」如下：

一、最低層次的同理心回應

第一個同理心回應層次是社會工作者依據自己主觀的（而非案主的）參照標準，這完全無法反應出案主的感受，因而此層次的反應被視爲無效的溝通（Hepworth, Rooney & Larsen, 1997）。社會工作者如具有此層次的同理心，其所表現的同理心特色為並不了解案主的真正感受，或把案主的行為表現視為其想要引人注目的手段，社會工作者對案主的反應阻礙了會談的溝通，妨礙了助人活動的進行。

在此同理心層次中，社會工作者很少或甚至沒有覺察或了解案主最外顯的感受。回應者表達的盡是些無關緊要的，且帶有減損或阻擾溝通，而不是催化溝通（謝秀芬，2016）。此層次的社會工作者在會談時，常會改變話題、給予無關緊要的建議，問案主其他問題，轉移案主對真正問題的注意力。相對地，使得案主做出相對應之回應，包括：不願意深入與社會工作者進行討論，或是討論層次膚淺、沉默、改變話題及爭論不休等，均是常見的案主表現形式。

同理心的回應五種層次

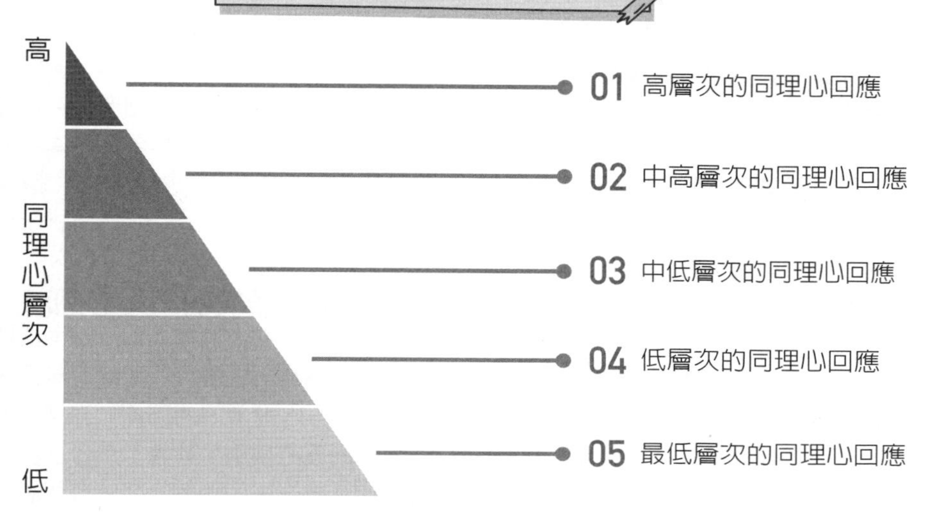

最低層次的同理心回應（範例）

- 「只要你照計畫執行，你就可能會達到期望。」（給予建議）
- 「如果你去年努力學習工作技能，你現在就會找到好工作。」（用邏輯的爭論方式說服案主，但卻負面評價案主的行為）
- 「你和前妻相處得如何？」（改變主題）
- 「你難道不相信太陽底下無新鮮事嗎？」（引導性問句，過早再保證）
- 「太離譜了。我認為只要你和我共同努力，事情自然就會變好了。」（再保證、安慰、給予建議）

Unit 4-2 同理心（續 1）

本單元接續說明同理心回應的第二、三層次如下：

二、低層次的同理心回應

同理心的第二層次為低層次的同理心回應。具有此層次的社會工作者，其所反應出來的同理心回應，為對於案主陳述和感受是不完全了解的或是僅部分回應。從前述可知，社會工作者對於案主的回應是表面的，忽略案主真實的反應和感受，無法真正且精確的描述案主感受，以及經常會使用不符合案主情境的用語。例如：以不適當的修飾詞形容案主的感受（諸如：好像有一點……），或是錯誤的解釋案主的感受，例如：將案主的悲傷解釋為拒絕與外界溝通。

在此層次的同理心回應，只是公式化的產物，為對案主一種概括性的回應，事實上並沒有對案主使用真正的同理心。但是，兩者之間的溝通管道並沒有完全封閉，社會工作者仍然努力傳遞了解的訊息（謝秀芬，2016）。社會工作者在此層次的回應，有可能已經具有正確診斷，但在回應案主時，卻是缺乏同理心的回應案主。

儘管第二層次的同理心回應僅部分反應案主的感受，但也傳達了社會工作者願意了解的意願，因此不會完全阻礙與案主的溝通或問題的解決（曾華源等人編、胡慧嫈等人譯，2010）。這種層次的回應，是表象的，忽略了許多的事實與感受，主要是因為社會工作者的回應不夠精確。這種層次的回應，對工作關係的建立助益不大，但也不一定會破壞關係（謝秀芬，2016）。

三、中低層次的同理心回應

第三層次的同理心回應是中低層次的同理心回應，相較於前面兩個層次的同理心回應，在此層次的同理心回應，即為中度的同理心回應，社會工作者已經可以正確的了解案主問題的表面內容和感受。此層次也被視爲是基本的助人技巧層次，因爲有效的助人過程是由此開始。此一層次較前面兩個層次，社會工作者的同理心顯著增加。

此層次的同理心，是社會工作者將會談的焦點放在案主的問題上，針對案主的談話內容、訊息、行為表現加以回應，傳達社會工作者對案主的正確了解（謝秀芬，2016）。此一層次中，社會工作者透過口語和非口語行爲傳達其了解，正確回應案主陳述中的事實部分、表面感受與當時的案主狀況。此階段的社會工作者與案主之間，是交互或相互改變的。當案主改變，社會工作者也會跟著改變回應。這種具有相互回應同理心的反應，是有效建立工作關係的基石。

低層次的同理心回應（範例）

- 我看到你覺得很不耐，你應該多點耐性。」（其中「不耐」這個詞是模糊性概念，無法精確表達案主具體的內在經驗）
- 「你因為沒有順利達成全校排名前 10 名而感到很生氣，也許你自己的設定太高了，我們還有很多時間可以努力。」〔社會工作者一開始回應了案主的感受，但在後半句，卻轉而變成評斷式的解釋（你自己的設定太高了），以及不適當的再保證〕
- 「你對於目前的目標達成好像並不太滿意？」（這個反應將焦點放在外在的事實情況，但卻未觸及案主對問題的內在感受）
- 「你覺得事情的進展並不如所想像的理想。」（這個陳述聚焦在外在的事實狀況，排除了案主對個別狀況的感受或認知）
- 「你因為沒有獲得小孩的探視權，你好像有點憤怒？」（這個反應部分正確，但是未能掌握案主的憤怒）

中低層次的同理心回應（範例）

- 「對於你爭取監護權官司進度的緩慢，你好像感到非常沮喪，而且開始懷疑你所付出的努力是否能讓希望成真？」
- 「我看得出來你覺得沮喪，甚至對自己感到自責，我真的可以在監護權官司中勝訴嗎？」

Unit 4-3 同理心（續 2）

本單元接續說明同理心回應的第四、五層次如下：

四、中高層次的同理心回應

相較於前面三個層次的同理心回應，本層次回應已經進入中高層次，此時的社會工作者，已具有將案主隱藏於問題中的感受正確地反應出來的能力。此層次的社會工作者，必須能在與案主的會談中，將案主模稜兩可的表達、隱藏未表達出來，以及特意遮掩的部分，透過本層次的同理心能力，加以引導出來，以增進會談的深度，增進對解決案主問題的成功機率。這個層次的同理心，能夠促使案主去觸及內心深處的感受，了解自己行為背後的真正動機，以及增加案主的自我覺察（謝秀芬，2016）。

如前所述，社會工作者在這個層次的回應，強化了對於案主所陳述中隱藏的訊息及感受的回應，以使案主能自我覺察內在更深層的情緒。此一層次的同理心回應，目的在於促進案主的自我覺察的提升。社會工作者不只能精確的思考案主隱含或深層的感受或問題，也會透過中高層次同理心回應的能力，協助案主揭開隱藏的面向，以及透過適當的引導，讓案主去探索潛藏在其內心中的感受、想法，以及其所代表的意義，以深入的自我覺察與思考。

五、高層次的同理心回應

在同理心回應的五個層次中，此層次是最高層次的同理心回應。高層次的同理心回應，是社會工作者針對案主未說出口的感受加以反應，並正確地確認案主話中真正的含意（謝秀芬，2016）。在高層次同理心回應中，社會工作者具有正確回應案主全部的、表面的與隱藏的感受與意義。此層次的社會工作者具有連結當下的與過去的感受與經驗，也能夠正確指出隱含的模式、議題或目的，社會工作者能幫助案主自我覺察、自我成長及協助其找到行動的方法。

高層次的同理心回應同時能夠指認出案主陳述中的隱含目標，指示出案主個人成長與行動方式的可能方向。高層次的同理心回應相較其他低、中層次的同理心而言，更能增進案主對自我感受和問題了解的深度和廣度（曾華源等人編、胡慧嫈等人譯，2010）。社會工作者透過語調、用字、語言強度等細節，正確且完整反應案主表層與潛藏的情緒意義，找出案主目前情緒與過去經驗間的關聯，促使案主探索情緒與問題。亦即，社會工作者為了精確地回應案主所有表象與深層的意義，必須協助案主覺察現在的感受與過去的經驗或感受，協助引導案主往成長的行動路徑前進。

中高層次的同理心回應（範例）

- 「你對沒有獲得小孩探視權的事感到非常沮喪。你開始懷疑機構與社會工作者沒有幫助到你，因此不再抱持任何希望。」（這個反應不僅傳達了案主目前的感受和抱怨的內容，亦指出案主內心深層對機構的懷疑）
- 「探視權尚未能爭取到，我想你一定很沮喪且憤怒，雖然你已經去上了 50 小時的親職教育課，也不再酗酒，但做了這麼多，你卻覺得對你爭取探視權一點幫助都沒有，對嗎？」（這個反應了案主公開表達的情緒，但未進一步反應案主對制度的懷疑與不信任）

高層次的同理心回應（範例）

- 「我們到現在還沒有爭取到小孩的探視權，我想你會很沮喪且憤怒。從你的談話中，我好像覺得你不太確定是否需要機構與社會工作者與你一起繼續努力，甚至有些時候覺得自己有很深的無力感。我希望你能相信，我和機構都會盡全力來協助你爭取小孩的探視權，你的努力是有可能成功的。」
- 「小孩探視權爭取不是很順利，你既沮喪且又感到挫折，你可能會覺得已經做了那麼多都沒用，也許認為法院對你有偏見，你希望機構和社會工作者持續幫助你，但是卻對我們沒信心；在探視權的爭取上，法院還有許多冗長的程序要進行，確實是一件令人煩憂的事。我們一定會盡力幫你爭取，我們一起想想看下次開庭時，你可以展現出哪些為爭取小孩探視權所做的努力，以及要如何說服法官？」

Unit 4-4 自我揭露

自我揭露（self disclosure），亦稱為自我表露。自我揭露指的是社會工作者透過口語、非口語的方式，有意且有目的之透露自己的相關訊息讓案主知道。自我揭露是社會工作者在會談中經常會使用的技巧。當他人透露有關自己的資訊，包括想法、感受與經驗等，屬於廣義的自我揭露；如果只是對他人透露自己內在的、私人的和親密的訊息，是不願意讓他人所知曉或是隱私的內容，則屬於狹義的自我揭露範圍。

自我揭露的類型，可區分為兩類，包括：(1) 自我投入的陳述；(2) 個人自我揭露的陳述。所謂自我投入的陳述，是指社會工作者在與案主或相關人員會談的過程中，對於案主在會談時的表現，所採取的主觀感受，包括：對案主或相關人員的感覺、看法、推測，或對案主未來發展的關切。而所謂的個人自我揭露的陳述，則涉及到社會工作者揭露自己對目前問題的經驗與成長，或和案主遭遇相同的經驗之揭露。這種揭露主要是就案主所遭遇的問題、經驗及作法等，社會工作者分享自己在面對類似問題的想法、處理經驗、心情轉折等。透過社會工作者的個人自我揭露的陳述，讓案主感受到社會工作者存在的真實性。社會工作者藉由這樣的自我揭露過程，對於案主具有示範、肯定、鼓勵的作用，可提升案主對社會工作者的信任及對自我的信心，且可引發案主的自我揭露，讓會談進行更為深層且順暢，更有助於處遇計畫的擬定。

社會工作者的自我揭露內容，並非是隨意的揭露。社會工作者的自我揭露，必須是有目的性的，這種目的性是以促進專業關係成長與提升處遇效果為主要目的。且自我揭露是有意識的，社會工作者在自我揭露時，必須留意揭露的內容、目的、時機、深度等。自我揭露的時機很重要，過早或過晚揭露、揭露太多或太少都不宜。在進行自我揭露時，社會工作者必須謹記，自我揭露只揭露對案主改變與成長的幫助，這是自我揭露的目的，也才是可以接受的。此外，在自我揭露時，必須考量案主的接受能力，因這涉及自我揭露的內容與深度。

自我揭露是為了提升處遇的效果，因此，必須特別注意揭露的時機，通常可從下列的情況中加以考量（謝秀芬，2016）：

一、社會工作者較溫和的自我揭露，可使案主在下次會談時，有更多的回報。

二、社會工作者和案主的關係未達到信任之前，儘量避免分享個人感覺和經驗。因為，過早的自我揭露，可能迫使案主情感退避。對於那些不習慣熱情陳述方式的案主，尤其危險。

三、當案主表示信任社會工作者時，可適當的慢慢增加開放性和自發性，以確實反應案主需要。

四、當信任夠強時，社會工作者才可適度的自我揭露真實性反應。

自我揭露類型的案例

自我投入的陳述

- 社會工作者：「我對你上個月期中考的成績感到非常驚喜，你運用了我們在學期一開始討論的方法學習與準備功課，讓課業成績進步很多。」
- 社會工作者：「我很想和你分享你剛才所說的，我為你感到很難過，因為你對自己的過度苛責，使得你走不出沮喪，但我對你的看法和你不同，我在看到你過度苛責自己時，我很想用我的能力幫助你。」

個人自我揭露的陳述

- 社會工作者：「當你提到你媽媽在長照機構接受照顧時，讓我想起我的媽媽在生前，也是在長照機構接受好長的一段照顧時間。」
- 社會工作者：「聽你說在學校因為功課表現不佳，常受到老師的不公平對待，甚至是刁難，我是可以感同身受的。因為我在國中求學期間，也和你面臨相同的困境。」

Unit 4-5 真誠（authenticity）

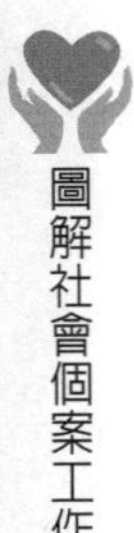

Authenticity，有譯為「真誠」，亦有翻譯為「真實性」。眞誠是指自然、誠懇、從容、開放與一致地分享自我。眞誠最核心的內涵是自我揭露，社會工作者的自我揭露是展現真誠的方式之一，但太早的自我揭露，或不符合會談目的的揭露個人訊息，或涉入過多個人情感，反而危害專業關係。因此，社會工作者運用眞誠時，必須是有助於處遇目標的達成，但仍應有所限制的。

在真誠的運用限制上，第一種限制是：雖然是表達眞誠的感受，但是會損害助人關係，這種情形應該避免。第二種限制是，社會工作者把重點放在個人的經驗與感受上，以滿足自己的需要，而未能將重點放在案主的經驗與感受上。社會工作者運用真誠技巧，分享自身的經驗與感受，其目的主要是爲促進案主的成長，因此，社會工作者在使用真誠技巧時，應將焦點聚焦及帶回於案主身上，因為，案主才是處遇計畫的主角。

社會工作者使用真誠技巧回應案主，必須謹記幾項原則，綜整如下（曾華源等人編、胡慧嫈等人譯，2010；謝秀芬，2016；鄭維瑄，2014c）：

一、使用「我」當句子的開頭，以回應個人化：如何讓案主感受到社會工作者的真誠，真誠的回應是以「我……」作爲開頭，是一項重要的原則。因為當社會工作者以「你」作句子的開頭時，不容易讓案主感受到自己的經驗。使用「我」當句子的開頭，可以拉近案主與社會工作者之間的心理距離，讓陳述更為個人化，讓案主感受到社會工作者的誠意。

二、分享不同深度的感受：情緒或感受，是有分不同層次的，有深、有淺、有正向、有負向，端視情緒或感受的維度而異。社會工作者必須能覺察自己在與案主會談時，案主所分享的內容之感受，以檢視自己的真誠反應，尤其是社會工作者的強烈負向感受。例如：當社會工作者對於案主若依據計畫應完成任務的目標值有五項，案主經多次提醒卻只完成一項而憤怒。社會工作者有如此強烈的負向情緒，經社會工作者自我檢視後，原因是社會工作者認為案主似乎不把與其約定當成一回事，感覺不受尊重。

三、使用描述性或中性的語詞陳述標的行爲或情境：有時對於案主描述的情境，因為案主表達能力的限制，或是情境太過複雜而陷入無參考架構的情況。真誠反應使案主將焦點放在社會工作者所指的行為或情境時，社會工作者需謹愼描述該特殊事件，才能使案主了解（曾華源等人編、胡慧嫈等人譯，2010）。

四、指認問題情境或行爲對他人的特殊影響：真誠之使用，必須能指認情境對傳遞者或其他人的特殊影響。因此，社會工作者以「我」為開頭的陳述，以回應個人化，具有使案主調整或改變行爲的可能性。

真誠反應的典範語句

真誠反應的陳述（四個要素／部分）

(1)我	關於	因為
(2)特殊的情緒或需要	(3)中性的事件陳述	(4)狀況對傳遞者或他人的影響

資料來源：圖引自曾華源等人編、胡慧嫈等人譯（2010）。

案例：
社會工作者使用以上公式，
陳述自己與一位中輟學生會談的對話

- 案主：我為那天蹺課離校的事件感到抱歉，我想你一定不想再見到我了。我雖然答應你不再蹺課，但我那天不是無緣無故蹺課的。
- 社會工作者：是啊！你再度蹺課的事，確實讓我很難過。我也覺得很困惑，我們之前那麼多次的會談與努力，都是朝向不再蹺課而努力，因為我不知道你為什麼會蹺課，而你又不願意告訴我，所以我很難過。在你蹺課後，我最擔心的是你在哪裡？是否平安？也希望我們之間不會因為這事件而失去信任關係。

案例中社會工作者運用四個要素之分析	• 社會工作者指認特殊情緒（難過、困惑、生氣、挫折等） • 以中性且非責怪的態度描述事件 • 同時具體說明發生的事件對兩人關係的影響

Unit 4-6 些微鼓勵、簡述語意、情感反應、反應內容、意義反應

本單元說明些微鼓勵、簡述語意、情感反應、反應內容、意義反應等會談技巧如下：

一、**些微鼓勵（minimal encouragements）**：些微鼓勵是指用簡短的話語輔以肢體語言（例如：點頭、微笑等），讓案主知道社會工作者在心理上是投入的，對案主所說的事情有興趣，以鼓勵案主繼續表達（曾麗娟，2021）。社會工作者使用些微鼓勵的主要目的，是當案主缺乏自信、經驗不足，或對自己即將面對的情境擔憂時，透過社會工作者的些微鼓勵，協助案主對某一行爲、經驗、想法或感受採取一些行為。社會工作者如何給予案主些微鼓勵？常見的方式包括：積極傾聽、同理、表達對案主尊重、支持、對案主優勢的肯定等。

二、**簡述語意（paraphrase）**：簡述語意，亦稱為重複陳述。簡述語意是指社會工作者針對案主所陳述的內容，濃縮、精簡為簡短的文句，以呈現出案主原先表達意思的重點，運用再次說明的方式，讓案主了解及確認其表達內容的真意。亦即，簡述語意不是複誦案主原先所說的話，而是將案主所陳述的話，經過提煉、選擇後的濃縮精華版，能點出案主陳述中隱晦不明的重點，協助案主清楚的溝通自己的想法。社會工作者透過簡述語意的技巧，重新組織案主的主要意義的訊息後，再加以陳述。

三、**情感反應／情緒反應（reflection）**：情感反應包含以反思或回饋來傳達給服務使用者，我們了解他們傳達給我們的經驗和感受（翁毓秀審閱，2014）。情感反應是指社會工作者在案主陳述過程中所流露的情緒反應，是對案主情緒的同理回應。許多的案主對於情緒的表達，有時受限於文化、表達能力等因素，而無法表達、不敢表達或不知道如何表達，因而隱晦或隱藏在情緒、文字、想法或行為中，情感反應的目的是讓這些隱晦或隱藏的情緒浮出檯面，以清楚的呈現。社會工作者可以運用情感反應的技巧，協助案主檢視、正視、釐清自己所潛藏的情緒，讓案主的情緒能夠獲得表達，如此，將有助於社會工作者處遇計畫之擬定。

四、**反應內容（reflecting content）**：是對接收到的資訊作溝通，透過向案主表達聽到資訊的內容，證明社會工作者正確無誤的收到資訊，並了解案主的意思，是專注、傾聽、同理的表現之一。

五、**意義反應（meaning reflection）**：意義反應是指將案主經歷或情境中所蘊含的意義呈現出來，以鼓勵案主從自己的觀點出發，深入探索事件或情境對他們的意義與價值（曾麗娟，2021）。進行意義反應時，通常會運用意義、價值、目標、理想等詞彙。

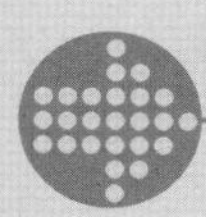

些微鼓勵

「喔」、「原來如此」、「嗯」、「你繼續說」、「後來呢」、「我了解」等。

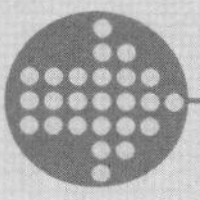

簡述語意

- 案主：我經常需要加班，沒辦法準時下班去幼兒園接小孩，我很感謝我的先生能去接小孩。但是，我先生常常沒有準時去接小孩，造成小孩班上同學都走光了，只剩我的小孩一個人孤伶伶的等待家長來接；且我的先生老是不準時，也造成幼兒園老師對小孩的負面印象。
- 社會工作者：我聽到的是，你希望你的先生能準時接小孩，以及希望能改善幼兒園老師對小孩的負面印象，是嗎？

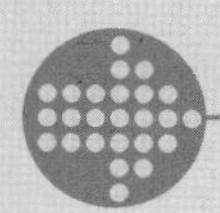

情感反應

- 案主：我不該離開對我家暴的先生，因我無法一個人照顧小孩。
- 社會工作者：離開施暴家庭後，你發現你沒有時間照顧小孩，因為比起想像中還困難。（重述語句）
- 社會工作者：你聽起來很挫折，因為你沒有辦法一邊上班，還要一邊照顧小孩。（情感反應）

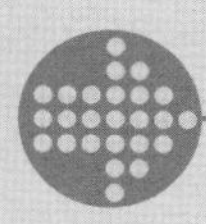

反應內容

「你說的是……如果我沒聽錯」、「如果我的理解正確，你的意思是……」、「我剛才聽到的是……」

Unit 4-7 轉移、再建構、解釋、示範、詢問、沉默、支持

本單元說明轉移、再建構、解釋、示範、詢問、沉默、支持等會談技巧如下：

一、轉移（transition）：轉移有兩個意涵：(1) 是轉換談話的主題；(2) 把來不及討論的重要議題預留在下次會談中（曾麗娟，2021）。轉換談話的主題，通常為社會工作者對主題的資料蒐集已趨完整，有清楚的輪廓，為了蒐集其他的主題，以擴增對案主問題的了解，社會工作者會循著原來的主題，再發展出新的議題加以探究。至於把來不及討論的重要議題預留在下次會談中，通常會發生在會談即將結束前，案主說出某項議題，經社會工作者評估需要有深入討論的重要議題，故將之列為下次會談的主題。

二、再建構（reframing）：又稱為正向再詮釋（positive relabeling）。在社會個案工作過程中，案主常因成長背景、環境、文化、家庭等因素，對於某一事件的看法，固著於某一種思維中，此時，社會工作者可以透過再建構的技巧，以協助案主用新的、正向積極的觀點，重新描述其原先負向的處境、想法、情緒、行為或問題，讓原先案主認為有問題的部分，經由再建構的過程，賦予正向的意義。這種讓案主用不同的觀點重新看待問題視角，將會對案主的處遇問題產生正向的反應。

三、解釋（explanation）：解釋，亦稱為詮釋。對於案主的問題，社會工作者依據所學習的專業知識、立論、實務技巧等，針對案主的行為模式、想法或行為的內在意涵提出暫時性的假設，透過社會工作者以專業知識所提出的見解，讓案主了解目前問題的現況、可採取的相關作為等。社會工作者必須謹記，不論採用什麼理論，最主要的目的是用來協助案主。Kadushin 認為提出解釋要有足夠的資訊基礎，使用假設性用語，觀察案主對解釋的反應，如果解釋錯誤，不要防衛，要誠心致歉（Kadushin & Kadushin, 1997）。

四、示範（modeling）：示範是指藉由具體操作，呈現出某個行為或作法的程序，讓案主學習（曾麗娟，2021）。例如：透過示範照顧幼兒技巧，可讓案主知道如何照顧及觀察幼兒身體不舒服的異狀。

五、詢問（questioning）：詢問是指社會工作者就會談中不清楚的部分，請案主做更多的描述說明，以利細節的了解，對處遇過程有相當大的幫助。常以 5W 方式進行（Who、What、When、Where、Why）。

六、沉默（silence）：沉默是會談中有意識的不說話。沉默不是沒反應；相反的，在社會個案工作會談過程中，採取沉默也是一種會談技巧。沉默可以充分表達出社會工作者對案主的尊重，以及增加案主對社會工作者的信任。相關的技巧包括：運用沉默、打破沉默等技巧。

七、支持（support）：支持是社會工作者對案主支持的表現，可以採口語、非口語來表達。支持技巧與一般性的稱讚不同，支持是針對案主處理問題的能力與努力的稱讚。支持的技巧，包括：專注、積極傾聽、再保證等。

會談技巧運用範例

解釋

- 案主：我爸爸總是比較重視弟弟，我因為功課沒有弟弟好，所以他較看不起我。他只要下班回來，一開口就會問我功課準備好了嗎？因為他每次問完就會罵我，所以當他還沒問我，我就先回房間，就不會吵架了。
- 社會工作者：你和你爸爸的相處情形，讓我想到，你常會預設爸爸每次都會罵你，所以你就先逃避。你覺得這兩個情況，有沒有可能有關聯？

社會工作者使用「再建構」的作法

1 從案主的陳述當中，找到正向的意涵。

2 簡要陳述案主的話語，整理出案主負向思考的模式及對個人的影響。

3 用不同的角度敘述，帶出希望、優勢或資源。

資料來源：文字引自曾麗娟（2021）；圖作者自繪。

Unit 4-8 出聲思考、摘要、幽默、傾聽、探究、聚焦、具體化

本單元說明出聲思考、摘要、幽默、傾聽、探究、聚焦、具體化等會談技巧如下：

一、出聲思考（thinking aloud）： 社會工作者在與案主進行會談時，為避免不必要的誤解或難爲，以及做示範或促進與案主之間的合作關係時，可藉由社會工作者所說的話語，或是提問背後的思考或緣由，即為出聲思考技巧的運用。

二、摘要（summary）： 摘要，或稱爲總結。針對事件或內容所進行後的重點整理，即為摘要。社會工作者與案主的會談，常因為所會談的內容龐雜，所討論的事項繁多，因此，為了釐清與確認雙方的了解，社會工作者可以透過會談技巧回顧實務情況，讓到目前為止已完成的目標更扎實。

三、幽默（humor）： 幽默是一種不帶批判的了解，是與案主連結的有效方法之一。幽默可以讓會談中氣氛較為愉悅，也可化解緊張與敵意，有助於專業關係的提升。

四、專注（attending）： 專注是社會工作者表示對案主有興趣、尊重、重視，把注意力放在案主身上的外顯行爲表現，是整個協助歷程中基本的態度表現，包括生理專注、心理專注等。

五、傾聽（ listening）： 社會個案工作會談中的傾聽，與一般的聆聽不同。傾聽是一種有選擇性、有目的之動態性主動歷程。傾聽除了要聽案主說些什麼，還要能聽出案主所沒有說出部分的弦外之音。傾聽可藉由鼓勵、專注、情緒反應、意義反應、簡述語意、同理、摘要等技巧進行。

六、探究（probe）： 會談過程中，案主經常會採用一般性、模糊的描述，這些描述無法讓社會工作者對案主及其情境有清楚、具體的了解。為了讓會談有效果，讓社會工作者對案主的問題、情境有清楚的了解，可以運用的探究技巧，包括詢問、直接陳述、請求或建議、簡述語意及非口語提示等。

七、聚焦（focusing）： 聚焦技巧的主要目的，是將要會談的重點，選擇性的集中在案主、重要他人等相關重要議題上，以協助案主關注最重要、最相關的片段。聚焦的目的是要協助案主眞正關切關鍵性的議題，並且持續深入探討。聚焦技巧對提升會談品質、效率有很大的幫助。聚焦的技巧包括：開放式問句、具體化、同理等。

八、具體化（concreteness）： 具體化是明確指出所經驗的事件、所感受的情緒，或所採取的行為作法。具體化的作法，包括：(1) 運用傾聽、些微鼓勵、情緒反應、簡述語意、澄清、開放式問句、聚焦、探究、幽默等技巧，協助案主做具體表達；(2) 社會工作者運用明確的字彙，具體說出所表達的內容，以其自身的表現作為來示範，讓案主學習作具體的表達（曾麗娟，2021）。

有助於有效傾聽的一般性原則

1. 清楚會談目的、掌握會談目的，可聚焦、有效的選擇訊息。
2. 會談時隨著對案主的了解，將逐漸聚焦出議題，而不是細節。
3. 社會工作者應有心理準備，會談中的議題或聽到的事情都是暫時成立，隨時會被案主推翻。

資料來源：標題、文字引自Ivey et al.（2011）；圖作者自繪。

1. 平時社會互動時，沒有學習到有效的接收及聽訊息的習慣。
2. 習慣性的未能對於聽到的訊息，有完整的注意。
3. 只聽想聽的。
4. 聽期待聽見的，帶著偏見聽訊息。
5. 不聽害怕聽見的。
6. 過多的注意放在細節，而非議題。
7. 因為分心導致聽不到。
8. 對談話的內容提不起興趣或動機。
9. 沒有足夠的知識，或不清楚會談的目的，無法聚焦及選擇重要的訊息，缺乏自我評估傾聽能力。

資料來源：標題、文字引自鄭維瑄（2014c）；圖作者自繪。

Unit 4-9 建議、提供資訊、澄清、再保證

本單元說明建議、提供資訊、澄清、再保證等會談技巧如下：

一、建議（advice）

建議是社會工作者以專業知識為基礎，針對解決問題與個人改變等議題，提出的非強迫性的推薦意見。建議的目的是影響案主採取或不採取某一種特定行為。建議和提供資訊不同，提供資訊沒有特別偏好，只需羅列出案主需要或有幫助的訊息；建議則是對問題解決的方法做出決定，是有立場偏好的（曾華源等人編、胡慧嫈等人譯，2010）。適切的建議，對案主達成目標有幫助，對其情緒、認知也有激勵作用，要對案主做建議時可以用試探性的口吻提問，或用自我揭露的方式提出，或是直接說出自己的看法。

二、提供資訊（providing information）

提供資訊是指社會工作者把自己與案主所面臨處境相關的資訊、經驗、選擇性作法等資訊或事實，提供給案主參考，與前述的建議（advice）不同。社會工作者針對案主的相關議題，蒐集相關資訊，應在案主想要了解的時候，提供案主無法從他處所獲得的資訊。此外，社會工作者必須謹記，提供資訊的目的，在於讓案主有多重選擇，而非是要控制或判斷案主的行為，社會工作者應尊重案主自決。

三、澄清（clarification）

澄清指的是社會工作者確定案主的想法、感覺和經驗，確定案主所傳達訊息的真正意思、發生的頻率和確切時間。因為澄清涉及認知層面的理解，因此，社會工作者在使用澄清技巧時，必須用淺顯易懂、案主熟悉及常使用的語言加以進行。澄清有助於案主更深層的了解社會工作者的角色、關係，以化解期待的落差。

四、再保證（reassurance）

在社會個案工作的過程中，許多來求助的案主，往往缺乏對某件事情的自信，即使在社會工作處遇介入後，案主的能力已提升或已有足夠能力面對並處理問題，但仍持續困在原有的處境中，無法對自己的處理能力產生信心。此時，案主需要從他人獲得保證，需社會工作者試圖降低案主焦慮及不確定感，增加其舒適感的作為，即為再保證，再保證可以降低案主的不安全感與焦慮感。透過澄清，可以讓案主在經過社會工作處遇後，有能力因應所面臨的處境。再保證的運用，社會工作者可以透過對案主的關心、專注傾聽、對案主的尊重態度等加以表達。

會談技巧運用範例

建議

建議提問的形式	「如果採取這樣方式，你覺得如何？」 「依我以往曾經處理的個案經驗，我覺得……」
建議情緒的處理方式	「我想你可以試著說出你心裡的想法，說出來後可能會減少心理的壓力。」
建議具體活動的方式	「我建議你可以安排每週一天的家庭日，一起出去走走，增加親子間的感情，你可以試試看。」

澄清

• 案主：原本與媽媽同住的妹妹，因為上個月結婚，已經離開家裡；而我又因為工作因素住在臺北，使得住在南投鄉下的媽媽現在自己獨居。媽媽因為腎臟疾病，每週都要到醫院進行血液透析，需要有人照顧。但是我的工作短期內沒辦法調回南投，我覺得心裡很焦慮，擔心媽媽的身體狀況，以及臨時發生意外，沒有人可以即時提供協助。

» 社會工作者：從你所說幾件事，包括：媽媽的身體狀況、無法調回南投工作、自己的心裡焦慮，哪一件事你最擔心？

• 案主：媽媽的健康。

» 社會工作者：你為什麼最擔心媽媽的狀況？

• 案主：因為妹妹上個月結婚，這是媽媽從小獨自扶養我們姊妹倆長大後第一次一個人住，我沒有和她一起住，會比較擔心。

» 社會工作者：聽起來你擔心媽媽的身體狀況，是否可以一個人住。

• 案主：如果媽媽沒辦法一個人住，我該怎麼辦？

» 社會工作者：的確，你媽媽的健康情況需要先了解與處理。你對於媽媽的照顧方式，有什麼想法或期望嗎？

• 案主：我覺得鄉下地方，人親、土親，如果能繼續在原來的住所居住，對她是比較好的，因為，鄰居、親戚都住在附近。

» 社會工作者：以住在原居住所為接下來討論的焦點，不知道你有沒有聽過獨居老人送餐服務及長期照顧服務？

Unit 4-10 面質

面質（confrontation）是挑戰案主發展新觀點、改變內在或外在行爲的負責任作法。面質主要用在處理矛盾。當案主對同一件事陳述不同，案主理想中的自己和實際的行為舉止不一致時，社會工作者可使用面質技巧。面質是具體描述案主情緒、想法或行爲方面的不一致、矛盾或混雜的訊息，協助案主使用不同的觀點了解自己的課題，擴展其自我覺知、引發行動的動機。面質可刺激案主自我檢視，提升案主自我覺察的能力。

面質的使用時機是當社會工作者發現案主將爭論、不同意或感覺隱藏起來，且可能會干擾會談的進行時，將這些爭論或不舒服的感覺直接帶入會談中討論，並且透過討論過程尋求可行的解決方法（Jonhson, 1998）。一般而言，面質使用的情況，包括：口語和非口語表現不一致時、口語和行為表現不一致時、口語前後不一致時、事實與看法不一致時，以及自我概念與他人的印象不一致時等情境。例如：案主雖說不緊張，但是卻一直揉搓手指；或是雖說不趕時間，但卻頻頻看會談室的時鐘；或是說與具有家庭暴力的先生處得很好，但眼角卻有瘀青現象；或是自陳在班上人緣好，但是會談中卻多次表示同學都不願與他同一組做團體報告。

在此使用面質技巧時，有效地運用面質的準則（指南），包括：(1) 當案主出現違法行為或對自己、他人有急迫的危險時，可立刻使用面質；(2) 除前述狀況外，面質儘量要等到專業關係有進展時才使用；(3) 應謹慎而小心地運用面質；(4) 建構一個溫暖、照顧和關心的環境，更有利面質的傳達；(5) 可行的話，多鼓勵案主進行自我面質；(6) 避免任由案主經歷極度的情緒負擔時使用面質；(7) 伴隨同理心技巧使用面質效果更好；(8) 預期案主在面質時會有一定程度的焦慮；(9) 不要期望案主在面質之後會立即改變（曾華源等人編、胡慧嫈等人譯，2010）。

採用面質代表挑戰案主，使其發展出新觀點和改變內在行為，但應該注意的是，雖然面質有助於案主，但是社會工作者需要非常謹慎。面質的重點是案主的具體行為、態度，而非其整體人格。社會工作者在會談中使用面質技巧時，必須知道案主的改變通常是逐漸增加的，透過慢慢的努力，不斷在衝突與改變中來回形塑改善後的新情境。如果社會工作者對案主施予壓力以期待有所改善，卻反而帶給案主更大的壓力與心理傷害，這就違反社會工作者使用面質技巧的初衷。

Lang & Molen對會談技巧性質之分類

技巧分類	技巧類型
■ 單一性技巧	• 些微鼓勵（minimal encouragements） • 同理 • 簡述語意（paraphrase） • 情緒反應（reflection） • 意義反應（meaning reflection） • 轉移（transition） • 再建構（reframing） • 解釋（explanation） • 示範（modeling） • 面質（confrontation） • 詢問（questioning） • 自我揭露（self disclosure） • 沉默（silence） • 提供資訊（providing information） • 出聲思考（thinking aloud） • 摘要（summary） • 幽默（humor）
■ 複合性技巧	• 專注（attending） • 傾聽（listening） • 澄清（clarification） • 探究（probe） • 聚焦（focusing） • 具體化（concreteness） • 建議（advice） • 支持（support） • 再保證（reassurance） • 鼓勵（encouraging）

資料來源：項目整理自 Lang & Molen（1990）；轉引自曾麗娟（2021）；圖作者自繪。

第5篇

個案管理與社會資源管理

章節體系架構

Unit 5-1 個案管理：基本概念

在社會工作的專業發展歷程中，社會工作個案管理（case management）與社會個案工作有很明顯的關聯性。由於案主問題的複雜度與日俱增，傳統的社會福利服務機構，其所提供的服務功能有限，僅靠單一機構，通常無法滿足案主的多元性需求，因此，需要有個案管理之介入。林勝義（2013）指出，約在 1980 年代，個案管理在美國的社會工作界開始被應用；另其實最早在 1869 年英國創設慈善組織會社（COS），將各類救濟機構的救濟紀錄集中保管，就有個案管理的雛形。

根據我國《社會工作辭典》（中華民國社區發展研究中心，1992）對個案管理之定義為：「個案管理是指一種計畫的過程，主要由單一機構工作人員負責，對與案主問題與需求相關之服務，提供資源整合、協調與監督服務品質與成效之設計與資源管理流程。」

另依據美國《社會工作百科全書》（Encyclopedia of Social Work）對「個案管理」的說明為：「由社會工作專業人員爲一群或某一案主統整協助活動的一種過程。在此過程中，藉著各個不同福利及相關機構之工作人員相互溝通與協調，而以團隊合作之方式爲案主提供其所需之服務，並以擴大服務之成效爲其主要目的。當提供案主所需之服務，必須經由許多不同的專業人員、福利機構、衛生保健單位或人力資源來達成時，個案管理即可發揮其協調與監督之功能。」（Mizrh & Davis, 2008；轉引自林勝義，2013）。

由前述對於個案管理的說明可知，個案管理係透過個案管理者的協助，促使多重問題與需求的受服務者能夠獲得適宜的服務，並使整體的效益極大化，避免重複與浪費。而在此個案管理的過程中，個案管理者是結合不同專業的社會工作者，爲案主提供服務協調。

在社會工作者的角色層面上，個案管理者被視為是綜融途徑的社會工作者的角色之一，屬於系統連結角色中的一環。個案管理者所需的技巧，例如：諮商、使能、危機處理、網絡建構、合作建立、倡導、協商、連結、資源取得、計畫、追蹤、評估等，與綜融社會工作者很類似（王玠等人譯，1998）。此外，就評量的層面來看，個案管理與個案工作皆包含執行多方面的評量（心理和社會）、發展目標和介入計畫，且都在案主達成目標時終止其工作。惟個案管理傾向強調運用社區資源，以協助案主滿足其需求（Frankel & Gelman, 1998）。綜合言之，個案管理的各面向，都是為了滿足案主多元需求的基礎上所進行的資源管理。

不同學者對個案管理的定義

Barker
個案管理是由社會工作專業人員為一群或某一案主協調整合一切助益性活動的過程，在此過程中藉著各個不同的福利及相關機構之工作人員相互溝通與協調，以團隊合作之方式為案主提供其所需之服務，並以提升服務的成效為目的（Barker, 1991）。

Ballew & Mink
個案管理是提供那些處於多重問題，且需多種助人者同時介入案主的協助過程（王玠等人譯，1998）。

DuBois & Miley
個案管理是一種社會工作策略，主要功能在於針對個人及家庭執行資源管理，也就是將資源管理以一個系統化、組織化的行動計畫，提供實務上執行的藍圖（DuBois & Miley, 1999；轉引自陳政智，2002）。

Rothman
個案管理是個案管理者與案主共同計畫、協調、管控服務方案的一個過程，而在此過程中，個案管理者經由探索問題與需求、評估案主家庭的功能與案主的支持系統、設定近期與長期的目標、規劃處遇計畫、確認及彙整資源、將案主與相關資源連結、監督與再評估實際的服務輸送、成果評估等來協助案主（Rothman, 1991；引自陳政智，2002）。

個案管理的目的

01 提供全面性且統整的連續性服務。

02 協助案主獲得其所需要的多元服務。

03 提供資源管理的監督及提升服務輸送效益。

Unit 5-2 個案管理：基本概念（續）

個案管理是社會工作者為協助案主多元的需求，連結相關的社會資源，並整合、協調資源的運用，以協助案主獲取所需的服務。對於個案管理的概念，我們可從前一單元的諸多學者的定義中加以了解，但如要對個案管理有深入的了解，在學理上可從以下層面進行探討：

一、服務對象層面

社會個案工作的案主問題複雜程度不一，當案主的問題複雜、多元，並非單一機構可協助，需要連結或協調其他資源的協助，此即為個案管理的服務對象。例如：一位受家庭暴力的案主，因其為家庭主婦，長期身心俱疲，心理狀況不佳，且其無經濟能力、無一技之長；另其爭取到小孩的監護權，但亦煩惱小孩的托育等問題，此類複雜的個案，是個案管理的服務對象。在我國強化社會安全網計畫中，如經評估屬於危機家庭或脆弱家庭，其所面臨之問題情形通常較為複雜，需求面向亦較多元，多可列入個案管理的服務對象。

二、目標層面

所有的社會工作助人活動，都是以協助案主解決問題及充權其能力為主要的目標，個案管理亦不例外。個案管理涉及到資源的連結、管理與發展，以改善案主的多元問題，以及提升案主接近、使用網絡資源的能力。因此，個案管理對社會工作者而言，是連結與提升網絡資源的服務效率和效能；對案主而言，透過個案管理，可以使其多元需求獲得滿足。例如：對於住在偏鄉的案主而言，當整個鄉鎮都無眼科及牙醫診所時，案主有眼睛疾病時，就醫非常不便，需跋山涉水，但社會工作者如能連結地方政府衛政機關展開偏鄉眼科巡迴醫療，則案主的需求將獲得協助。

三、功能層面

個案管理是一個具有多元面向的服務，其統合的基礎依照多重問題案主的需求，加以評估並規劃，其功能是多元性的；且使用個案管理的案主，其問題通常較為複雜且多元，因此必須為其量身訂做個案管理，此即為社會個案工作的個別化原則之運用。

四、工作特色

鑒於個案管理的案主其問題複雜度高，且需要介入的範圍、時間、頻率等較一般單純個案為長，因此，個案管理的特色，是一種以案主多元需求為導向、介入範圍較廣、較密集性的方式進行。此外，個案管理的流程中，除了案主的參與外，對於資源的整合、跨專業及機構間的協調合作，亦是個案管理的特色。

個案管理者的工作重點

- 找出案主所需的各項服務的提供者、促進服務的可及性及有效地取得與運用資源。
- 發展及協調案主可用的資源網絡，以能夠促進服務的提供。

案例：居住在偏鄉的獨居老人

需求服務：

- 送餐服務
- 經濟協助
- 關懷服務
- 就醫協助
- 長期照顧

個案工作、服務使用者為焦點與家庭為焦點個案管理比較表

比較項目	傳統個案工作	服務使用者為焦點個案管理	家庭為焦點個案管理
服務對象	服務使用者，以個人為主要開案服務對象。	服務使用者，以個人為主要開案服務對象。	主要照顧者或服務使用者，以家庭為服務對象。
問題型態	•較為單純。 •大多單一資源即可解決。	•多重、複雜，以權益問題為主。 •必須使用不同的資源與服務。	•多重、複雜，針對照顧議題為主。 •必須使用不同的資源與服務。
執行人員	專業的社會工作者。	包含不同專業、不同層次的人員。	包含不同專業、不同層次的人員。
功能	解決案主的問題或失功能。	強化或發展資源網絡，以滿足案主需求。	強化或發展資源網絡，以滿足主要照顧者或案主需求。
主要角色	使能者、諮商者、治療者。	經紀人、教育者、倡導者、管理者、資源協調者。	經紀人、教育者、倡導者、管理者、資源協調者、紓壓者。
服務目標	個人適應與協助解決問題。	協助個人發展使用資源知識技巧，獲取資源。	協助家庭發展使用資源知識技巧，獲取資源。
使用技術	•工作者或機構本身即為協助來源。 •問題解決的相關技巧。 •人際關係技巧。	•努力結合案主與資源。 •獲取內、外在資源的技術。 •針對不同系統層次處遇的技術。	•努力結合案主與資源。 •獲取內、外在資源的技術。 •針對不同系統層次處遇的技術。 •針對家庭處遇技術。

資料來源：標題、文字、表格引自姚奮志（2016）。

Unit 5-3 個案管理：互動體系內涵

以活動體系之觀點來界定個案管理主要構成體系之工作要項或組成要素，個案管理之運作可涉及不同的體系，且彼此間有交互作用的關係。個案管理者在提供專業服務過程中，高迪理（1990）將之區分為五種不同體系之互動：案主體系、資源體系、 改變司體系、運作體系、目標體系等五個體系，玆說明如下：

一、案主體系（client system）

案主體系可說是整個個案管理運作之重心，包含案主個人能力及面臨的問題與需求。個人能力指的是案主本身具有的知識、生活技巧、處事態度，然而這些不一定是造成問題的原因，或形成不能滿足需求之障礙，有時候能力也是代表案主之優點及長處。此外，一些與案主相關之他人，亦屬於案主體系。

二、資源體系（resources system）

指存在於案主周遭之各種相關的機構及其所提供的服務，有時亦稱爲服務網絡或資源網絡。此爲結合一切可運用解決案主問題時，所需要的服務、財務、人力及資訊之一種非正式的串聯組合。

三、改變司體系（change agent system）

是指個案管理運作中，參與協助過程之專業工作者及相關人員。一般而言，個案管理體系中之個案處理主管，大多是由專業社會工作者來擔任。在國外，對專業社會工作者的觀念，已逐漸從傳統的協助者而轉變爲改變者的角色，其所重視的是藉由專業之訓練來培養具備專業知識、技巧、工作態度，以實力爲取向擔任改變者角色，以期在與案主之互動中，能使案主了解如何去改變不理想之自我及環境現狀，進而能培養案主日後自行處理問題之意願與能力。

四、運作體系（operation system）

個案管理在付諸實踐時，所採用之工作步驟和程序，有時亦稱爲工作要項。改變司體系是藉此體系之運作，將案主體系與資源體系結合在一起，來達成目的之體系。

五、目標體系（goal system）

包括價值理念、個案管理體系之目的、案主照應計畫之目的及目標，三個不同層面。

個案管理運作相關體系之互動關係

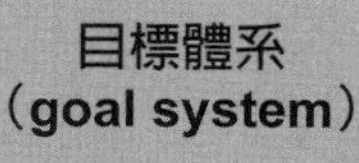

目標體系（goal system）
價值理念／個案管理之目的／案主照應計畫的目的及目標

增強案主之個人能力，以獲取資源與運用資源網絡中的各項協助。

發展增強並協調形成資源網絡。

案主體系（client system）
案主個人能力、需求，導因於相關之他人

運作體系（operation system）
配合（match）
連結（linkage）
仲介（brokerage）
評估（evaluate）
倡導（advocate）

資源體系（resources system）
各種機構及各種服務間之協調（coordinate）

診斷檢定（assessment）

監督（monitoring）

認定（identify）
找尋（locate）
發展（develop）
規劃（planning）

改變司體系（change agent system）
參與相關人員之專業訓練、知識技巧、工作態度

資料來源：標題、圖引自高迪理（1990）。

Unit 5-4 個案管理：實務流程

個案管理的實務流程，可區分為：(1) 個案篩選與關係建立；(2) 評量與目標設定；(3) 介入計畫擬定與資源確認；(4) 介入計畫執行；(5) 監管與再評量；(6) 結果評估與結案等六個階段（黃源協等人，2017）。茲就實務流程綜整及補充說明如下：

一、**個案篩選與關係建立：**當申請者向機構提出協助申請時，必須經過接案者評估是否符合開案指標後，才會接續後續的服務。當案主進入服務體系，社會工作者需先藉由前述的程序，視案主問題的情況，以決定是否需以個案管理方式介入，此即為個案的篩選，並與案主建立專業關係。

二、**評量與目標設定：**在個案管理中對個案進行預估，是對案主問題、需求的確認。評量有四項主要工作：(1) 決定案主是否適合於個案管理的服務；(2) 在案主需求與外在需求，以及案主的能力與可用資源間取得平衡；(3) 了解案主的優勢，以作為後續介入的基礎；(4) 了解資源使用的內在與外在障礙（黃源協等人，2017）。藉由評量與案主確認需求，共同設定處遇目標。

三、**介入計畫擬定與資源確認：**在前一階段，社會工作者與案主共同設定處遇目標後，為達成處遇目標，必須進行處遇計畫的擬定並加以執行，且處遇計畫必須具有可行性。在個案管理中，必須連結、運用、管理、協調各項資源。因此，社會工作者應對可用資源加以檢視，並確認資源的可用性，在擬定處遇計畫時，並需同時考慮資源的存在性。

四、**介入計畫執行：**介入計畫的執行包括三個面向：直接服務、資源連結、倡導（黃源協等人，2017）。如由接案機構的社會工作者或其他專業人員所提供之服務，歸屬於直接服務的面向。如果是連結、協調或整合相關的資源以利處遇計畫之執行，即為資源連結的面向。至於因為資源的缺乏或不存在，致使必須進行倡導，以爭取或建立相關的資源，則為倡導的面向，社會倡議是常見的倡導方式之一。

五、**監管與再評量：**監管即為監測的過程，用以掌握處遇計畫在執行過程中是否依照既定的進度、方向進行，並視實際情況隨時修正。而再評量則是針對目標是否達成，以及是否達到結案指標之評估。

六、**結果評估與結案：**當個案符合結案指標時而予以結案後，並非即刻結束服務，通常會進行後續追蹤，多以3-6個月為追蹤期限。結案評估時必須納入三項指標，包括：(1) 服務是否符合案主的需求；(2) 案主對整個結果是否滿意；(3) 案主的目標是否達成（黃源協等人，2017）。

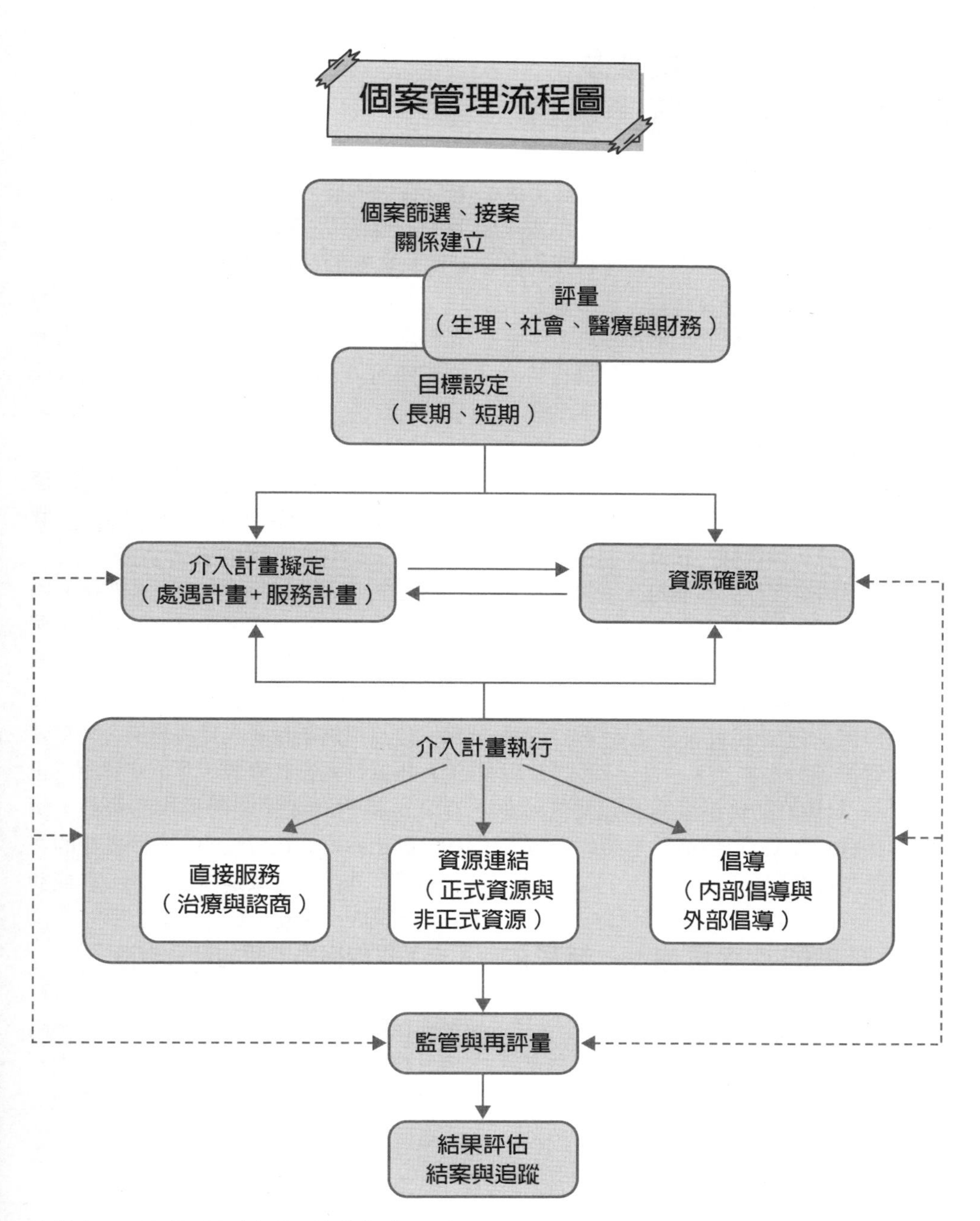

資料來源：標題、圖引自黃源協等人（2017）。

Unit 5-5 社會資源管理

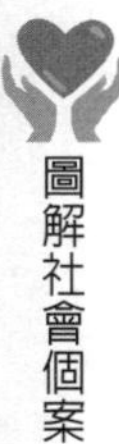

在社會個案工作的過程中，為了協助案主解決其問題、滿足其需求，以及充權其能力，往往需要很多的社會資源的投入才能完成。何謂社會資源，黃維憲等人（1985）認為，社會資源係指個案工作者在提供專業服務過程中，一切可動員的力量，這些力量可以進一步協助個案工作者完成助人的目標或任務。潘淑滿（2000）則認為，社會資源係指協助案主發揮潛能、解決問題、滿足需要、增進其適應力之相關資源。徐錦鋒（2021）則指出，社會資源指個案工作者爲滿足案主需要的不足或缺乏，乃從提供有關的物資、人員或機構中，取得具體的物質或服務，從而增進案主的社會適應謂之。

依據前述對社會資源之定義，可將社會資源區分為兩大類：(1) 有形的社會資源 vs. 無形的社會資源；(2) 以案主爲主體的社會資源 vs. 以機構爲主體的社會資源。茲說明如下：

一、有形的社會資源 vs. 無形的社會資源

（一）有形的社會資源

包括人力資源、物力資源、財力資源等。人力資源包括個人的體力、腦力、技藝等；物力資源則是各項實體資源，包括軟、硬體；財力資源是指經費的提供，包括募款或是爭取補助等。

（二）無形的社會資源

包括人文資源、人脈資源。人文資源是指對於鄉里、社區的向心力、凝聚力等心理層面；人脈資源是指可以運用的人際關係資源。

二、以案主為主體的社會資源 vs. 以機構為主體的社會資源

（一）以案主爲主體的社會資源

包括內在資源、外在資源兩種。內在資源係指案主或案家所擁有的資源，例如：案主勇於面對問題的特質；外在資源則是指具體的物質或服務，包括物資的提供，以及提供服務的人員或機構。外在資源可再區分為正式資源、非正式資源。正式資源指政府或民間所提供的資源，例如：縣市政府的社會救助、民間團體的寄養服務；非正式資源是指自然助人者或助人者，例如：親友、鄰居、志工等。

（二）以機構爲主體的社會資源

係指以社會福利機構爲主體，再將社會福利資源區分爲有形資源與無形資源兩種。有形的社會資源，包括人力、物力、財力；無形的社會資源，包括社會價值、意識型態、專業知識、社會關係等。

廣義的社會資源 vs. 狹義的社會資源

廣義的社會資源

方案資源

係指各機關（構）所能提供的重要服務和方案謂之。例如：社會資源協調會議、個案研討會、個案協調、提供社區服務、轉案或轉介、轉介輔導或安置輔導、合辦活動、資訊的交換。

人力資源

係指本機關（構）以及其他相關機關（構）的專任人員、政府機關、學校、民間社團、志工，以及個案的朋友、鄰居、親屬等自然助人系統。

策略資源

係指獲得或發展上述方案與人力資源的所有明確和無形的方法，包括：基金、設備、供應品、政治影響力、社會地位、專業知識與技能，以及合法地位等。

狹義的社會資源

內部資源

諸如同事、各處室行政人員、機關（構）負責人、社團活動組織等皆是。

外部資源

舉凡家庭及其社區、當地社會服務機構、醫療機構等皆是。

Unit 5-6 社會資源管理（續）

運用社會資源是一項重要的課題，它關乎資源能否妥適的發揮最大的效能以協助案主。社會工作者在運用社會資源時，必須考慮的相關原則，包括：(1) 了解個人所擁有的所有資源；(2) 訂定個人目標與需要的優先順序；(3) 考慮機會成本的因素；(4) 了解資源在分配與使用時的限制因素；(5) 發展一套資源分配與使用的計畫（徐錦鋒，2021）。個案管理的服務輸送模式，若要能夠達到其理念目標，皆要有資源網絡為其後盾（黃源協，2006）。

從前述學者對於社會資源運用原則或應考量的要素來看，社會個案工作的過程中，社會工作的角色之一是進行資源連結並加以運用。但在此之前，社會工作者必須對案主的問題進行精確的預估，以及對所擁有的資源進行全面的了解，這是資源運用時最基礎的，也是最重要的課題。

在資源的運用順序上，社會工作者必須根據服務目標與需求，按照案主的期望、對生活威脅程度和急迫性列出優先順序，並與案主討論如何分配資源與使用資源。因為，所有的社會資源都是有限的，因此，如何善用社會資源，並妥適的分配，是社會工作者在運用社會資源時，常會面臨資源如何做出最有效之運用，以達成對案主個人與社會均有正向效益的結果，而不至於產生偏頗的兩難議題。

此外，許多的社會資源，必須經由倡導以爭取獲得，社會工作者在倡導或採取社會行動時，也必須深切了解其所作所為，必須要考慮議題和社會行動的結果，以避免爭取到資源，卻造成社會對社會工作不道德之強烈批判和拒絕。

總而言之，在協助案主運用社會資源的過程，涉及到社會資源的開發、整合與運用，終極目標是協助案主獲得人力、物力、財力、福利服務等，以增強案主因應外在社會環境壓力，並促使個體自我功能充分發揮，而能適切的適應社會環境的變動。社會資源在社會工作專業助人體系中扮演著極為重要的角色，社會工作者在此助人過程中，除協助提供案主連結與開發社會資源外，另一方面要促進案主充分運用社會資源的動機與能力；更重要的是，社會工作者與案主必須共同建構與案主有關的社會資源，並健全化其社會支持網絡，以使案主有適合的資源協助其面對未來多變的環境。

資源評量的4A

Availability 可用性	是指達成案主目標所需要的資源是否存在？
Accessibility 可近性	是指社會工作者在既有體系找到符合案主的需求後，仍需考量該資源是否方便案主使用。
Accommodation 配合性	是指社會資源的提供者與案主的關係內涵、互動和溝通是否符合案主的期待，如果社會資源與案主之間無法達成適配，則案主將不會持續使用社會資源。
Adequacy 適切性	是指所提供的社會資源，是否能適當地滿足案主的需要？

第 6 篇

非自願性案主

章節體系架構

Unit 6-1 非自願性案主的基本概念

非自願性案主（involuntary clients）是相對於自願性案主（voluntary clients）。所謂「非自願性案主」係指接受服務的案主是在一種被迫的、或是有壓力的情況下與助人工作者發展專業關係，亦即，與自願性案主的主動求助有所不同，非自願性案主多是迫於無奈必須到機構尋求協助的。對於非自願性案主類型之區分，可概分為以下幾種類型並加以說明：

一、以案主所受壓力的來源區分

（一）法律裁決的案主（legally mandated clients）：這在非自願性案主的人數中，通常占多數。這類型的案主之所以至機構尋求協助，多是基於法律判決或是法院命令所規範。許多的社會福利機構所承接的政府委託方案或計畫之非計畫案主，即屬此類。例如：依據《家庭暴力防治法》之規定，家庭暴力的加害者，被主管機關要求需參加加害人處遇計畫進行治療；或是依據《少年事件處理法》之虞犯少年，法院交付社會福利機構予以輔導。法律裁決的案主多受到來自政府或法律等正式制度的壓力，所以其強制性高於非法律裁決的案主。

（二）非法律裁決的案主（non-legally mandated clients）：此類型案主並非依據法律或法院的判決前來機構接受協助，但也非自願，多係對案主有重要影響的人或機構所要求，故而案主必須向機構尋求協助，否則對案主而言，將會有案主不願意見到的情形發生，致使案主在不是太情願的情況下參加。例如：酗酒的員工，老闆要求參加戒酒團體加以改善，否則將解聘；情緒控制能力差的案主，配偶要求必須參加行為治療團體，否則將與其離婚。

二、以法律拘束、案主認知到有價值自由的損失、命運控制之面向區分（Rooney, 1992）

（一）高度非自願性案主：此類案主受到高度的法律拘束與命運控制，而且個人亦認知到損失許多有價值的自由。例如：依據《性侵害犯罪防治法》規定，加害人經評估認有施以身心治療、輔導或教育之必要者，直轄市、縣（市）主管機關應令其接受身心治療、輔導或教育。

（二）難以接近的非自願性案主：此類案主亦受到高度的法律拘束與命運控制，但是個人所認知到損失的自由價值較少。例如：不願意受制於機構要求，而願意放棄孩童監護權的原生父母。

（三）隱匿性的非自願性案主：此類個案雖然未經司法裁判程序，但是受到的命運控制及個人所認知到自由價值的損失皆高，他們可能比難以接近類型的非自願性案主表現出更強烈的抗拒行為，例如：許多兒童保護的個案皆為此類。

（四）自願性案主（voluntary client）：此類案主既無需受到法律的拘束，亦未感受到任何命運控制與自由價值的損失，因此非自願性程度最低。

非自願性的專業關係之要素

非自願性的專業關係，包括下列至少一種要素：

1. 案主受到法律或身體上的強制，而被迫與助人工作者維持專業關係，這是「唯一」且「必須」的選擇。
2. 雖然專業關係的維持不是唯一的選擇，但是若選擇離開或拒絕，則必須付出更高的代價。
3. 案主認為自己在該專業關係中居於劣勢，或處於不利的地位。

資料來源：文字引自Rooney（1992）；圖作者自繪。

影響案主對非自願反應的三個層面

01 要求參加的法定強制程度越高，案主參與的自願性越低。

02 案主失去自由程度越多，案主參與的自願性越低。

03 助人工作者對案主的控制性程度越高，案主參與的自願性越低。

Unit 6-2 非自願性案主的行為特徵

自願性案主多係主動向機構尋求協助，因此，在處遇過程中，案主多會與社會工作者建立良性的互動關係及討論處遇計畫。但非自願性案主，其行為特徵與自願性案主有相當多的不同。茲將 Trotter 所提出非自願性案主常出現的行為特徵（朱惠英等人譯，2008），綜整並補充說明如下：

一、拒絕合作與參與

拒絕合作與參與是最典型的行為特徵。案主雖到機構接受協助，但是心裡卻是不配合、反感的，因為他們沒有權力拒絕，所以案主能運用他們可運用的權力，即拒絕參與來抵制。此類案主以依據法院命令前來的案主最為明顯。

二、自覺沒有問題

對於非自願性案主而言，之所以會強制前來機構接受協助，他們不認為是他們有問題，這主要是因為案主對於他們的偏差行為、不合邏輯或是自我傷害的行為也有不同的定義。例如：之所以在學校霸凌同學，是因為那位同學很不會看別人的眼色，太過白目所致，所以是那位同學的問題。

三、維持現狀逃避改變

這是指非自願性案主不確定要不要放棄舊有的行為模式，甚至當案主想要改變他們某些行為時，或是因為機構對他們沒有信心，也可能覺得需要付出的心理成本和危險會太高，或是犧牲自己的自主性，所以在處遇過程中，出現維持現狀逃避改變的行為特徵。

四、將行為合理化

這是指非自願性案主會對他們的錯誤行為，找到合理化的藉口。例如：之所以吸食安非他命，是因為功課壓力太重，所以不是吸毒行為；或是之所以服用聰明藥物（提升注意力的藥物），是為了更專注的讀書，以提升考試成績，所以不是藥物濫用。

五、不願延遲需求的滿足

是指非自願性案主認為他的需求滿足方式，必須是立即獲得滿足，不能有所延遲或等待。對此類型案主而言，做計畫被視為沒有太大的意義，因為他們都已學習到未來是不可預測的。

六、表面順從自承錯誤

這種行為表現，就是典型的陽奉陰違、虛應故事的行為特徵。案主說的誠懇，以爭取社會工作者的諒解，但實際的行為卻未能達到所承諾的事項。

七、運用防衛性的技巧

此類案主不想與社會工作者建立專業關係，所以運用許多逃避或轉移的技巧，來避免認真的談論他們的問題，以轉移注意力。

自願性與非自願性案主之劃分

非自願性程度光譜

高度　　中度　　低度

高度
- 迫於強制力必須配合。
- 例如：法院強制命令、依法規必須接受治療。

中度
- 基於利益考量，不得不尋求協助。
- 例如：有酗酒行為的爸爸，為爭取監護權，去上親子教育課程，以爭取法官對其用心改善親子關係的肯定，希望將監護權判給他。

低度
- 基於個人的需求尋求協助。
- 例如：家庭陷入經濟困難尋求協助、大學生心理困擾尋求諮商。

Trotter提出的非自願性案主之行為特徵

1. 拒絕合作與參與
2. 自覺沒有問題
3. 維持現狀逃避改變
4. 將行為合理化
5. 不願延遲需求的滿足
6. 表面順從自承錯誤
7. 運用防衛性的技巧

Unit 6-3 協助非自願性案主的方式

社會工作者面對非自願性案主，如何有效協助非自願性案主，是一門重要的課題。Trotter 提出協助非自願性案主的三個面向，包括：(1) 正確的角色澄清；(2) 示範與增強符合社會價值觀的言談與行為；(3) 採用問題解決模式（朱惠英等人譯，2008）。茲分三個單元綜整並補充相關的見解，本單元先說明第一個面向：正確的角色澄清，如下：

一、正確的角色澄清

社會工作者在工作過程中，應持續的與案主澄清彼此之間的角色，此種過程有助於釐清案主的期待，以及提升雙方的專業關係。Trotter 認為社會工作者在與非自願性案主工作的過程中，在正確的角色澄清方面有五個議題如下：

(一) 社會工作者的雙重角色：社會控制與幫助

在與非自願性案主的工作過程中，社會工作者常扮演著雙重的角色，包括社會控制 vs. 幫助，這兩種角色對社會工作者而言，均是專業的角色，但站在案主的角度，社會工作者的社會控制角色，會讓案主感覺到不舒服。社會工作者的雙重角色，包括主要角色到底是執行法庭命令、調查反社會的行為，或是幫助案主解決問題？這是一個動態的角色，依照服務過程的不同階段而有所不同。社會工作者應讓案主了解其必須扮演社會控制與幫助雙重角色的緣由及困境，讓案主理解社會工作者的角色職責，以避免不必要的誤解。

(二) 案主的期望

案主雖是非自願性案主，不表示其完全對服務之提供完全無期望，尤其是一些以前有接受過服務的案主，而對社會工作者角色的本質發展出一些期望。因此，社會工作者要探討案主的期望，有助於社會工作者及案主釐清社會工作者角色的本質。

(三) 專業關係的本質

社會工作者與非自願性案主間，應就專業關係的本質進行澄清。尤其是對案主來說，社會工作者就是朋友或專業助人者的混淆程度，可能會對長期接受服務的案主，或是依賴性高的案主造成特定的困難，因此，對專業關係本質的澄清，更顯重要。

(四) 什麼是可協商與什麼是不可協商

非自願性案主被迫到機構接受協助，社會工作者必須向案主澄清什麼是可協商的，以及什麼是不可協商的。尤其，有一些要求是法院所附帶的規定，或是依據法律所必須遵守的，這部分就是不可協商的部分。社會工作者須就不可協商的部分，向案主說明及澄清未遵守，可能面臨的後果等。

(五) 保密

保密是社會工作專業關係中的重要原則，在非自願性案主亦適用。但對於非自願性案主而言，保密亦非是絕對的，這包括案主的相關情形，有哪些機構或人員是必須知道或是能知道的，例如：法院。

Trotter提出如何有效協助非自願性案主的方式

Trotter提出有效協助
非自願性案主的方式之概念輪廓

01 正確的角色澄清

1.社會工作者的雙重角色：社會控制與幫助
2.案主的期望
3.專業關係的本質
4.什麼是可協商與什麼是不可協商
5.保密

02 示範與增強符合社會價值觀的言談與行為

1.指認出符合社會價值觀的言談與行為
2.提供獎賞
3.示範符合社會價值觀的行為
4.挑戰不合宜的行為

03 採用問題解決模式

1.問題調查
2.問題排序
3.問題探索
4.設定目標
5.訂定契約
6.擬定策略與任務
7.持續的評估

Unit 6-4 協助非自願性案主的方式（續 1）

本單元接續前一單元，就 Trotter 提出協助非自願性案主的三個面向的第二個面向：示範與增強符合社會價值觀的言談與行為協助方式，綜整並補充相關的見解，說明如下：

二、示範與增強符合社會價值觀的言談與行為

（一）指認出符合社會價值觀的言談與行爲

首先，社會工作者與非自願性案主會談的過程中，應試著指認出案主符合社會價值觀的言談與行為。例如：對配偶施加家庭暴力的加害者，承認對其配偶仍是具有感情的、承認其常感謝配偶對家庭的付出、承認自己必須接受加害人處遇，以減少類似的施暴行為。

（二）提供獎賞

接下來是對案主符合社會價值觀的言談與行動，給予獎勵或增強。社會工作者最強而有力的增強物是讚美。例如：案主均準時參與會談，社會工作者應對其依約、守時的精神，給予讚美。但獎勵制度應是針對案主具體的表現給予讚美，且要有目的性。另社會工作者在運用獎賞制度時，必須觀察其成效，並適時修正。透過這些增強過程，案主可以學習到社會工作者想提升的行為與態度。

（三）示範符合社會價值觀的行爲

示範符合社會價值觀的行為，需要由社會工作者示範他想要案主做的行為。例如：當社會工作者希望案主均準時參與會談，那麼，社會工作者自己就需要做到準時依約與案主會談，以免說一套、做一套，致使無法達到示範符合社會價值觀的行為。Trotter 認為，示範符合社會價值觀的行為時，某種程度的自我揭露是適當的，運用社會工作者符合社會價值觀作為的自我揭露，獲致示範的效果。

（四）挑戰不合宜的行爲

這是關於挑戰支持犯罪、反社會或不合宜言行。例如：對於配偶施暴的加害人，其宣稱之所以家暴，係因為其配偶頂嘴，或是我打她也只是剛好而已，她就是欠打；或是吸食安非他命的學生，面對自己的吸毒行為，表示學校裡又不是只有我在吸食，吸一點也不會怎樣等言語或行為。亦即，反社會的言談包括案主合理化他們的反社會行為。社會工作者必須注意，不該以全然同理的言語回應案主合理化說詞或反社會言論。在合理化的說詞中，必然包含著某些的事實，但最重要的是社會工作者不能接受這種行為而成為脫罪的藉口。Shulman 支持需謹慎運用負增強與面質的觀點，且應謹記正增強能使人更易於學習，社會工作者應著重於正增強的方法。

非自願性案主案例：我國社政法規的強制親職教育或家庭教育

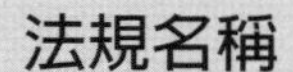

法規名稱	法條內容摘要
《兒童及少年福利與權益保障法》	父母、監護人或實際照顧兒童及少年之人有違反兒童及少年福利與權益保障法相關特定規定之情形者，主管機關應命其接受四小時以上五十小時以下之親職教育輔導。
《兒童及少年性剝削防制條例》	直轄市、縣（市）主管機關得令被害人之父母、監護人或其他實際照顧之人接受八小時以上五十小時以下之親職教育輔導，並得實施家庭處遇計畫。
《家庭暴力防治法》	命相對人完成加害人處遇計畫（加害人處遇計畫：指對於加害人實施之認知教育輔導、親職教育輔導、心理輔導、精神治療、戒癮治療或其他輔導、治療）。
《老人福利法》	老人之扶養人或其他實際照顧老人之人違反相關特定規定情節嚴重者，主管機關應對其施以四小時以上二十小時以下之家庭教育及輔導。
《身心障礙者權益保障法》	身心障礙者之家庭照顧者或家庭成員違反相關特定規定情形者，直轄市、縣（市）主管機關應令其接受八小時以上五十小時以下之家庭教育及輔導。

Unit 6-5 協助非自願性案主的方式（續 2）

本單元接續前一單元，就 Trotter 提出協助非自願性案主的三個面向的第三個面向：採用問題解決模式，綜整並補充相關的見解，說明如下：

三、採用問題解決模式

問題解決程序包括七個步驟：(1) 問題調查；(2) 問題排序；(3) 問題探索；(4) 設定目標；(5) 訂定契約；(6) 擬定策略與任務；(7) 持續的評估。茲說明如下：

（一）問題調查：目的是在於了解案主對情況的觀感，以及發掘案主關注的議題。這個步驟為後續進行的案主問題工作做定調。在此步驟中，問題調查要包括些什麼？社會工作者要請案主列出或辨識他們可能有的任何困難或問題，這是要獲知使案主不快樂的問題及想改變的清單。當案主辨識出不同的問題之後，社會工作者應請案主逐一談談這些問題為什麼它是個問題？問題有多嚴重？問題有多久？必要時，可將問題部分化。

（二）問題排序：問題完成調查後，在著手時，通常是從一、兩項較為容易解決的問題開始。與非自願性案主工作時，決定問題先後順序之準則，包括：(1) 危急情況，優先處理；(2) 要處理的問題，必須是個案所認為的問題；(3) 最好從很有可能解決的問題著手。此外，若有可協助解決問題的資源，較可能達成短期的成功。

（三）問題探索：問題探索包括對案主而言，問題是如何發生的？何時開始？什麼因素導致無法解決？曾經嘗試解決的方法及其成效如何？這些問題探索的內容，有可能在問題調查中就已獲得，但是，此步驟的目的是為了獲得更多與問題及其他議題有關的資訊。有可能是在問題探索時，發現需要先處理其他議題，才能解決這個問題。

（四）設定目標：設定目標是社會工作者與案主，對想要達成的目標產生共識。為避免社會工作者與案主對目標的認知、定義、期待等解讀不同，因此，目標之設定必須清楚、具體。

（五）訂定契約：社會工作者應在總結前述步驟的目的時，與案主訂定契約。契約內容應包括：問題、目標、其他同意事項。

（六）擬定策略與任務：擬定策略及任務即為建立解決之道。在擬定策略時，社會工作者應與案主討論，且任務如同目標一樣，亦應明確、具體，是否完成任務應可簡單加以辨識。

（七）持續的評估：社會工作者及案主應經常性的評估在整體及個別階段的實施狀況，以及應該經常評估所認定的問題、任務執行及目標進展，彈性的運用問題解決程序。

設定目標（範例）

案例

受家庭暴力而離家，並向機構尋求協助的案主美玲。

目標具體明確

美玲要在3個月內依照機構社會工作者的安排，完成12次的治療會談。

美玲要在完成治療會談後，完成機構轉介至職業訓練中心參與美容美髮技能3個月的職業訓練課程，以習得一技之長。

美玲要在完成職業訓練後3個月內，找到一份美容美髮相關行業的工作。

目標不具體、不明確

美玲參加機構的治療會談。

美玲參加職業訓練。

美玲找到工作。

第 7 篇

社會個案工作的相關理論

章節體系架構

Unit 7-1 認知行為理論：基本概念

認知行為理論（Cognitive-Behavioral Theory, CBT）強調認知對行為和情緒的影響，是以認知的改變為主，行為技巧的運用為輔（許臨高等人，2021）。認知行為理論認為案主的錯誤信念和思想方式，會導致情緒和行為的失調，因此，認知行為學派之目的在協助案主建構正確的認知，以消除發生的問題與助長問題的情緒及行為。雖然認知行為著重在案主的認知改變，但其對於案主外在的環境亦相當重視，對於環境因素對認知行為處遇本身可能的助力和阻力，亦應重視。例如：家庭或重要他人等對案主認知行為改變的正向或負向支持，會產生正增強或負增強的效果。

在 1990 年以前，認知理論與行為主義原是兩個不同的學派和運動，後來兩者之所以結合，可能因其早期與醫療模式之連結有關，因臨床心理學者大多在醫療部門分別先後嘗試啟用行為主義和認知理論來治療精神異常的疾病或症狀。認知和行為原為一體兩面，故兩者的結合其實是很自然的（施教裕，2021）。認知行為理論的基礎，林萬億（2022）認為，主要來自四個行為介入的模式，包括：(1) 反應或古典制約；(2) 操作制約；(3) 社會學習；(4) 認知學習。

認知學派源自 Alfred Adler（阿德勒）率先與 Sigmund Freud（佛洛伊德）傳統精神分析學派分道揚鑣。認知學派認為人格是完整的，而 Freud 將人格分為本我、自我和超我三部分，太過牽強，而且，Freud 過度的強調被壓抑的潛意識，並無太大實質的意義及對案主正向的作用。

認知學派認為思考（thinking）是人類情緒、行為和想法之關鍵決定因素，經由區辨、挑戰和改變思考的型態，即可改善彼等足以導致個人情緒、行為和解決問題之失功能（dysfunction）情況，而達到協助案主增進生活調適功能的目標（施教裕，2021）。

至於行為主義立基於學習理論，始於 Ivan Pavlov（巴夫洛夫）的古典制約和 E. L. Thorndike（桑代克）、J. B. Watson（華生）、B. F. Skinner（史金納）等人的操作制約，以及 Albert Bandura（班度拉）的社會學習論。行為學派認為，雖然行為有其內在心理運作機能的部分，但人類行為仍然可以從外在加以觀察和測量。

認知行為理論將人看得比問題更為重要，這有別於早期的學習理論（林萬億，2022）。認知行為主義承認行為的學習會藉著觀察與模仿，但這些觀察與模仿絕對不是經由刺激與獎賞所運作，而是當事者藉著認知與判斷後的理性所控制（簡春安等人，2010）。

Ivan Pavlov的古典制約

Pavlov Experiment

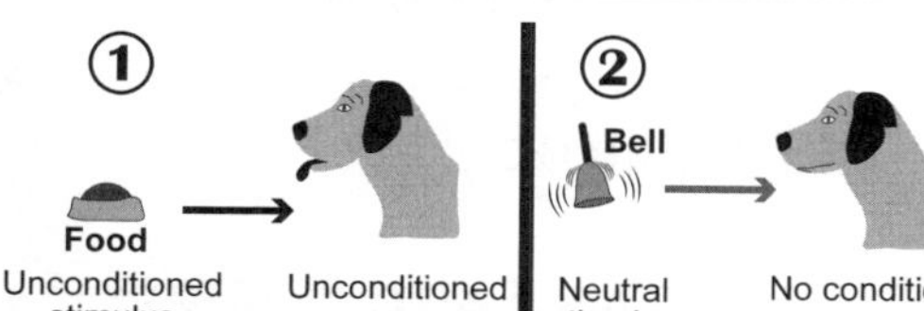
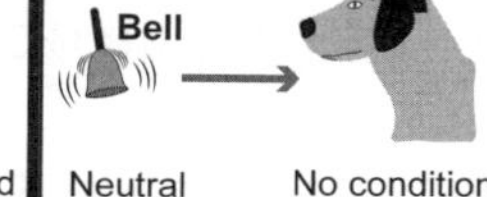

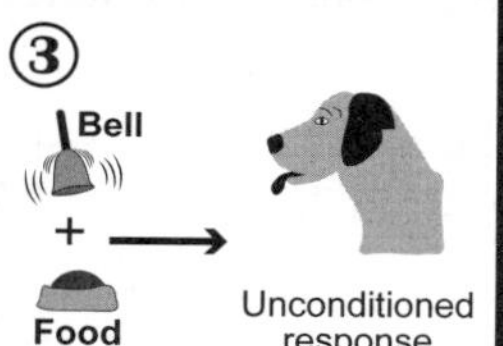
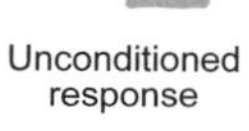

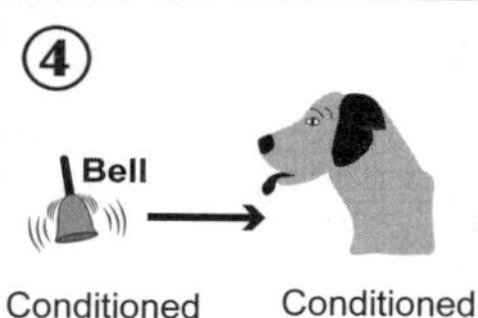

- 非制約（unconditioned）（自然發生）刺激：是指行為反應是不需要學習的。亦即，受到刺激後，本能自發性的反應。
- 反應制約（respondent conditioning）〔又稱作古典制約（classical conditioning）或巴夫洛夫制約（Pavlovian conditioning）〕：是指對新刺激的反應是學習而來，而非自發性本能反應。這個新刺激稱之為制約（conditioned）（學習）刺激。

Skinner的操作制約

Skinner Box

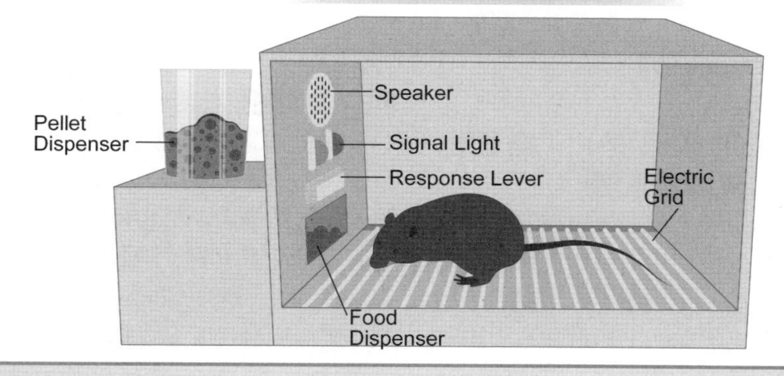

- Skinner（史金納）：提出「操作制約」的概念。
- 操作制約（operant conditioning）：是「一種行為受到後來結果所影響的學習方式」。可以塑造新的行為，也可以增強弱的行為，也可維持強的行為，削弱或消除不想要的行為，強調行為結果。
- 行為的結果會導致行為的改變（行為增加或減少）。
- 行為受到懲罰（後果），行為就會減少；行為得到獎勵，行為將會增加。

Unit 7-2 認知行為理論：基本概念（續1）

認知行為理論的基本概念，綜整相關文獻（施教裕，2021；許臨高等人，2021；黃維憲等人，1985；林萬億，2022；簡春安等人，2010）及補充說明如下：

一、認知、情緒、行為三者之關係

當在某種情緒狀態時，會產生某種行為，兩者之間的連結並非是直接關係，而是透過某種機轉加以扮演中介或協調的作用，而認知即扮演著這樣的角色。亦即，認知為案主的內在與外在生活事件提供意義的解讀，透過此一心理機制，進而影響案主是否採取行動的動機與回應。因此，案主行為的肇因，始於認知或思考過程。亦即，認知在與情緒、行為三者之關係，扮演著中介或協調的關鍵角色。

二、認知的形成過程：「自動化思考」機制的影響

自動化思考是大腦感受到壓力後所產生的自動反應，使得想法自動反應出來，並沒有經過篩選，是快速的、直覺的，無意識的表現出來。亦即，案主許多的錯誤想法、不理性思考、荒謬信念等的認知，多係因案主的自動化思考所致，致使其未能察覺其思考、看法、信念和錯誤想法等如何形成及運作的。這種自動化思考常見的類型，包括：隨意歸納、斷章取義、過度概化、事情輕重判斷失衡、個人化歸因、想法兩極或二分化。

三、認知的「ABC情緒理論」：影響思考、情緒、行為之間的關係

Albert Ellis提出認知的「ABC情緒理論架構」，認為真實發生的事件（activating event），案主如何思考、相信、自我告知和評估其所遭遇的事件之信念（belief），以及案主思考、相信、自我告知和評估此一事件後的情緒結果（emotional consequence）。認知如果是理性的或合乎現實的，情緒和行為就會合乎正常；反之，則為造成適應不良的情緒和行為。

四、時間概念具有重要性

對於時間的概念，認知學派學者認為現在才是最重要的，討論過去不是很必要，另一派學者則持相反的看法。就存在主義學派而言，對於時間概念，認為無論未來、過去、現在都同等重要，因為從時間的生命輪軸中，案主可以發現本身存在的潛在意義，使案主可以藉由重拾、回憶，以及敬重過去生命的潛在意義，得以在現在當下付諸實現，也可以勾勒對未來的願景。

建構認知行為理論基礎的四個行為介入模式之簡介

行為介入模式	代表學者	模式內涵
反應或古典制約（respondent conditioning/classical conditioning）	Pavlov（巴夫洛夫）	• 以狗為研究對象。 • 研究發現：提出反應制約／古典制約。 • 制約是行為學習的過程，使得某些行為能隨刺激的持久而出現。 • 個體學到因刺激而有反應，即表示已修正了行為。
操作制約（operant conditioning）	Skinner（史金納）	• 發展出操作制約的行為過程：刺激➜有機體➜反應➜後果。 • 行為如果產生正向的後果，這個行為將持續下去，反之則否。 • 操作制約：強調正增強、負增強的作用。
社會學習（social learning）	Bandura（班度拉）	• 提出緣由：認為反應制約／古典制約、操作制約理論，都無法解釋所有學習行為。 • 社會學習的發生是觀察的結果，程序為：刺激➜有機體➜預期➜反應➜後果。
認知學習	Ellis（艾里斯）	• 人類行為失序的來源：非理性思考，發展出理性情緒治療。 • 理性情緒治療：假設人的行為過程屬A-B-C模式： ➢ A表示逆境或促發事件。（adversity/activating event）。 ➢ B表示對逆境所帶來的干擾、失功能的情緒與行為的信念（believe）。B是關鍵，決定C的後果。 ➢ C代表情緒與行為結果（consequence）。

資料來源：文字整理自林萬億（2022）；圖作者自繪。

Unit 7-3 認知行為理論：基本概念（續2）

本單元接續前一單元，就認知行為理論的基本概念，綜整相關文獻（施教裕，2021；許臨高等人，2021；黃維憲等人，1985；林萬億，2022；簡春安等人，2010）說明及補充如下：

五、行為學派：立基於社會學習理論之ABC三個要素

行為學派立基於社會學習理論所涵蓋的ABC三個要素，即前置事件（antecedents）、標的行為（behavior）和結果（consequence），藉以了解和改變行為。所謂「前置事件」是指環境中的事件和其他相關行為，可能出現在此等標的行為或問題行為之前後。所謂「標的行為」是指不想要的或問題行為，或即將被改變的行為。至於「結果」，則指行為過後所導致的相關事件或行為。同時，行為透過三項學習原則加以學習，包括：古典和反應制約、操作制約和觀察學習。

六、操作制約可形成預期反應本身改變之效果

古典制約的過程是中立刺激，其作用之影響力係用以產生預期的反射反應之效果。操作制約的效果，則在於形成預期反應本身之改變。所謂操作制約，是指行為乃受其導致的後果所影響，一方面透過增強以增加預期的行為反應之出現頻率，以及藉由懲罰以減少不預期的行為反應之出現，而達到行為修正或改變之目的。增強可分為正負兩種，懲罰亦可分為使用（application）或移除（removal）兩種。

七、可藉由觀察或模仿學習或示範作用進行學習

觀察或模仿學習或示範作用（modeling），是指學習不一定如古典制約和操作制約兩個原則，須經由實際履行的行為反應和結果之過程而完成，而是僅在觀察榜樣人物的行為事件之認知過程中，即可習得。此種由示範學習而來的行為，是否付諸實行，則顯然與行為後果或誘因有關，即行為反應可能受到獎賞或懲罰。此外，示範的學習作用之大小與榜樣人物是否熟悉、人數多寡、社會地位和權力等因素，亦有正向的關係。

八、應用認知改變的原則於行為修正上

認知行為觀點將認知理論運用於行為修正上。認知改變的原則包括：問題解決歸因和認知治療。問題解決是增進案主如何界定問題和行動目標、規劃及評估不同的認知能力；歸因是對事件發生原因的解釋取向究竟是本身、他人或環境事件，將影響案主的行為反應；治療原則是指修正認知上的錯誤假定。

認知行為理論基礎概念及案例

認知行為理論基礎
思考（認知）、感覺（情緒）、行動（行為）
三者相互影響

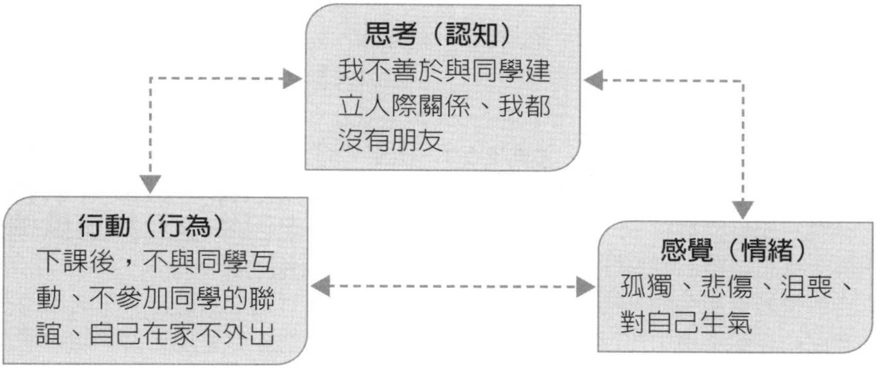

思考（認知）
我不善於與同學建立人際關係、我都沒有朋友

行動（行為）
下課後，不與同學互動、不參加同學的聯誼、自己在家不外出

感覺（情緒）
孤獨、悲傷、沮喪、對自己生氣

Albert Ellis的「ABC情緒理論架構」

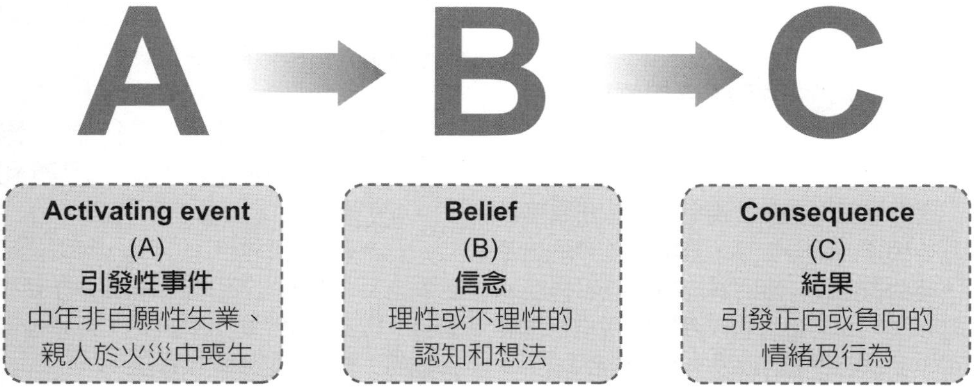

A → B → C

Activating event
(A)
引發性事件
中年非自願性失業、親人於火災中喪生

Belief
(B)
信念
理性或不理性的認知和想法

Consequence
(C)
結果
引發正向或負向的情緒及行為

Unit 7-4 認知行為理論：理論假設

為進一步理解認知行為理論，需先了解其理論假設。諸多學者提出有關認知理論的假設陳述，本單元以施教裕（2021）提出之認知理論的五項基本假設為主，並綜整其他文獻（許臨高等人，2021；黃維憲等人，1985；林萬億，2022；簡春安等人，2010）及補充說明如下：

一、「人在情境中」（person in situation）的適應觀點

在社會工作的過程中，社會工作者必須了解，案主之所以發生問題，絕對不是在真空的情境下產生的，社會工作者必須回到案主所在的情境中加以思考，才能探知案主問題的緣由。認知行為理論假設，人是不斷地在處理由本身內在和外在環境所獲得的資訊，並將其解讀成為如何適應生活與追求個人生存意義，或生活福祉的因應策略及行動之依據。此一資訊處理和解讀的認知功能，係受到個人認知結構及認知過程的影響。

二、案主的人格是有彈性的

人與環境的互動過程，形塑了案主的認知或想法，影響了人格。認知行為理論認為，儘管案主無法避免受到外在環境和社會因素的重要影響，但案主並非是一成不變的僵固性。案主具有自主性與彈性，可以決定如何塑造和改變其內在和外在環境，並透過想法的改變來改變自我。

三、人的特性是協調的、平等的、人性的、合作的

認知行為理論強調同胞愛和夥伴在人生和生命中的重要，倡導案主是具有創意的，且可以抉擇如何過一生。特別是運用思考，以選擇人生目標和採取行動，藉以改變自己和周遭的環境。

四、許多人類情緒乃是人們思考、自我告知、假設，或相信他們自己本身及其所處情況的直接結果

認知行為理論認為案主的思考是理性的，則其情緒會呈現正常功能的運作；反之，若案主的思考是失功能或非理性的，此種錯誤想法將造成案主的問題。因此，只要改變錯誤或不理性的想法，即可改變其失功能的情緒和行為。而錯誤或不理性的想法之形成，乃在所謂「自動化思考」（automatic thinking）的機制下發生而不自覺，故改變之道，仍須回歸理性和深思熟慮的意識層次加以省思與檢討。

五、行為學派認為所有行為，均係學習而來且可以被定義和改變

行為學派認為所有的行為，可以透過古典或反應制約、操作制約和觀察學習來習得。因此，案主的行為問題，可以透過前述的三種學習原則加以修正。

認知行為理論之基本假設

01 「人在情境中」(person in situation)的適應觀點。

02 個體的人格是有彈性的。

03 人的特性是協調的、平等的、人性的、合作的。

04 許多人類情緒乃是人們思考、自我告知、假設,或相信他們自己本身及其所處情況的直接結果。

05 行為學派認為所有的行為,均係學習而來且可以被定義和改變。

資料來源:標題、文字引自施教裕(2021);圖作者自繪。

觀察學習

- Bandura(班度拉):提出觀察學習的概念。
- 觀察學習(observational learning)
  - ➢人們經由訊息處理的過程,可主動與環境產生互動,經由觀察角色楷模以學習新的行為。
  - ➢學習是間接的,不需透過任何增強作用。
  - ➢在面對外在環境的刺激時,即使沒有產生外顯的行為,仍然可以達到學習的效果。

Unit 7-5 認知行為理論：處遇步驟

在運用社會工作理論對案主進行處遇前，必須對該理論看待案主問題的觀點有清晰的認知，才能選擇適當的理論加以運用。認知行為理論對案主問題的看法，可從幾個面向加以說明：(1) 從行為層面來看，行為主義認為案主的問題，肇因於不當的或沒有可以學習的示範對象，因此，可以透過學習加以改變；(2) 從認知思考層面來看，案主的問題產生，多係因自動化思考所形成的錯誤認知，致影響其學習行為，因此，可以藉由正增強或負增強，以改變案主原有的錯誤行為；(3) 就外在環境層面來看，前述的行為修正、錯誤認知改變，均是認知行為理論對案主問題產生的重要看法，但認知行為理論並未忽略案主所處環境對其問題產生的影響，故社會工作者在進行處遇時，仍應注意案主所處社會環境的差異，秉持以個別化的原則進行處遇。

社會工作者運用認知行為理論進行處遇時，在處遇方向的整體概念上，通常會以協助案主改變原有的錯誤認知為先，然後再進行行為的修正，進而鞏固處遇後的成果。此外，在整個處遇過程中，社會工作者必須秉持社會個案工作的專業關係原則、個別化、遵守保密原則、案主自決。此外，運用相關的技巧，例如：尊重案主、同理心、給予溫暖等，以建立正面的專業關係。

有關運用認知行為理論之處遇步驟，許臨高等人（2021）綜整相關文獻後，將之區分為：(1) 初期會談；(2) 中期和晚期；(3) 結束；(4) 追蹤。此外，施教裕（2021）則提出在運用認知行為理論進行案主認知改變過程中，所遵循的步驟如下：

（一）辨識失功能或扭曲的思考方式或想法之所在，以及彼等如何導致負向的情緒和失調的行為。

（二）自我監控彼等負向的思考方式或自我對話。

（三）探索彼等負向思考方式與潛在感覺或信念之間的關係。

（四）嘗試不同的具有正向功能和不扭曲的思考方式類型。

（五）檢驗個人重新對自我世界和未來的基本假定，在因應行為及環境調適上的有效性。

總而言之，社會工作者在運用認知行為理論時，必須確實了解和界定案主的認知行為問題，並與案主共同探索及加以辨識其自動化思考的緣由，以及運用行為主義、認知理論的相關作法與技巧，以協助案主改變思考、感覺與行為。

認知行為理論的處遇目標

1. 改變錯誤認知或不切實際的期待，以及其他偏頗或不理性的想法。
2. 修正不理性的自我對話。
3. 加強問題解決和對策抉擇的能力。
4. 加強自我控制和自我管理。

資料來源：標題、文字引自Fischer（1978）；轉引自施教裕（2021）；圖作者自繪。

自動化思考（automatic thoughts）

自動化思考

- **自動化思考**
  是指個體習慣依賴同一套的思考模式去思考，忽略了現實或者外在環境的其他因素。自動化思考往往會有負向的自我描述，使得個體以悲觀的角度去思考，造成過於集中事情的負向部分。
- **例如**
  一位大學二年級的案主，在與同學相處上，總覺得自己在學業、才藝、能力等比不上同儕。這一連串的負向思維，造成案主對自我沒有信心，甚至影響到生理、心理、行為等表現。社會工作者透過與案主共同檢視自動化思考，運用技巧改變案主思考習慣，以提升案主的正向思考能力。

Unit 7-6 認知行為理論：理論評估

本單元就認知行為理論之優、缺點，綜整相關文獻並加以補充說明如下（林勝義，2013；林勝義，2023；謝秀芬，2016；許臨高等人，2021；黃維憲等人，1985；林萬億，2022；簡春安等人，2010）：

一、認知行為理論的優點

（一）應用領域廣泛：認知行為理論可應用於：(1) 心理健康問題：焦慮、沮喪、恐懼症、成癮、網路沉迷；(2) 親職議題；(3) 憤怒管理：虐待與身分認同之類議題；(4) 衝突管理。適用的問題範疇或對象類別，具有很大的彈性與空間。其他如：家庭、團體、跨族群、不同社會階層、多元性別等案主，均可適用。

（二）處遇時程具有彈性：認知行為理論根據多元的應用領域案主需求，處遇時程具有彈性，可以採用短期治療，亦可以展延成為較為長期的處遇模式。

（三）納入影響案主的社會環境因素：認知行為理論，不僅僅聚焦於著重在修正錯誤的自動化思考認知，或是行為的修正，其將案主所在的社會環境因素，納入處遇的標的或重點，以兼顧在認知、行為與環境三者之間的多重運作關係及可能影響。

（四）理論具有系統性、客觀性和可操作性：認知行為理論的理論體系周延、有架構，且對於處遇的結果，具有客觀的指標可評估，而各項處遇的過程，有明確的操作指引。

（五）綜合個別理論的長處：認知行為理論綜合認知理論與行為理論兩個個別理論的長處，發揮 1 加 1 大於 2 的理論效果。

二、認知行為理論的缺點

（一）容易流於反映主流的價值觀：在認知行為理論中，對於理性思考定義，容易反映出主流文化的價值觀，輕易的將非主流的想法，標籤為不理性或扭曲，而予以標籤化；或是將案主問題的焦點放在認知扭曲上，容易陷入譴責受害者，或是以受害者為代罪羔羊的陷阱，而忽略了結構性的問題。

（二）缺乏認知能力的案主適用上受限：在處遇的對象上，如果案主缺乏認知能力，則無法適用。例如：幼兒、心智障礙者、自閉症、精神分裂症者及失智者。因為，此類案主不具備「理性思考」之基本能力。

（三）不適合複雜的認知與行為修正：認知行為理論較適合運用於改變或修正較為簡單的認知或行為，若要發展創造能力、抽象思考判斷力，或從事較為複雜的學習活動，則可能較難達到預期的效果。

（四）認知、行為與環境三者之交互作用及影響難以釐清：三者之間的交互作用及影響關係，相當錯綜複雜難以釐清。因此，處遇所帶來的行為改變與環境修正結果兩者之間的互動關係，實際上並無法完全釐清，使認知行為處遇原來強調精確實證的長處與特徵，亦不免受到抑制或含混。

認知重建的程序與步驟

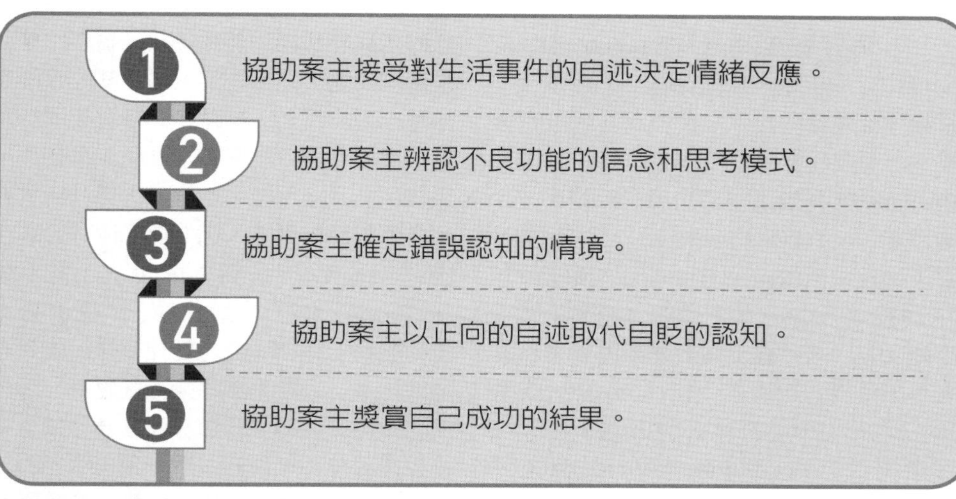

資料來源：標題、文字引自謝秀芬（2016）；圖作者自繪。

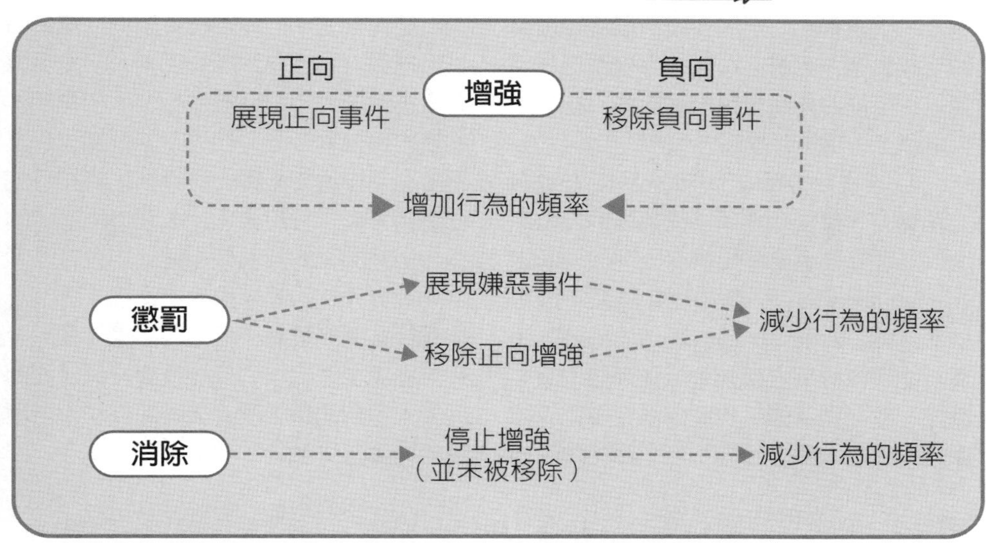

Unit 7-7 心理暨社會學派：基本概念

心理暨社會學派（Psychosocial Approach），強調案主的問題，受到心理、社會，以及兩者交互之影響為其處遇的焦點。心理暨社會學派，其概念起始於 Mary Richmond（芮奇孟）在 1917 年所著《社會診斷》（*Social Diagnosis*）。在理論的發展過程中，Gordon Hamilton（漢彌頓）在 1937 年及 1947 年所著的《個案工作基本概念》、《社會工作的理論與實務》書中，即使用心理社會（psychosocial）的用語。此外，1940 年 Towel（托爾）將「人在情境中」（person in situation）概念引入心理暨社會學派中，成為心理社會學派診斷案主問題的重要觀點。在此後的心理暨社會學派發展過程中，將理論發揚光大者為 Florence Hollis（何麗絲），1972 年的著作《個案工作──一種心理暨社會治療》，重視案主心理、人際與環境等因素的交互影響力，讓心理暨社會學派展現出與以往不同的面貌，讓理論的運用在診斷與處遇上，更具有說服力。

心理暨社會學派的知識基礎來源為心理動力、自我心理學；從理論的定位來看，心理暨社會學派屬於介入理論（intervention theory）。心理暨社會學派早期被稱為診斷學派（Diagnostic Approach），與功能學派分別占據社會工作理論的重要論點，並互別苗頭。功能學派社會工作強調運用機構功能，社會工作者運用專業關係的過程和機構功能相連接，讓案主學習到機構功能，以協助案主增強其改善問題的意志力。然而，診斷學派則有不同於功能學派的見解。心理暨社會學派早期之所以被稱為診斷學派，主要是因為其所具有的診斷程序而得名，因為此學派強調要依研究（study）、診斷（diagnosis）和處遇（treatment）的「診斷程序」，提供對案主的服務。亦即，心理暨社會學派強調診斷的程序，且此學派的知識基礎為心理動力，對案主問題的診斷係建立在對案主早年生活經驗和創傷的了解，運用潛意識、抗拒、精神決定論等概念和觀點來詮釋案主的問題。但隨著理論之演進與發展，心理暨社會學派對案主問題的診斷，不再僅聚焦於案主早年的心理動力因素，社會因素亦同時被納入診斷中。

總而言之，心理暨社會學派從傳統的以心理動力為主要診斷的思考，演變至認為案主的成長過程與發展是受到生物的、心理的與社會的三方面因素的影響，以及三者交互作用的影響，使得理論的視角變得更為寬廣。且在納入「人在情境」中的概念，強調人的行為是由個人的內在心理世界，與外在的社會因素所形成，更為心理暨社會學派提供一個重要的思考觀點，在兼顧案主生理、心理、社會三個層面的因素，達到此學派改善人際關係和生活環境的理論關注重點。

診斷學派 VS. 功能學派

診斷學派

以精神分析（指自我心理學）觀點為主，強調內心生活研究、診斷，以及治療的診斷程序。

功能學派

運用關係過程和機構功能連接，讓案主學習透過機構功能以協助案主改善問題。

心理暨社會學派實施的價值基礎

接納（acceptance）

- 接納包括接納案主的優缺點、態度、行為，並予以同理。
- 接納是視案主為有尊嚴的人。
- 接納不等於同意、贊同案主不合理或不良的行為。

自決（self-determination）

- 案主有權做選擇，由自己決定方向。
- 社會工作者可提供資訊、建議、勸告等，供案主自決參考。
- 案主自決後，必須負起所做決定之責任。
- 特殊情況下，案主自決才會受到限制。

Unit 7-8 心理暨社會學派：理論假設

心理暨社會學派對於人類行為與社會適應發生問題的基本假設，綜合相關文獻（李保悅，1980；潘淑滿，2000；許臨高等人，2021；曾華源，2021a），並補充說明如下：

一、個人對於影響其目前功能的過去經驗和潛意識常未能充分了解：個人行為的表現，除環境因素外，有些因素受個人過去的經驗和潛意識所影響。過去的經驗是指以往與環境的互動經驗；至於潛意識則是案主未能覺察到的意識表現。個人未必知道自己的生活歷史與目前個人的內在因素，即是影響其目前的原因。所以，如果要了解個人目前的行為，協助個人了解其過去經驗和潛意識對目前行為的影響之覺察，則相當重要。

二、人格在個人發展過程中，主要是受其內在驅力和自我的成熟度所影響：每個人自出生即具有獨特的驅力，並在個人成長的過程中與環境交互作用。個人的內在驅力會因為發展的強弱程度而出現差異，有些會導致不良的人格現象，例如：過度依附、產生攻擊性的閾值低；至於自我的成熟度，係從本我發展出超我，使自我能夠判斷外在世界，提升自我控制能力與引導能力，而影響其人格的發展。

三、個人之失功能係來自於社會適應失敗：個人之所以會產生失功能，係因社會適應失敗，包括：個人發展過程中未被滿足的需求與內驅力、所處的社會環境壓力過大、個人錯誤的自我和超我運作機制。

四、了解個人與其環境的互動，可預測及了解個人的行為：在心理暨社會學派的理論假設中，要了解一個人的行為，如果僅從心理動力的觀點，由其心理因素加以分析，往往欠缺診斷的完整性。在此學派中，主張個人的行為除心理動力因素外，尚須將個人與環境的互動因素所產生的互動結果納入診斷中，才能周延的預測及了解個人的行為。

五、個人的行爲受到生理、心理、社會等不同因素的交互影響：個人的行為，應從生理、心理、社會等因素的交互影響，非單一因素可獨自影響。因此，社會工作者在診斷中，必須重視這三個因素的交互影響，不可獨鍾於某一層面的診斷。

六、個人的行爲反應來自於其對環境之知覺、認知和內在的感受：診斷個人的外在行為，如果忽略了個人的內在認知、內在感受，則無法精確的了解個人行為反應的真正緣由。個人的參考團體、重要他人、社會角色期待等，都會影響個人的認知和感受；而個人對於環境各項訊息的知覺，亦會影響其所表現出的個人行為反應。

七、個人所在的環境爲一個系統，系統內的成員及各次系統相互反應和影響：心理暨社會學派在1950年受系統理論觀點的影響，而將系統理論的觀點，整合至心理暨社會學派中。因此，其認為人類生活是一個系統，系統內有許多的次系統，每個次系統與次系統中的成員間，會產生相互的影響，而引起連鎖反應，影響整個系統。各次系統間相互依賴度越高者，受次系統之影響越大。而個人行為一部分的改變，也會引起其他部分的連續性改變。

「人在情境中」的三個面向

01
人的面向

- 「人」是指個人內在的心理體系，以人格發展和自我功能為主體。
- 人的自我功能是內在個人因素與外在壓力知覺的結果。
- 關注在個人的生理、心理和社會問題。
- 個人內在與社會生活並重，不偏向任何一方，但相當重視過去經驗對人的影響。
- 重視個人適應不良的診斷程序。

02
情境面向

- 「情境」是指重要的環境；而「環境」是指個人生活的社會網絡及物質環境。
- 本學派所指的情境空間面向
  ➢主要著重於「微視面」的情感性支持體系。
  ➢主要是重視「過去」，其對於人如何看待環境有相當程度的影響力。

03
人與情境交互關係面向

- 以案主為環境的客體，自我功能為本學派界定人在環境中的核心要素。
- 童年環境會影響個人認知的形成，以及自我功能的展現。
- 環境影響個人，個人必須修正自我功能以適應環境。
- 人與情境的關係是線性關係。

資料來源：文字摘要整理自曾華源、黃俐婷（2006）、曾華源（2021a）；圖作者自繪。

Unit 7-9 心理暨社會學派：實施原則與程序

心理暨社會學派對案主問題的處遇，主要目標是改善案主的社會功能。在這處遇的過程中，社會工作者需兼顧案主的生理面、心理面和社會面等因素，以及三者之間的交互因素。就如同社會個案工作過程中，社會工作者必須與案主建立良好的專業關係一樣，依據學者（潘淑滿，2000；許臨高等人，2021；曾華源，2021a）對於心理暨社會學派的實施原則，綜整後可包括幾項原則：(1) 個別化原則：應針對案主的個別化擬定相關的處遇；(2) 案主參與原則：應鼓勵案主參與相關處遇目標、處遇計畫的討論，以及要求案主需積極參與處遇計畫，透過案主的直接努力改變自己，以影響環境；社會工作者不以直接滿足案主的需要，來協助案主解決問題；(3) 案主自決原則：社會工作者在處遇的過程中，應協助提供相關的資訊供案主參考，並由案主經過思考後自我抉擇。而在必要時之直接建議和勸告，也應秉持案主自決原則；(4) 彈性原則：心理暨社會學派強調實施的程序是有彈性的，可依據人在情境中的概念，隨時修正調整，以符合案主的處遇需求；(5) 重視早期生活經驗原則：心理暨社會學派重視案主早期生活經驗，以診斷案主早期經驗對現在行為的影響；(6) 重視專業關係原則：專業關係的程度會決定案主接受協助的成效，社會工作者必須與案主建立良好、正向的專業關係。

在心理暨社會學派工作的實施程序上，其與社會工作的實施程序大同小異，許臨高等人（2021）將之區分為五個階段：包括：(1) 初期接觸與會談前的準備；(2) 初期接觸與會談；(3) 心理暨社會研究／預估與診斷要項了解；(4) 問題處遇；(5) 結案。其中，心理暨社會研究／預估與診斷要項了解，在心理暨社會學派中，是強調對案主心理社會資料或其成長與發展歷史進行調查，並依照案主個別化原則進行詳細的診斷。此類過程中的診斷性預估，就如同社會個案工作過程中所敘述的，社會工作者必須將在會談過程中所蒐集到的資料，配合對案主問題的掌握，加以歸納和分析，並持續的不斷修正。

而在心理暨社會學派工作的實施程序中的問題處遇階段，心理暨社會學派處遇方向與策略，分爲直接減除個人壓力和間接處理環境壓力兩大類。此學派認爲個人適應問題來自內外在壓力之間相互影響，因此解決問題就是減除這些壓力，一方面協助案主改善環境，另一方面也在環境中改變案主自己，以調整案主和環境間的互動（曾華源，2021a）。但應留意的是，社會工作者不直接介入處理以滿足案主的需要，而是協助案主在環境中改變自己，以調整個人及環境的互動，這是心理暨社會學派解決案主問題的焦點。

心理暨社會學派：「診斷」的三種類型

01 動態的診斷（dynamic diagnosis）

社會工作者檢查的是案主人格的不同層面，如何地互動，而產生整體功能。社會工作者也尋找案主和他人，以及其他系統之間的相互作用，和其間的互動關係，以便能了解某一部分的改變，將如何引起其他部分的改變，或某一系統如何地影響其他的系統。

02 病因學的因素（etiological factors）

病因學的因素之探討目的，在釐清產生案主困境的目前互動或過去事件，是哪些因素，通常困境都是由許多因素所造成。

03 臨床診斷（clinical diagnosis）

針對案主功能層次，逐一了解，並評估影響臨床診斷的可能因素。

資料來源：標題、文字引自曾華源（2021a）、潘淑滿（2000）；圖作者自繪。

Unit 7-10 心理暨社會學派：理論評估

本單元就心理暨社會學派理論之優、缺點，綜整相關文獻並加以補充說明如下（潘淑滿，2000；許臨高等人，2021；林萬億，2022；曾華源，2021a；李保悅，1980）：

一、優點

（一）具有治本性：心理暨社會學派具有明確的理論觀點和工作階段，對於處遇問題之技巧分類清楚，且主要是要削弱案主早年經驗對現在生活的影響，具有治本取向。

（二）具有高度適用性：如果案主問題是屬於社會心理性質，此學派具有高度適用性。

（三）理論具有彈性：此學派對理論之發展與改變採取開放的態度，使得此學派原有的理論擴大，更加充實且富有彈性。

二、缺點

（一）處遇時間過長：心理暨社會學派被認為處遇時間相當長，影響社會工作服務成效之明確性。

（二）以病理視角進行診斷：此學派雖已注意到運用環境改變可協助案主進行改變，但仍被批評有過度聚焦於病理的視角進行診斷及處遇。尤其是針對個人探討案主需求與問題，未能關注家庭系統、社會變遷和整個社會結構所帶來的問題。

（三）理論體系龐雜：雖有學者肯定心理暨社會學派在理論發展與改變上，採取開放之態度，使得此學派原有的理論擴大，更加充實且富有彈性，但亦有學者提出不同的見解。批評者認為，心理暨社會學派之優點在於能夠開放接受其他理論，但發展至今，卻變成知識基礎不清，有更多的理論知識，卻沒有充分整合的理論觀點。結果是心理暨社會學派被視為比較像是導引實務工作之視角，而非一種實務工作模式。

總括而言，心理暨社會學派的知識來源，係以心理動力、自我心理學為基礎，其對問題的界定，係案主早期未被滿足的需要、目前環境壓力過大、不良的自我功能。此學派的處遇目標在於協助案主處理目前生活上所面臨的問題，以增進案主的生活功能。在處遇方法上，包括直接減除個人壓力、間接修正環境壓力，並強調協助案主在環境中改變自己，以調整個人及環境的互動。而在理論的優、缺點評論上，學者各有不同的見解，而其同時聚焦在個人與環境，且有明確的工作階段，是受肯定的優點，但過於強調病理視角及處遇時間較長，則較常遭受批評。

心理暨社會學派的概念彙整

理論發展大事紀

- 1917：Mary Richmond《社會診斷》
- 1937：Gordon Hamilton《個案工作基本概念》
- 1947：Gordon Hamilton《社會工作的理論與實務》
- 1940：Towel 引入「人在情境中概念」
- 1972：Florence Hollis《個案工作——一種心理暨社會治療》

理論定位

介入型理論（intervention theory）

強調領域

強調個人生理、心理、社會的交互影響

處遇目標

改善案主的社會功能

處遇策略

- 減除環境壓力的治療
- 對案主內在心理因素的治療
- 對案主個人的心理治療

理論優、缺點

- 優點
  - ➢有治本性
  - ➢具有高度適用性
  - ➢理論具有彈性
- 缺點
  - ➢處遇時間過長
  - ➢以病理視角進行診斷
  - ➢理論體系龐雜

Unit 7-11 功能學派

在本書的「心理暨社會學派」單元中，提及了心理暨社會學派早期被稱之為診斷學派（Diagnostic Approach），盛行於 1920-1930 年代，而在 1904-1950 年間，功能學派亦發揚光大，使得 1930-1950 年代間，診斷學派與功能學派兩者並駕齊驅、大放異彩。診斷學派主要以「新紐約社會工作學院」與「史密斯社會工作學院」為代表。功能學派是由 Otto Rank（瑞恩克）所提出，再加上 Virginia Robinson（羅賓森）及 Julia Jessie Taft（塔芙特）的理念結合而成，被稱爲賓州學派（Pennsylvania School）或稱爲瑞恩克學派（Rankian School）（簡春安等人，2010）。

診斷學派與功能學派之差異，在於思維方式之不同。診斷學派強調研究（study）、診斷（diagnosis）和處遇（treatment）的「診斷程序」，提供對案主的服務；功能學派著重運用機構的功能，以協助案主解決問題。功能學派與心理暨社會學派最大的不同，在於人類成長的社會與文化議題。功能學派強調社會工作是工作者與案主互動的過程，而較不是一連串的診斷與治療（林萬億，2022）。

功能學派的心理學基礎來自於佛洛伊德的門生 Otto Rank，其倡導「自我心理學」（ego psychology），強調人是自己的創造者，主張每個個體都具有支配性的內在潛能，這種內在潛能稱之爲「意志力」（will），社會個案工作者透過助人專業關係與不同時間階段的運用，提供心理的協助，將受助者之潛能激發出來（潘淑滿，2000）。因此，功能學派社會工作特別強調「意志力」（will）的功能。

前述的「意志力」（will）（亦有翻譯為意志、意願）為功能學派的主要論述焦點之一。功能學派強調機構的功能以協助案主，且功能學派認爲人有意志力（will），可透過受助之關係與過程，而將成長之潛能釋放出來。亦即，功能學派個案工作強調案主有求助動機、有成長潛能，再加上社會工作者的媒介，透過機構的功能以影響案主，然後再將各機構聯繫起來，一同幫助案主（莫藜藜，2021）

在處遇層面上，診斷學派強調診斷和處遇，且納入心理因素，亦即有關案主成長過程的早期因素對其現在生活的影響，有著相當深入的著墨。然而，功能學派對於以時間限制為策略，藉由社會工作者透過機構時間之有限性，以及社會工作者的協調與安排，案主對機構的了解與配合，反而更能使案主成長並發揮本身的功能。這樣的思維邏輯，主要是要與心理暨社會學派的處遇時間過長、曠日廢時的批評相互區隔。此外，功能學派對於案主過往成長的早期經驗、未被滿足的需求或內在驅力並不那麼在乎，希望在時間有限性的前提下，運用機構的功能以協助案主解決問題。

功能學派個案工作的三大特徵

特徵1

- 認為改變的關鍵不在社會工作者，而是在案主有意願，有求助的動機。
- 社會工作者必須能運用與案主建立的「關係」和服務的「過程」，釋放案主內在尋求成長與改變的力量。
- 藉由機構、社會工作者和案主之間的專業關係，以強化並肯定案主的意志力和行動效果。

特徵2

- 個案工作的主要目的不在於心理治療，而是透過對案主現在心理的了解，並運用技巧提供社會服務，統籌各機構發揮其功能，以充分協助案主。
- 機構是使個人與社會利益相結合的地方。

特徵3

- 服務目標應是開放的，唯有與案主共同研商後，才能決定處遇辦法。
- 處遇之好壞需視案主本身意志力（will）而定，因為案主個人的意志力是最重要的元素，也是改變的原動力。

資料來源：文字引自Turner（1977）；圖作者自繪。

Unit 7-12 功能學派（續）

功能學派認爲人是有目標性、有改變的能力，能掌握自己的命運，且強調意志力（will）的重要性。沿著此一意志力而來的思考，功能學派的基本假設包括：

一、假設人的行為乃受個人意志力（will）的影響，並認為個人的行為是其衝動力、智力、感受和意志力的平衡作用，其中意志力是主要動力。

二、假設個體行為雖受潛意識、非理性、早期生活經驗等因素的重大影響，但仍主要是由個人意志力決定的。個體是行為的決定者與主宰者，所以個人能藉助專業人員與機構的協助以發揮潛能，解決面臨的問題。

在功能學派中強調機構的功能，有關對於機構功能涵義之看法，綜整後包括：(1) 機構可以整合，提供治療方向；(2) 機構有其存在的功能與目標，提供適當的資源協助案主；(3) 機構可以調整運作的方式，以提供案主最適切的協助；(4) 案主可以藉機構與社會接觸，因為機構就是一個小型的社會，有利於未來的社會適應；(5) 讓案主體驗機構的有限性，也是一種治療；(6) 機構功能可以藉由社會工作者與案主的專業關係加以呈現；(7) 透過機構功能，案主可以發展出獨特的自我（簡春安等人，2010）。因此，當案主向機構申請協助後，功能學派認為機構此時可以扮演一個很重要的角色，藉由案主向機構求助的期待，鼓勵案主展現意志力，以及運用機構的功能與資源，有效的協助案主，使案主的潛能得以發揮。

此外，在功能學派中，亦強調時間的限制。診斷學派遭致批評之一，即是所投入處遇的時間相當漫長，且有時不易見到效果，因此，功能學派認為機構在提供服務時，應有時間之限制。這種對處遇時間之限制的觀點，無論是社會工作者或是案主都要接納。社會工作者在時間因素限制下，強調「此時此刻」（here and now）的重要性。而所謂的「此時此刻」，是聚焦於案主向機構求助的當下之感受、當時的問題、狀況等，作為個案工作的開始。

總括言之，功能學派理論的實施，認為案主的意志力是主要的動能，社會工作者與案主在專業關係下，在社會機構的時間性限制中，藉由機構功能的發揮，扮演增強案主權能和媒介的角色，以達致助人之目標。

功能學派社會工作的實施原則

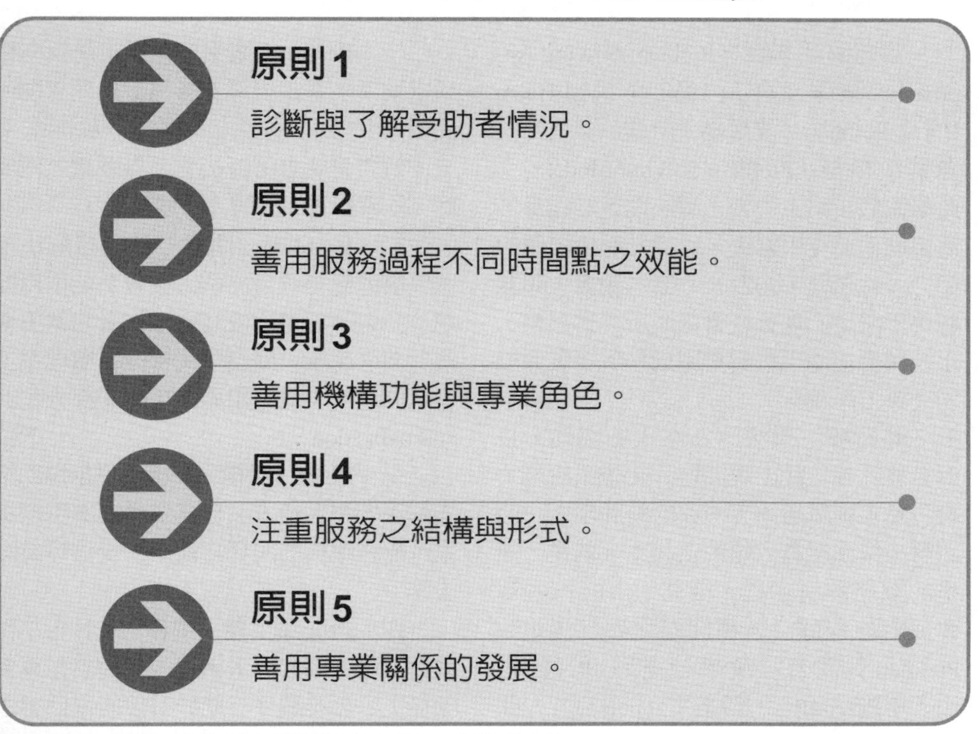

資料來源：標題、文字引自潘淑滿（2000）；圖作者自繪。

診斷學派與功能學派之後續演進

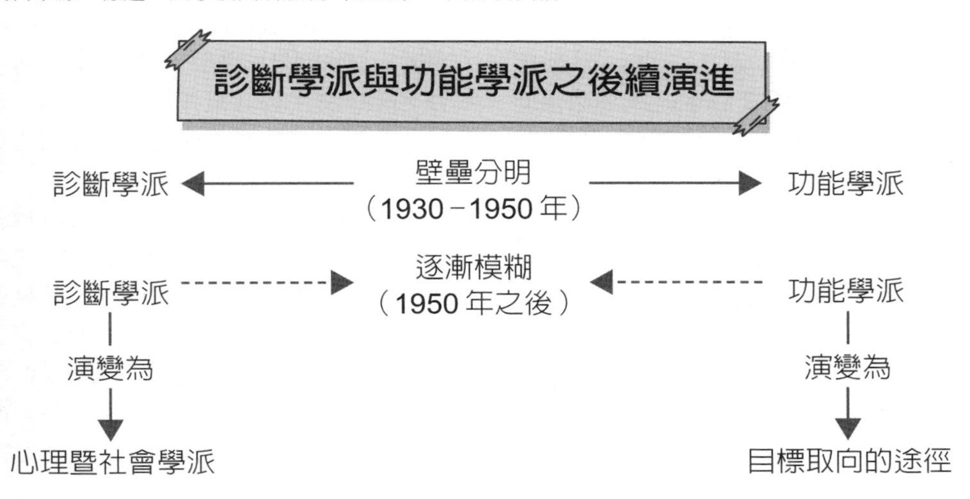

Unit 7-13 問題解決學派：基本概念

問題解決學派（Problem-Solving Approach）個案工作是 1950 年代由 Helen Harris Perlman（波爾曼）所創，又稱為問題解決模型（Problem-Solving Model）。此學派假設案主失去了解決問題的能量，需協助他們克服障礙，以提升解決問題的能力（林萬億，2022）。追本溯源，問題解決學派是心理暨社會學派所分支出來，以及採借功能學派的實施觀點所發展而成的社會工作理論。

問題解決學派認為案主的問題，是源自於社會功能出現問題，此學派的最大特色是主張處遇應有明確的時間限制。問題解決學派認為人類的生活本來就是一連串的問題解決過程，因此，人的一生都會面對如何解決各種問題而做出決定。Perlman 對問題解決學派提出 4P's 的說法。所謂的 4P's，即案主（person）、問題（problem）、機構（place）、助人過程（process），其意涵為：「一個人（a person）為一個問題（a problem）所困，向一個地方／機構（a place）尋求協助，並由專業社會工作者運用助人過程（a process），增強個人問題解決的能力，並提供問題解決過程所需之資源（Pelman, 1973；轉引自潘淑滿，2000）」。在 4P's 之後，Perlman 認爲還可以加上兩個 P：專業人員（professional person）和機會的提供（provisions of opportunities），而成為 6P's（簡春安等人，2010）。茲說明如下：

一、**Person（案主）**：案主是指向機構求助者，案主根據本身需求向外求助。問題解決學派視個人人格爲一種開放系統，個體有能力不斷接受外界刺激並做反應，同時修正原有的人格體系。

二、**Problem（問題）**：問題解決學派主張問題是源自於個人社會功能出現問題。問題的認定應由社會工作者和案主雙方共同來認定。問題解決學派在處理案主複雜問題時，最常用的技巧為「部分化」（partialization）。

三、**Place（機構）**：機構是指協助案主解決問題的地方。機構依據開案指標接案，並在機構的服務功能中，提供專業的服務。

四、Process（助人過程）：社會工作者對案主之間的助人過程，是建立在專業關係上。專業關係有助於有效的協助案主解決問題。

五、**Professional person（專業人員）**：專業人員指的是機構的代表，或是社會工作者。專業人員必須運用專業知識、理論、技巧，以及遵守專業倫理守則之規範，提供案主最適當的服務。

六、**Provisions of opportunities（機會的提供）**：專業社會工作者為協助案主解決問題，除運用機構的資源外，亦需結合外部的資源共同協助。此外，社會工作者在處遇的過程中，也應協助創造更多的機會，包括案主的自我成長或社會有效資源的應用。

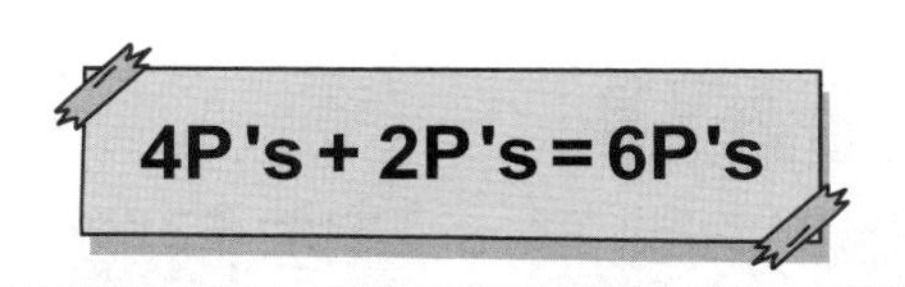

4P's

Person（案主）
指求助者。求助者根據本身需求，進一步向外求助。

Problem（問題）
指所遭遇的問題。問題的認定是由社會工作者和案主雙方共同來認定。

Place（機構）
指社會服務機構。運用個案工作方式，協助個案解決問題的機構或組織。

Process（助人過程）
指問題解決的過程。社會工作者對案主的協助過程，必須建立在處遇關係之上。

「求助者」帶著「問題」，前來「機構」求助，需經過專業人員協助的「過程」，以期增強個人解決問題的能力，並提供問題解決過程所需的資源，才得以解決其困難。

2P's

Professional person（專業人員）
指專業人員是機構的代表。專業的個案工作者必須隨時維持個人的心理情緒自由與專業操練之間的平衡。

Provisions of opportunities（機會的提供）
指專業人員能夠為案主創造更多的機會，以促進案主的成長與提升解決問題的能力。

Unit 7-14 問題解決學派：基本假設

有關問題解決學派的假設，黃維憲等人（1985）提出兩項基本假設，包括：(1) 人類生活是一連串解決問題的過程；(2) 假如一個人無法適當處理問題，可能是缺乏動機、能力和機會。潘淑滿（2000）亦提出兩項基本假設，包括：(1) 人生就是一連串問題解決的過程；(2) 問題無法解決不是因為病因或自我功能薄弱。許臨高等人（2021）就問題解決學派的基本假設，提出四點假設，包括：(1) 人類生活是一連串問題解決的過程；(2) 個人的行為有其目的和意義；(3) 問題解決是成長和改變；(4) 社會機構是一種表達社會責任的組織。

問題解決學派的基本假設之一：「人類生活是一連串問題解決的過程」，此即將人的一生視為是一連串面對挑戰的旅程，處處都會碰到要解決的問題，因此，必須做出抉擇並適應，並不斷地練習其解決問題的能力，以及自我功能與社會功能的發揮。其次，問題解決學派假設：「假如一個人無法適當處理問題，可能是缺乏動機、能力和機會。」當個人至機構求助，此即「問題無法解決，不是因為病因或自我功能薄弱」、「個人的行為有其目的和意義」之意涵。案主之所以會來到機構尋求協助，通常是個人在經驗某種壓力而發生問題時，前來求助而成爲社會工作機構的案主。當案主無法應付自己的問題，可能是因爲他缺乏動機（Motivation）、能量（Capacity），或者機會（Opportunity）去運用適當的方法減除問題，此即為問題解決學派社會工作模式中，Towle（托爾）所提出的「MCO理論」，因此，必須藉著機構所提供物質的、社會的和心理的協助，才能解決問題。

此外，社會工作者協助案主的範圍，是以影響其社會功能發揮的範圍內。而在此處遇的過程中，透過專業關係的建立、問題解決的過程，除了案主的問題獲得解決外，案主亦將獲得成長改變，即「問題解決是成長和改變」之假設意涵。在問題解決的過程中，社會福利機構聘僱的社會工作者，扮演問題解決處遇的靈魂角色。社會工作者代表所服務的機構，提供案主相關的服務；亦代表著社會工作專業，展現社會福利機構對案主、捐款者、社會各界之責信，此即「社會機構是一種表達社會責任的組織」之意涵。

就問題解決學派而言，其處遇目標是「適應」（adaption）」，而不是治癒（cures）（Perlman, 1973；轉引自許臨高等人，2021）。在問題解決學派的實施過程（步驟）上，Comptom & Galaway（1999）所提出問題解決的四個階段為：(1) 與案主初步接觸，了解案主所陳述的問題，和發展初步的目標；(2) 蒐集資料、預估問題、訂定解決問題的目標和行動計畫；(3) 執行介入的行動；(4) 評估成果（Comptom & Galaway, 1999；轉引自許臨高等人，2021）。Perlman 的問題解決學派，之後成為任務中心模型的源頭（林萬億，2022）。

MCO理論

案主的動機（M）（Motivation）
- 案主➜向機構求助原因：有「動機」。
- 處遇過程：提升案主對問題改善的決心和意志力。

案主的能量（C）（Capacity）
- 案主的能量（狀況、條件、能力）。
- 處遇過程：增強案主的「能量」，或使案主與外界的「能量」有所連結。

案主的機會（O）（Opportunity）
- 分析案主的環境，可估算案主的機會。
- 處遇過程：機構內及機構外之協助機會評估；連結案主的重要他人，以增強案主的「能量」，提高解決問題的機會。

問題解決學派之工作程序

程序

01 協助案主把生活適應上的一些事故和行為型態中的偏差傾向連接起來，以發覺他的不良行為型態之問題所在。

02 協助案主覺察並認清生活適應方面，各種意識上和前意識的不滿足和滿足的不同感受。

03 協助案主連接他早年不良的情緒經驗和當前的行為功能的不良影響，進一步促使案主減除過去情緒生活經驗對現實行為表現的衝擊力量。

04 案主善於運用他所獲得的了解和力量，除對其行為可以有效支配，並可對預見的將來之生活情境加以預估和控制。

資料來源：標題、文字整理自潘淑滿（2000）；圖作者自繪。

Unit 7-15 危機介入：基本概念

危機介入（crisis intervention），亦譯為危機干預、危機處理，於 1942 年由 Lindemann（林德曼）首先提出了「危機介入」一詞，用於協助火災後的倖存者和喪失至親的人。當人們面臨突發性，或是個人之困難，或是無法解決的情境時，或是個人面臨嚴重的情緒問題無法處理，或是個人既有的處理機制無法應對時，即可被稱為危機。因此，危機會使個人陷入無力感、慌亂感或不知所措，致使無法解決問題。

危機介入是指對處於危機狀態中的人，提供一種短期的、快速的處遇之專業服務。危機介入的理論體系，主要建立在自我心理學和心理動力之基礎，專門用在短期內個人心理與社會功能失去平衡之案主，藉以影響個人人格之調適能力與社會功能（許臨高等人，2021）。亦即，危機介入是社會工作者用來協助案主處理危機問題的理論。

危機介入的協助重點，在於協助案主回復到正常的狀態，亦即危機發生前的狀態。因為危機介入是短期的、快速的，通常以 4-6 週為原則，所以，危機介入不著重於改變案主的人格。亦即，危機介入的特性在於密集性、短暫性、有時限性；處遇的重點在於案主當前的情況，社會工作者藉由運用及整合周遭的資源，以協助案主面對危機的能力為目的。

危機介入的特性，可包括：(1) 具有特定的目標：重點在處理案主當前危機所引起的迫切問題，是現實取向的，危機介入目標相當明確；(2) 具有時限性（time-limited）：不像心理暨社會學派遭致冗長處遇之批評，危機介入強調時限性的處遇，是對一特定事件的反應，藉以協助案主回復到危機發生前的功能狀況，通常以 4-6 週為原則。由於時間的有限性，可促使案主維持面對問題、解決問題的動機。此外，也因為危機介入是短期的處遇，所以，其費用較少，較為經濟。

社會工作者在危機介入的角色中，包括：提供支持、資訊、建議，指導案主採取系統性的解決步驟，以及協助案主運用及連結資源等。整體而言，危機介入以案主求助當時所面臨的問題為焦點，並設定具體、明確的目標，及以行動為導向進行處遇。社會工作者協助處理生活中或生命歷程中所遭遇到的危機事件，透過專業的處遇，協助案主找出解決危機的可行方法，並付諸行動。社會工作者不僅要協助案主度過危機，以恢復案主原來的適應功能，也要建構案主未來面對危機的處理能力。

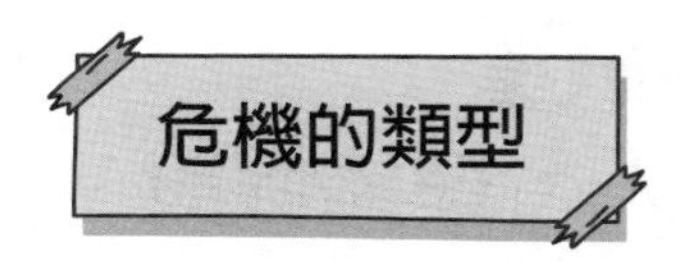

提出者	危機類型	類型說明
Caplan	發展性危機（developmental crisis）	指人在生長過程中必須面對的各個轉捩階段。例如：就學、談戀愛、結婚、更年期、退休等。
	意外性危機（accidental crisis）	指無法預料的危機，這是隨機、突然發生且具強烈性。例如：天災、車禍、受暴力傷害、失業、離婚、喪偶、親人意外死亡等。
Brammer	情境性危機（situational crisis）	發展性危機（developmental crisis） 意外性危機（accidental crisis）
	存在性危機（existential crisis）	是指個人人生重要問題，而產生嚴重困擾。例如：進入青少年期對自我存在意義的混淆、事業發展不順的對自我貶抑，對於人生價值與定位之追尋所產生之適應危機。
James & Gilliand	環境危機（environmental crisis）	環境危機是以區位系統理論為視角的危機類型。如：大自然災害，如颱風、洪流、瘟疫；或是政治性因素導致的災害，如種族屠殺或嚴重經濟蕭條。

Unit 7-16 危機介入：理論假設

有關危機介入的基本假設，綜整相關文獻（簡春安等人，2010；潘淑滿，2000；許臨高等人，2021；簡美華，2014a）及補充說明如下：

（一）危機是人類生命歷程中都可能遭遇到的經驗：在人類生命歷程中，無論在生理、心理、社會層面，都有可能面對危機。例如：身體殘疾、面對重要他人的離世、憂鬱或焦慮的情緒、重大的社會災難事件，例如：風災、地震、恐怖攻擊等。

（二）個人無法處理的內在壓力或外在事件，將會演變成危機：個人在處理各項事件時，有其慣用的因應方式或心理防衛機轉。當能成功因應時，不會產生危機；但當個人在遇到緊急的情境或壓力事件，個人的因應作法、社會支持與對事件認知等層面如果出現困難，就會引發危機。此係因處於危機狀態中的人，當遇到阻礙時，大都無法用以往處理問題的方式克服挑戰，因而引發危機。在此種危機狀態下，將會引起個人生理或心理的失衡，致使出現生理、心理等功能失調。

（三）個人缺乏應對危機的能力，不是一種病態現象：個體在危機產生後，所表現出來的生理、心理的失功能現象，並非是一種病態現象，而係個人因應危機事件的能力尚未充分所致。因此，不應將之視為個人的疾病，亦非心理上的問題，而這只是個人在面對目前危機壓力時，欠缺因應能力的現象而已。

（四）危機是具有時間序列的發展歷程：危機發展一般會有時間順序，通常危機一開始爆發時，此時為衝擊期，其後個人的焦慮升高，然後尋求協助以緊急因應，透過危機介入方式，以克服危機並提升未來面對危機的能力。此歷程大約會持續 4-6 週，在危機的每個階段，只要適當介入，就可以找到方法解決危機事件。

（五）危機發生是危機也是轉機，發展各異：危機，其字面意涵，包括：危險、轉機，具有雙重意涵。因此，危機究竟會轉變成轉機，還是持續的對個人造成危機，端視個人在與社會工作者於危機介入處遇過程中，個人的改善動機強弱及投入而定。在轉機層面，危機會迫使個人尋求和發展另一種新的因應方式；相反地，亦有可能因為個人在危機因應過程中的無力感，而放棄改善的動力，使得個人陷入更深的危機中。尤其是處在高度危機中的個人，可能身心靈的耗竭，如無適當的資源協助，個人有可能更會採用不適當的或錯誤的因應行為，讓危機持續擴大，而難以處理。

Caplan提出的危機發展四階段

階段	反應
 01	• 最初的階段，案主感受到危機壓力。 • 案主試圖用過去習慣的解決方式來處理問題，以恢復原有的心理平衡。

02	• 前述採過去習慣的解決方式並未奏效。 • 危機壓力漸增，沮喪和無力感增加。 • 案主開始使用嘗試錯誤的策略解決問題。

03	• 案主採取有效的應對措施，危機壓力降低或減除。 • 案主無法採取有效的應對措施：藉由緊急處理方式，或放棄目標的方法獲得暫時性的解決。

04	• 在前階段的危機如未獲降低、消除，危機壓力將持續增加，造成案主功能上的障礙與情緒上的崩潰。

資料來源：文字整理自謝秀芬（2016）；圖作者自繪。

Unit 7-17 危機介入：處遇流程

一般而言，危機處遇可分為三個層級，包括：(1) 第一個層級：危機預防；(2) 第二個層級：危機事件的控制；(3) 第三個層級：減低受害程度。危機預防是指在事件或情境尚未造成危機時，應實施預防的作為。而當案主已經受到事件的衝擊時，必須盡速提供相對應的策略，以因應危機事件的擴大及控制危機範圍。至於減低受害程度，則是避免危機事件對案主造成嚴重傷害的相關處置作為，例如：重大兒虐事件的緊急安置。

對於危機介入的工作流程，Roberts、Yeager、James、Gilliand、Rapport、Glan 等諸多學者提出不同的處遇流程順序見解，從二階段到七階段均有。另曾華源（2021b）則提出三階段八步驟之處遇流程，茲以此流程為主，並補充相關說明如下：

一、第一階段：開始階段

（一）步驟一：指案主向機構求助後，社會工作者與其建立專業關係

社會工作者應運用社會工作技巧，讓案主感受到有人願意傾聽、協助、關心，這對當時面臨危機而徬徨無助的案主，是非常重要的。

（二）步驟二：評量致命性與安全性需求

社會工作者必須就案主的生理、心理、社會層面進行評量，以評估在當時有無致命性與安全性的問題必須先處理，以保護案主的生命安全為第一優先考量。

二、第二階段：危機問題指認與處置

（一）步驟三：指認主要問題

此步驟是要指認出引發危機的主要問題，以了解危機發生的原因，以及評量相關的因素。

（二）步驟四：處理感受和提供協助

在第一步驟建立良好溝通關係後，社會工作者運用會談技巧——同理心、自我揭露、正向支持、重新建構、情感反應等，並在適當的時機使用面質技巧，以了解案主對危機事件的感受和提供協助。

（三）步驟五：探討可能的各種選擇

此步驟在於與案主共同討論各種處遇的對策，並就可行性、有效性、達成性等加以評量後，鼓勵案主自決作出處遇方案之抉擇。

（四）步驟六：協助列出處遇目標和行動計畫

此階段依照前一步驟選定之處遇方案，訂出處遇目標和行動計畫，讓方案之執行更具體化，有利於方案執行成果之評估。

三、第三階段：結束與追蹤

（一）步驟七：結案的決定標準

在社會個案工作過程中，結案必須依照結案標準進行，運用危機介入進行處遇時，亦同。

（二）步驟八：追蹤的處理方式

在結案後，必須進行追蹤，以評估處遇效果的鞏固情形，通常追蹤期多以 6 個月為主。

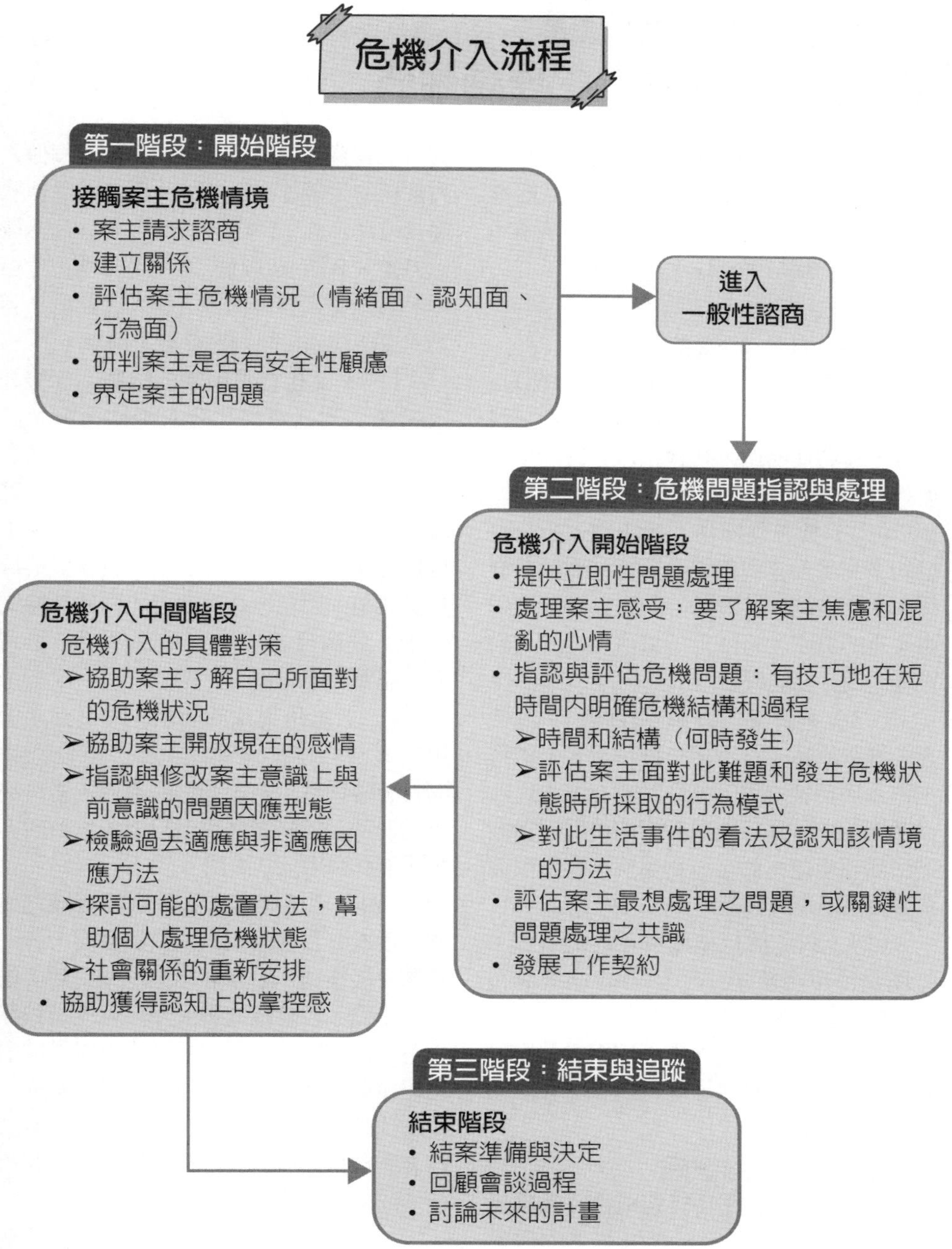

危機介入流程

第一階段：開始階段

接觸案主危機情境
- 案主請求諮商
- 建立關係
- 評估案主危機情況（情緒面、認知面、行為面）
- 研判案主是否有安全性顧慮
- 界定案主的問題

→ **進入一般性諮商**

第二階段：危機問題指認與處理

危機介入開始階段
- 提供立即性問題處理
- 處理案主感受：要了解案主焦慮和混亂的心情
- 指認與評估危機問題：有技巧地在短時間內明確危機結構和過程
  - ➢時間和結構（何時發生）
  - ➢評估案主面對此難題和發生危機狀態時所採取的行為模式
  - ➢對此生活事件的看法及認知該情境的方法
- 評估案主最想處理之問題，或關鍵性問題處理之共識
- 發展工作契約

危機介入中間階段
- 危機介入的具體對策
  - ➢協助案主了解自己所面對的危機狀況
  - ➢協助案主開放現在的感情
  - ➢指認與修改案主意識上與前意識的問題因應型態
  - ➢檢驗過去適應與非適應因應方法
  - ➢探討可能的處置方法，幫助個人處理危機狀態
  - ➢社會關係的重新安排
- 協助獲得認知上的掌控感

第三階段：結束與追蹤

結束階段
- 結案準備與決定
- 回顧會談過程
- 討論未來的計畫

資料來源：標題、圖引自曾華源（2021b）。

Unit 7-18 危機介入：理論評估

本單元就危機介入理論之優、缺點，綜整相關文獻並加以補充說明如下（簡春安等人，2010；潘淑滿，2000；曾華源，2021b；簡美華，2014a）：

一、危機介入的優點

（一）介入焦點與步驟明確：危機介入在干預的焦點、目標，以及處理的時限性等，具體而明確，社會工作者在運用此理論時，有具體化的步驟可供操作。

（二）具有立即性：危機介入能及時協助案主處理當前問題的緊急狀態，並舒緩案主的情緒。此理論強調主動迅速地因應案主的需求，可降低危機所造成的負向影響，提升協助成效。

（三）不對案主做病理性歸因：危機介入針對於案主所遭遇危機情況，不對案主進行病理性歸因。此理論認為案主之所以遭遇危機，是因為現有的解決問題機制無法處理所產生的，以避免病理性歸因而苛責案主的現象發生。

（四）對危機持積極與正向的看法：此理論不單純將案主所面對的危機僅視為危機，而是將之亦視為轉機。亦即，除協助案主化解危機，並進而與案主共同努力，將危機變成轉機。

二、危機介入的缺點

（一）危機狀態具有個別性及難以界定：由於危機的認定，會因案主的價值觀、成長背景或其他因素而異，且每個人對危機的定義亦未必相同，因此，危機狀態具有個別性，以至於有時會對於危機難以界定。有時候在判斷案主是否處在危機中，對社會工作者而言，有其困難度，容易有忽略或過度誤判為危機之情事。

（二）文化背景因素的限制：危機介入處遇受到社會文化背景不同而有所限制，尤其是東西方文化之差異。東方社會重視家庭關係，因此，個人的危機也是家庭的危機，幾乎畫上等號。西方社會注重個體的獨立性，個體危機較少與家庭危機相提並論。因此，在東西方不同的社會文化中，危機理論假設和實務原則是否有效，需要更多的實證研究。

（三）適用對象的限制：危機介入使用於有強烈求助意願的案主，且介入期間具有時間性，為短期性的處遇。對於缺乏受助意願或防衛性重但已面臨危機的案主，則有適用上之限制。

（四）危機發展未必按階段發展之誤判：危機介入理論假設危機的發展，有一定的發展模式、順序等作為危機研判與處遇的指標。但危機的發展階段可能是相互重疊，未按照理論所提的順序出現，或未出現所有的階段；或是每個階段的強度、持續的時間可能不一樣，容易使得社會工作者對危機形成誤判，或未能將已經發生危機而需要協助的案主予以排除。

危機介入的原則

是一種短期、有時限的處遇模式，強調及時接案與處理。

盡速與求助者建立專業關係。

助人者的角色是積極的，且主動採取行動。

分析和評量危機的可能內在動力因素。

確定協助的重點與達成的目標。

提供實際的資訊及實質的支持。

重點在於解決問題，減輕症狀。

運用社會資源（周遭的人力、物力、財力）。

鼓勵受助者表達感受，呈現症狀和憂慮。

盡可能早期支持和介入，以恢復其能力與功能，培養自我獨立。

資料來源：標題、文字引自謝秀芬（2016）；圖作者自繪。

危機介入的理論總覽

- 短期處遇為導向的工作模式，問題解決為目標。
- 強調運用心理動力與自我心理學之理論概念，協助個人心理與社會功能失衡之案主，藉以影響其人格調適與社會功能之增強。
- 以及時接案與處理為實施原則，及時避免危機情境對案主所導致之傷害，及增強案主應對危機的能力。
- 立即性、密集性的介入，強調工作時限。

Unit 7-19 任務中心取向：基本概念

任務中心取向（task-centered approach），亦稱為任務中心模式（模型）（task-centered model）、任務中心理論（task-centered theory）。任務中心取向起源於1972年由芝加哥大學的Reid（芮德）& Epstein（艾普斯）所提出，是一個有時間限制的、針對生活問題的個案社會工作介入模式。任務中心取向是一個以案主爲中心的短期處遇，屬於微視層次觀點。任務中心取向的「任務」，是一種描述「生活情境中對個人的需求」，也是案主所同意試圖去解決的問題（呂民璿，2002）。

任務中心取向主要是結合個案工作之功能學派、問題解決學派與危機干預等三類模式（許臨高等人，2021）。任務中心取向如同功能學派般，在處遇上採取時間限制的介入方式。此外，任務中心取向汲取問題解決學派的問題導向進行問題認定，以作為介入與任務擬定的焦點，並吸納危機理論依問題嚴重度的排序進行處遇。亦即，任務中心取向是借用多種不同理論來源而發展的理論，以提升理論的實用性。

任務中心取向強調對情境脈絡的掌握，此取向認為要處理案主的問題，必須掌握案主問題發生的情境脈絡。案主的問題，必須由案主加以界定，而非社會工作者，且所規劃的任務，亦必須要是在案主有意願的情形下加以規劃。此外，任務中心取向講求效率，因此，在實施上是有處遇時間限制的，是短期性的處遇。Reid & Epstein（1972）指出，社會工作者的角色只是讓案主改變他的願望（wish）和有意願（will）處理問題。。

任務中心取向對於案主問題的治療，主要的處遇焦點是處理案主的外顯問題，而非案主的內在肇因。Reid & Epstein（1972）指出，任務中心取向基本前提為針對案主的心理社會問題，探究可能阻礙和可以催化改變的部分，並協助案主界定當前的想要，以及可以解決的問題為何，並解決問題，而非探究問題之歷史根源，或是改變案主的人格特質、態度和行為。如前所述，任務中心取向為協助案主處理當前想要和可以解決的問題，所以，任務中心取向為有明確時限的、有計畫的短期處遇理論。此外，任務中心取向亦強調案主是解決案主問題的主要媒介，案主負有找出案主問題之責任。

任務中心取向之工作過程爲：先確定目標問題所在，進一步分析與診斷問題產生的原因。之後，再確定受助者爲緩和其問題的嚴重性所欲採取的行動。最後訂出個案工作的期限，宜在一定期限內達成任務（許臨高等人，2021）。總括言之，任務中心取向是一個簡短的、有時間限制的處遇模式，藉著對問題的認定，以及任務的執行，協助案主解決問題，以達成所期待的處遇目標。

任務中心取向的中心理念

服務對象必須自己認知與界定問題，唯有透過服務對象對問題有清楚的認知，具備解決的動機，才能協助採取問題解決的行動，並累積正向的問題解決技巧。

資料來源：文字引自社團法人台灣復原力社會福利協會（2014）；圖作者自繪。

任務中心取向協助方式之特徵

任務中心取向是屬於社會工作短期處遇

簡短

- 界定標的問題。
- 確定明確目標。
- 規劃任務執行。

02

有時限性

- 會談次數明確：約 8-12 次會談。
- 時間限制明確：約 3-4 個月內完成。
- 注重時間效率。
- 節省投入資源成本。

Unit 7-20
任務中心取向：理論假設

任務中心取向是以實證取向的理論，係以證據為基礎而建立，以解決案主的問題。有關任務中心取向的假設，係從對人的能力基本假設切入，諸多的學者均提出基本假設，其中以曾華源（2021c）之觀點較為周延，茲以前述學者之假設條列之觀點為假設項目，綜合其他學者之見解及相關補充，綜整說明如下：

（一）假設 1：個案之所以有問題是能力暫時受到限制，而非病理因素所形成

不同於精神分析學派對案主問題從潛意識的溯源探討，任務中心取向強調案主之所以有問題，是因為其能力暫時受到限制而已。任務中心取向認為人是健康的、有潛能的，只是能力暫時性中斷。亦即，人之所以有問題產生，並不是人缺乏解決問題的能力，也不是人格病態所導致。任務中心取向強調案主能力的重要性，在處遇過程中也將案主視為有解決問題能力的人，而不是以病態的觀點面對案主的問題。

（二）假設 2：解決問題之障礙來自環境或資源不足

任務中心取向假設個案的問題，往往來自個人生活中的內在心理因素和外在環境因素之交互作用所形成，而且是受環境或資源不足之因素所影響。任務中心取向認為案主問題的發生，受到案主所處環境的系統與脈絡的複雜系統所影響。所以，任務中心取向強調對案主情境脈絡的掌握，才能解決並排除案主問題中環境或資源的障礙。

（三）假設 3：個人陷入問題困境時就會產生改變之動力，同時個人也有適應問題之本能

任務中心取向認為個人陷入困境時，會有想要改變的動力；但同樣的，當問題一直存在時，久而久之，也視之為理所當然，因而逐漸失去改變的動力，致使對這些問題順應並適應。長期下來，累積的問題越來越多，且越來越複雜，案主已難以區辨哪些問題才是真正的問題和想要解決的問題。

（四）假設 4：個人有改變動力，但只想減輕困難到可以忍受爲止，而非根本改變

每一個人都或多或少有惰性，尤其是當所面臨的問題已經獲得紓解時，案主通常會陷入一定程度的滿足感；也因為原先的部分問題已獲得解決，問題不再具有急迫性與壓迫性，案主此時會圖於舒適，不再繼續尋求深度的改變，使得原先想要根本改變的動力降低。

（五）假設 5：個人意識到有問題，而且處於一種不平衡的狀態下，會促使個人採取行動解決

任務中心取向認為，個人是否會採取行動解決其問題，必須案主意識到問題的存在，才會有改變動機；且此問題的存在，已使其所在的生理、心理、社會環境等系統失去平衡，並對其產生影響時，才會促使個人採取行動解決。

Reid & Epstein提出適合採用任務中心取向的心理社會問題類型

01 人際衝突
是指個人與個人之間的不協調所產生之人際互動難題。
例如：與同學因故發生口角爭執。

02 社會關係中的不滿足
是指案主對與他人的關係深度的不滿足。
例如：被排擠成為邊緣人。

03 與正式組織有關的問題
是指個人與特定組織或機構之問題。
例如：學校不讓中輟生返校就學，怕影響其他學生。

04 角色執行困難
個人在執行承續角色（ascribed role）之困難。
例如：父母、學生。

05 社會情況改變的決策問題
是指一種社會情境或角色轉變至另一個社會地位或角色所出現之問題。
例如：大學畢業後要繼續升學或就業。

06 反應性情緒壓力
是指個人問題是由某一事件或情境促發，而產生焦慮沮喪、緊張或挫折等現象。
例如：大地震後的心理創傷症候群。

07 資源不足的問題
是指財務或其他實質資源不足。
例如：經濟陷入困頓。

08 其他問題
未被歸類的心理及行為問題，但符合此取向對問題的一般定義。

資料來源：文字整理並修改自Reid & Epstein（1972）；圖作者自繪。

Unit 7-21 任務中心取向：實施原則與程序

任務中心取向的實務工作原則，Reid 與 Epstein（1972）提出八項基本原則，包括：(1) 要有實證的根據；(2) 以案主為導向；(3) 把問題聚焦；(4) 情境脈絡的角色；(5) 務求短期內解決問題；(6) 經營合作的關係；(7) 處遇過程的結構性；(8) 問題解決與行動（轉引自簡春安等人，2010）。此外，簡美華（2014b）綜合 Fortune、Naleppa、Reid、Tolson 等人之看法後，提出七項實務工作原則，包括：(1) 由案主界定問題與目標，以重視案主的優勢；(2) 強調案主目前的問題；(3) 改變是藉由案主在會談外所執行的任務而達成，所謂任務乃指特定問題解決的行動；(4) 整個處遇過程可採用不同理論模式；(5) 處遇期限為短期取向，一般以 6-12 週，或 8-12 次（為期 2 個月）為原則；(6) 可運用於個人、家庭、團體、社區和組織各種工作層次；(7) 專業關係中以溫暖、同理及真誠三者最為重要。

前述學者提出之基本原則或實務工作原則，均奠基於任務中心取向的理論所提出。因為，任務中心取向是以處理心理社會問題為主，強調社會工作者對情境脈絡的掌握，並講求處遇效率。此外，任務中心取向主張需由案主界定問題，以期能精確地解決問題。社會工作的任務是協助案主進行改變，並達成所期待的改變。社會工作者的角色是協助有意願處理其問題之案主，並進行改變。處遇是以案主為中心，而非以專家為中心的處遇模式。

在實施任務中心取向的實務工作時，對於實施的程序，Reid（2011）認為可分為三個階段，包括：(1) 初始階段：社會工作者與案主探索並同意目標問題，以及訂定契約；(2) 中間階段：此階段的重點著重於會談情形。社會工作者每次會談都依照相同的模式進行，其焦點偏重在回顧任務、案主的反應，以及形成新的任務，而有更進一步的改變，尤其提供會談結構的指導；(3) 結案階段：係指最後 1 次或 2 次會談，社會工作者與案主著重回顧問題的過程，並確認案主是否已經成功地使用問題解決策略，以及處理結案所帶來情緒反應。另林萬億（2022）提出的任務中心取向實施程序，則包括五個階段：(1) 認定標的問題；(2) 同意目標；(3) 任務計畫；(4) 任務執行；(5) 結束。

前述的任務中心取向實施程序，透過對案主問題的探討與確定，並就問題的發生頻率、問題嚴重度等，估出基準線，以利處遇後效果之估算。社會工作者與案主就認定的問題進行任務規劃，並將任務予以操作化陳述，以及設定執行的期間及成果檢視，並隨時修正預估結果，以期達到任務目標。在任務目標達成後，妥為處理結案相關事項。

社會工作長期處遇與短期處遇之概念統整

比較項目	長期處遇	短期處遇
發展年代	1960 年代以前。	1960 年代以後。
思想緣起	受精神分析學派之影響，不能僅處理表象問題，需釐清案主早年經驗、內在肇因，再進行長期處遇。	強調簡短、有時間限制、有時間效果，聚焦於標的問題、迅速處理，以和長期處遇區隔。
對案主問題的界定	社會工作者認為「需要」解決的問題。	案主認為「想要」解決的問題。
對案主的看法	• 現在的問題深受早年經驗的影響。 • 視案主為失功能者。	• 人具有解決問題的潛能。 • 人陷入問題，是能力暫時受限。 • 人有改變的動力。
改善標的	著重於案主人格改變。	集中於案主的標的問題。
社會工作者的角色	專家、治療者、指導者。	夥伴關係、增權者。
投入與成效	• 處遇時間長。 • 需較多花費。 • 因長時間處遇，案主問題可能已經有改變，致使處遇失焦。問題實質改善度有待商榷。	• 有限制處遇時間。 • 處遇次數較少，減省花費。 • 強調問題改善效果。
相關理論類型	精神分析觀點、心理暨社會學派。	認知行為學派、危機介入取向、任務中心取向。

Unit 7-22 任務中心取向：理論評估

本單元就任務中心取向之優、缺點，綜整相關文獻並加以補充說明如下（張曉筱，2017；簡春安等人，2010；許臨高等人，2021；林萬億，2022；曾華源；2021c；潘淑滿，2000；鄭麗珍、潘淑滿，2022；黃維憲等人，1985；Reid, 2011）：

一、任務中心取向的優點

（一）經驗取向與理論統整，具有實用性： 任務中心取向是以證據爲基礎（evidence-based practice）的實務，著重經驗取向，且其綜合多種理論作為基礎，使得理論更具有實用性，亦使得理論更具多元化。

（二）處遇期限短且精要： 任務中心取向係屬於短期處遇之理論，著重時效性，因此，對案主問題的聚焦精確，處遇焦點集中在案主所認可的問題，所以處遇內容精要。另任務中心取向不若精神分析學派強調潛意識等長期的心理治療，任務中心取向強調處理案主當前遇到的問題，因此，處遇焦點明確且精要。

（三）注重人與環境的關係： 任務中心取向認為案主問題的發生，是受到相關複雜系統的影響。透過社會工作者與案主的共同努力，使得這些影響案主的系統與情境脈絡恢復平衡，就能解決案主的問題，而這需要相關資源的協助。

（四）任務切割便於實務執行： 任務中心取向的實務工作，是將問題切割成一連串的任務，亦即進行部分化，再加以逐次解決，直到問題完全解決爲止，此種處遇方式有助於提升案主對目標達成的信心。此外，對於社會工作者在實務操作上，亦較具可行性。

二、任務中心取向的缺點

（一）無法處理複雜性的社會結構問題： 任務中心取向主要是以處理心理社會問題為主，因此，無法有效處理案主因社會結構不公平而帶來的不平等，或社會問題等鉅視面的問題。且任務中心取向的處遇將問題部分化再逐次解決，這種簡易形式的治療，被批評最多的是對嚴重的社會問題做了最小的回應。

（二）易誤導社會工作者錯誤使用此取向： 任務中心取向具有清晰的處遇步驟、處遇任務的達成等指標，理論具有清晰、易操作等特性，頗獲社會工作者實務上使用。但此優點亦可能引起社會工作者原本應提供長期性服務，反而不恰當地使用此種理論取向，因其忽略了任務中心取向是屬於短期處遇理論之特性。

（三）仍有許多類型案主不適用： 對某些類型案主而言並不適用，例如：並非要解決特定明確的問題，只想對一些問題探索，或是案主不能接受結構式的協助，以及案主想改變的問題無法藉由任務達成、缺乏動機的個案等。

任務中心取向的理論總覽

取向倡導者	Reid & Epstein
取向特徵	• 有明確時限性的短期處遇 • 排斥頓悟及長期性的處遇投入 • 處理案主外顯問題，而非內在肇因 • 以實務證據為基礎
社會工作者與案主關係	• 夥伴關係 • 重視案主自決
要解決的問題	案主自己認知的問題
對案主能力的基本假設	• 人具有解決問題的潛能 • 人陷入問題是能力暫時受限 • 人有改變的動力
問題產生的因素	案主個人生活中，內在的心理因素、外在環境的交互作用。
處遇問題類型	人際衝突、社會關係中的不滿、正式組織的問題、角色執行困難、社會情況改變的決策問題、反應性情緒壓力、資源不足問題、其他問題。
處遇目標	• 協助案主釐清問題類型 • 協助案主確認標的問題 • 協助案主學習解決問題的能力，並完成任務。

Unit 7-23 增強權能：基本概念

增強權能亦被稱為充權、培力、賦權、權能增強。真正出現「增強權能」的名詞或概念，均認為是出自著名學者 Barbara Solomon 的著作。Solomon 在 1976 年出版了 *Black Empowerment: Social Work in Oppressed Communities*，明確地使用「增強權能」這個名詞（鄭麗珍，2021a）。增強權能取向源自於美國黑人在社會中，對他們所加諸的壓迫與限制，導致個人和環境間的交流障礙，以至於無法實現自我的重要因素，而產生無力感。

Gutierrez 指出，增強權能意指一個讓案主能夠增加個人（personal）、人際之間（interpersonal），以及政治（political）三個方面力量的過程。案主在獲得力量之後，就能夠採取行動進而改善生活狀況（Gutierrez, 1990；轉引自劉珠利，2003）。Saleebey 則指出，增強權能意指讓案主能夠有能力自己控制與決定自己的生活，實際的作法則是分別增加案主的內在（intra）、人際之間（inter），以及政治（political）三方面的力量（劉珠利，2003）。

增強權能認為個人之所以無法實現其權能，是因為其所面臨的缺權化／消權（ disempowered ）所致。所謂的「權能」（power）指的是一種能力（capacities），可以掌控自己生活空間與開展各種行動的動力。在社會工作實務上，增強權能的服務對象經常是權力不足、資源最少的族群，通常較無控制權，或缺乏自信、自尊、歸屬感等，甚至缺乏對外在影響力的服務對象。社會工作者透過對案主的增強權能，能改善其無力感的情況，進而能夠根據自己的想法和信念採取行動，提高掌控自己生活及命運的程度。事實上，增強權能不僅是過程，也是結果。社會工作者透過增強權能減少案主的無力感，並藉由案主權能的提升，協助案主透過增權所獲得的力量來解決自己的問題，在問題解決之後，服務對象在權能上也獲得增強。

增強權能觀點認為強調個人缺失與疾病的助人模型，是無法讓案主獲得權能和資源。在整個協助過程中，案主是行動的參與者，也是解決問題的主要媒介。增強權能取向是反對施恩式的干涉主義，鼓勵案主自己定義其未來的藍圖，相信自己是有價值的，朝向可預見的未來願景而努力。鄭麗珍（2021a）指出，增強權能取向不僅要增進弱勢案主的高度自我價值感與自我主控能力外，尚須藉由倡導辯護、教育學習、政治參與、集體活動、社會運動等行動實踐以提升其意識覺醒，最後匯聚更鉅視的社會變遷發展，這和強調家長式干涉主義的社會工作傳統是截然不同的取向。

增強權能的定義

提出者	對增強權能的定義
Solomon	指社會工作者提供服務對象的一套工作方法，其目的在於減低弱勢族群因被壓迫、烙印負面評價，而產生的無力感（Solomon, 1976；轉引自張秀玉，2005）。
DuBois & Miley	增強權能即指提升個人、人際或政治權的過程，使個人、家庭及其社區能採取行動來改善現況（DuBois & Miley, 1999）。
Saleebey	將增強權能的特色分成兩個部分： 1.個人式的增強權能（personal empowerment）：強調透過協助過程，增加服務對象自我決定的權力，使其可以為自己的生活負責、作決定。 2.社會式的增強權能（social empowerment）：是增加服務對象所處社會情境脈絡中的機會（opportunity）及資源的動員與運用（Saleebey, 1996；轉引自張秀玉，2005）。

醫療模式與增強權能之差異

議題	醫療模式	增強權能
專業人員的角色	專家。	夥伴。
專業的活動	病理的診斷，提供治療。	應是資源的發掘，增加案主自我決定的可能性。
案主的角色	消極的、被動的。	行動的參與者。
對於案主的看法	問題取向的。	正向的、分享經驗的。
對於案主心理失序的看法	是屬於個人需要被解決的議題。	復原是可能的，相關的症狀需要被有效管理。
案主與專業的界線	嚴格的，案主不可能成為專業者。	能穿透的，案主具有自我決定的權力，包括選擇接受專業訓練。

資料來源：標題、文字、表格引自 Stromwall（2002）；轉引自張秀玉，2005。

Unit 7-24 增強權能：理論假設

增強權能認為，當個人因受到壓迫，致使其感受到無力感時，其將會產生對自我的負面評估態度，因而產生自我責備。而這種過程是個人與環境間的交流障礙，以至於個人無法實現自己，主要是源於環境加諸本身的壓迫與限制。關於增強權能的假設觀點，相關文獻有多方面的見解，鄭麗珍（2021a）對於增強權能的假設，提出以下的見解，茲以該假設為主要說明架構，並綜整相關文獻融合及補充說明如下：

（一）假設 1：個人經歷深切而全面性的無力感，以致無法與環境交流、實現自己

個人所經歷的全面性無力感，通常來自於經濟不安全、缺乏能力，以及對於自我的負向態度等。這些加諸於個人的壓力所產生的無力感，Solomon 認為包括三個來源：(1) 受壓迫團體本身對自己的負向評價態度；(2) 是受壓迫者與外在系統間互動的負向經驗；(3) 是鉅視環境所加諸於受壓迫團體的經常性阻礙，阻礙了個人有效行動的採行。

（二）假設 2：周遭存在直接與間接的權能障礙，以致無法參與社會與政治、實現自己

個人權能之所以無法發揮，這是因為在個體所處的環境中，存在著阻礙權能的障礙，包括：直接的權能障礙、間接的權能障礙，以至於無法實現自己。

（三）假設 3：權能可以透過社會互動增加，以衍生更多的個人及人際權能

個人權能與他人之權能，不是一種零和遊戲。亦即，當個人權能增加時，其他人並不會因此而減少權能。因此，權能並不是一種剝削或稀少的資源。個人權能的增加，可以透過社會互動及社會網絡的建立，衍生更多的個人權能及人際權能。

（四）假設 4：案主應被視爲有能力、有價值的個人

增強權能認為案主應被視為是有能力、有價值的個人，相信個人有能力產生與規劃自己的生命事件，相信他們有潛力做一個有能力的人，且願意和有能力為自己的選擇、決定和行為負起全責。Solomon 認為增強權能的歷程，取決於個人本身，非依賴助人者所為。增強權能即是社會工作者與案主進行的一系列活動，目的在降低個人在標籤團體中，因受到負向貶低所導致的無力感。

（五）假設 5：與案主建立一種協同的夥伴關係

增強權能反對家長式的干涉主義，增強權能觀點的社會工作者應與案主建立協同的夥伴關係。增強權能的社會工作實務，視助人的過程為權力的分享、共同增強權能及參與者主導的歷程，而專業人員被視為促進者或資源，而不是指導者。

Solomon提出辨識「無力感」的三個潛在來源

潛在來源1

受壓迫者他們自己負向自我評估態度。

潛在來源2

受壓迫的犧牲者與侵犯他們的外在系統之間互動的負向經驗。

潛在來源3

阻礙和否認無力團體（powerless groups）所採取有效行動的環境系統。

這三個來源的任何一個或是彼此之間的結合，都會使人感受到無力感，最後產生自我責備（self-blame）的態度。

資料來源：文字整理自Solomon（1976）；轉引自鄭麗珍（2021a）；圖作者自繪。

直接權能障礙

- 指的是個人本身因素、條件的不足，取得物質資源的限制或不足，使得權能受阻。
- 案例
  - ➢貧窮者需要的生活扶助。
  - ➢主要經濟支柱的就業技能不足。
  - ➢對自我認同的慣性負向內化。

間接權能障礙

- 指的是缺少維持機會均等的資源結構和社會價值，包括社區或社會上的歧視、社會排除等。
- 案例
  - ➢將貧窮者標籤化為福利依賴者。
  - ➢歧視原住民生活習慣不佳。
  - ➢社會福利排除新移民人口。

Unit 7-25 增強權能：處遇方式

增強權能的處遇方式，依據 Gutierrez, Parsons & Cox（1998）之見解，其處遇策略包括四個向度：(1) 向度一：建立關係，滿足立即性的需求。此向度的處遇活動主要是協助個人獲得所需要的協助；(2) 向度二：教育與學習。此向度的策略活動是提供服務使用者處理已確定（辨識）問題所需要的知識和技巧；(3) 向度三：獲得資源，接近系統。在此向度中的處遇策略目標已進入改變或是調停；(4) 向度四：社會行動。此向度的處遇牽涉服務使用者對他們問題的政治觀點，包括能夠解決問題的社會行動或其他集體努力（簡春安等人，2010）。

此外，增強權能理論之優、缺點，綜整相關文獻（簡春安等人，2010；許臨高等人，2021；劉珠利，2005；張秀玉，2005）及補充說明如下：

一、增強權能的優點

（一）反對病理化與標籤化：增強權能觀點認為個人之所以無法實現自己，主要是源於缺乏權能導致無力感的結果，個人因無法有效地與環境進行交流，甚至無法實現自己。因此，在社會工作實務上，反對以病理化觀點進行處遇，或標籤化案主。

（二）強調尊重案主自主性與社會正義：增強權能反對施恩式、家長式的干涉主義，強調尊重案主自主性與主體性。增強權能主張在提升案主的權能上，除了排除各有關的直接權能障礙外，亦應將阻礙案主權能發展的間接權能障礙予以排除，強調社會正義的權能實踐。

（三）雙焦點干預體系：增強權能同時重視干預個人及其環境的雙焦點體系。一方面強調透過教育與自助活動提升案主系統的意識覺醒、基變思考與倡導技巧；另一方面則建議透過集體性行動向有關的系統制度進行示威、遊說與政策發展，以改進資源取得的機會。

（四）觀點具有積極性：在增強權能中，經常使用倡導辯護，促使案主具有批判思考、建立集體互賴網絡、從壓迫情境中解放，對於案主的權能增加具有關鍵性的影響，此觀點具有積極性的意涵。

二、增強權能的缺點

（一）過於強調案主的正向思考策略：案主的真正苦痛有可能還是沒能消失，只是被遮蓋或認知重構了。

（二）目標衝突時之優先性：在增強權能的效用問題上，增強權能的解決方法會因為不同的機構和不同的需要類型，彼此相互衝突或競爭，很難以單一目標來決定增強權能的成功與否。而如果同時遇到需要不同利益的案主時，增強權能又應以哪一位案主的利益為優先呢？

（三）實務操作面臨困境與限制：包括增強權能主張要相信案主對問題的研判，尊重案主的選擇，但這樣的主張能否應用在全部的服務對象上？

增強權能觀點中所要增進的「權能」之內涵

到底什麼是增強權能觀點中所要增進的「權能」？

增強權能觀點所要增進的「權能」具有下列幾項正向特質：

1. 影響個人生活歷程的能力。
2. 一種自我價值的表現。
3. 有能力與別人一起工作來控制公共事務層面。
4. 可以接近或參與公共決策的機制。

資料來源：文字引自Gutierrez, Parsons & Cox（1998）；圖作者自繪。

病理歸因取向及長處觀點取向的社會工作者實務取向之比較

病理歸因取向	長處觀點取向
個人被視為「個案」，重視個人的症狀診斷治療。	個人被視為有個性，重視其特色、才藝與資源。
治療是以問題為焦點。	治療是以「可能性」為焦點。
探索個人問題成因，是為了讓診斷有所依據。	探索個人問題成因，是為了了解及欣賞個人，而非歸因。
實務工作者較易懷疑個人的說法或解釋的真確性。	實務工作者較易從個人的說法出發。
童年的創傷經驗和目前的問題，存在必然的因果關係。	童年的創傷經驗和目前的問題不必然有因果關係，但可能有影響力。
處遇計畫的主責是依據社會工作者的設計。	處遇計畫是由個人及家庭來啟發。
實務工作者是問題解決的專家。	個人及家庭是問題解決的專家。
有限制的自決、自控、委任及個人發展。	完全開放的自決、自控、委任及個人發展。
資源的動員主要是經由專業人員的知識與技巧的運作。	資源的動員主要是靠個人及家庭的長處、能力及調適技巧的運作。
助人過程強調減少個人及家庭的病症，以及不良生活功能的負向影響。	助人過程強調找出發展個人及家庭的價值、決心及歸屬的落腳處。

資料來源：表格、文字引自鄭麗珍（2021b）。

Unit 7-26 生態系統觀點：基本概念

生態系統觀點（ecological system perspective），亦稱為生態觀點（ecological perspectives），或稱為生態系統理論（eco-system theory），另亦稱為生活模式（life model）。

生態系統觀點整合一般系統理論（General System Theory）的觀點，以及生態理論（Ecological Theory）的概念，生態系統理論是少數具有綜融性（generic）與折衷式（eclectic）特色的社會工作理論（許臨高等人，2021）。

生態系統觀點主要是從生態學的觀點來看人的能力，即與生俱來的生存與繼續在環境中適應的能力。因此，生態系統理論相信人的能力，認為人類與其他物種不同，是具有高度發展的認知能力，並且是主動的、有目標的，有能力為自己做最好的決定和選擇，實現自我的發展（鄭麗珍，2021b）。

生態系統觀點認為個人與其棲息環境的交流過程中，必須在其適當成長的時間點獲得足夠的環境滋養，才能進行各項生活歷程，而為了維繫生活歷程的前進，人因此就要與其棲息環境保持適當的調和度，以達到順利的適應。因此，Bronfenbrenner（1979）認為每個人在一生中，都不斷的與環境相依互動，且不斷的調適來維持其平衡（轉引自許臨高等人，2021）。

生態系統觀點認爲所謂的「環境」，係指「環境－行爲－人」三者合爲一體、互相依賴，且會維持持續交錯的關係（Compton & Galaway, 1999）。Bronfenbrenner 認爲個人所在的「環境」可分爲四個層次，包括：微視系統（micro-system）、中介／居中系統（mezzo-system）、外部系統（exo-system）、鉅視系統等四個生態系統，呈現層層相扣的巢狀結構。

第一個層次的微視系統（micro-system），是指直接影響個人行爲的環境，亦即指的是個體實際經驗到的親密人際關係環境，例如：家庭、團體；第二個層次的中介／居中系統（mezzo-system），則是指個人發展過程中接近或親近的組織，亦即指的是個體所參與的各微視系統之間的連結或互動，例如：與社區的互動情境；第三個層次的外部系統（exo-system），是指對個人有影響，但個人並未直接參與運作的社會單位，卻會對個體產生間接影響的環境，例如：社會福利服務的提供。第四個層次的鉅視系統（macro-system），指的是較爲抽象，但對個體、家庭、學校與社會均有相當影響的價值體系，例如：政治、經濟。

生態系統觀點修正社會工作對「人在情境中」的「情境面」失焦的問題。在情境的空間面向上，提出微視、中介、外部與鉅視等環境系統；在時間面向上，提出放下過去、努力現在與追求未來，其提供社會工作實務一個整合性的知識體系（許臨高等人，2021）。

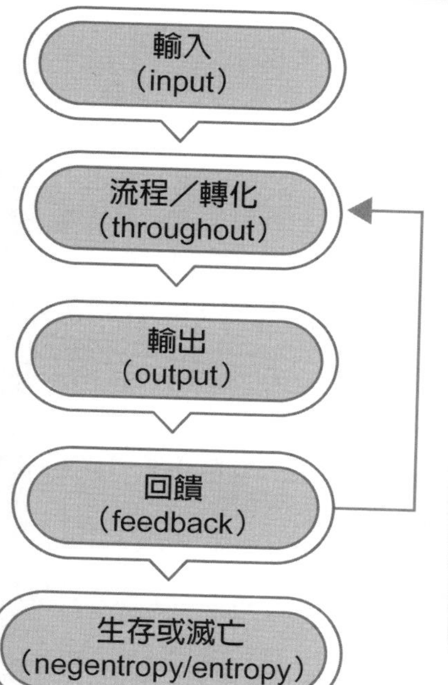

系統觀點基於介入或改變，包括：

- **輸入（input）**：即資源進入系統。
- **流程／轉化（throughout）**：資源如何在系統內被運用。
- **產出（output）**：系統如何影響其外在環境。
- **回饋（feedback）**：經由與外在環境互動後，所回收的資源和資訊。
- **生存（negentropy）**：即系統可以獲得維持生存所需的資源而持續運作。
- **滅亡（entropy）**：即系統無法獲得生存所必需資源而終止運作。

一般系統理論的假設

- 如果系統不能與界線之外的其他系統互動，則屬於封閉系統；反之，如果與其他外界環境有所交換，則是開放系統。
- 系統的整體和各部分，以及各部分之間，均是消長的和調適的。
- 系統的整體和各部分，以及各部分之間，均是動態的，而非靜態的，即不斷地變遷和演化。
- 系統的整體和各部分之間，不但有其脈絡和特質，而且具有整體大於部分的總和之屬性。
- 系統的整體和各部分，乃是共存共榮或休戚相關的。

Unit 7-27 生態系統觀點：理論假設

生態系統觀點認為，個人與其棲息地環境的交流過程中，必須在其適當成長的時間點獲得足夠的環境滋養，才能進行各項生活歷程，而為了維繫生活歷程的前進，人因此就要與其棲息地環境保持適切的調和度，以達到適當的適應。不同於其他物種的演化，人類具有高度發展的認知能力，使其在適應環境的歷程上，是非常主動而富有創意的，即使消極地遷移至他地的適應行動，也是個人一種主動性的抉擇結果（鄭麗珍，2021b）。

Greene & Ephress（1991）歸納生態系統觀點的假設，包括下列幾項（轉引自鄭麗珍、潘淑滿，2022）：

一、一個人與生俱來就有能力與其所在環境互動，有能力和其他人發生關聯。

二、基因及其他生物因素經常被視為是個人與環境交流的結果，而非原因。

三、人在情境中是一個整合的交流系統（ unitary system），人類與環境在此系統中相互影響，並形成一種互惠性的關係（reciprocal relationship）。

四、相互調和度（goodness of fit）是一種個人與環境間互惠性歷程的結果，指的是經由一位適應良好的個人，在一個具有滋養性的環境中相互交流而獲得的。

五、個人的行動是目標取向的、是有目的的，人類為了適者生存（competence）而競爭，因此發展的關鍵取決於環境給個人的主觀意義內涵。

六、要理解個人，必須將其置於其生長的自然環境及所在的情境（setting）中。

七、個人的人格是個人和環境經年交流的長期發展成果（product）。

八、個人的生活經驗是可以產生正向改變的。

九、所謂問題指的是生活中的問題（problems in living），要了解個人的問題，應將其置於生活整體空間（totality of life space）來理解。

十、為了協助案主，社會工作者應準備干預案主所在生活空間的各個地點（anywhere）。

從前述的假設中可以看出，生態系統觀點對於個人問題的理解架構，是多元層面與多元系統的。生態系統觀點認為個人行為的發展與成長，受到其與環境間互惠交流的影響，而非取決於個人或環境的病態歸因。生態系統觀點認為，要了解案主的環境，有效的干預，除了對案主所在的直接協助外，也要以全人的觀點，從不同的系統層面加以干預。因為，個人問題的發生，通常非單一因素所引導，需干預的解決之道也是多元的。此外，生態系統中部分系統的改變，會影響或連帶引起其他次系統及整體的改變。

生態系統觀點的四個系統層次

	系統層次	案例
1	**微視系統** 指的是與案主生活關係密切的家庭成員。	家庭、團體、鄰居、鄰里、學校、朋友、宗教場所、遊樂場、工作地點等。
2	**中介系統** 是指介於家庭的微視系統與外部系統之間的互動媒介。	家庭與鄰居的親疏狀況、家庭與學校教師聯繫的程度、社會團體、幫派、社區組織等。
3	**外在系統** 指的是對個人的發展有影響，但當事者在其間沒有一個直接參與角色的社會情境。	父母的工作場所、社會福利機構、職業訓練機構、醫院、社區發展協會、地方政府、學校的行政體系、社會福利服務的提供等。
	**鉅視系統** 指一個社會的文化風俗、價值規範與意識型態、政治經濟環境等。	社會、政治、經濟、文化制度、信念、習慣、價值觀、社會規範、意識型態和政策取向等。

Unit 7-28 生態系統觀點：實施程序

有關生態系統觀點的實務處遇流程，有主張三階段者，亦有主張七階段者。三階段者，諸如許臨高等人（2021）、林萬億（2022）、潘淑滿（2000）等，將生態觀點的處遇流程分為：(1) 初始階段；(2) 中間階段；(3) 結束階段，各階段中再細分要點。而 Pardeck（1996）將生態系統理論的處遇過程分為七個步驟，茲說明並補充如下（轉引自鄭麗珍，2021b）：

（一）進入系統（entering system）：社會工作者透過與案主及相關人員的會談，以及其他系統的資料提供，並藉由評量案主所有的重要關係，找出案主與其環境不合的來源，及兩者各自擁有的優勢。例如：由與案主親近的女兒當成會談的入口。

（二）繪製生態圖：社會工作者繪製生態圖，可視覺化家庭系統和環境中多樣系統的交互影響，能夠區辨出家庭與環境內（intra）與之間（inter）的動力。生態圖可描繪出案主家庭與其社會環境間的關係和互動，以評估案主的問題，有利於處遇方案之規劃。

（三）評量生態（assessing the ecology）：是指針對案主的生態系統中所經歷的問題、優點、案主的重要關係及主題進行生態評量。社會工作者必須謹記，生態系統具有變動性，因此，需經常性的檢視評量的結果，並滾動式修正。

（四）創造改變的觀點：社會工作者和案主共同分享所做的評量後，開始向案主提議幾個需要改變的生態系統，特別是在案主生態系統中，最可以著力而產生改變的生態系統層次。當然，所有這些處遇方法的選擇及訂定，是需要案主同意的，否則只停留在專業的建議上，不一定可以促成案主的改變行動。

（五）協調與溝通：在處遇步驟裡，社會工作者的重要角色，在於溝通及協調案主的各個生態系統。其實，案主願意改變的影響力，案主生態系統中的重要他人常扮演重要角色。可透過電話、家訪及其他支持性行動，以完成改變的任務。

（六）再評量（reassessing）：如果案主及重要他人所參與的處遇過程，可能進行的並不順利，社會工作者應進行再評量的階段，再次尋找切口，進入案主的生態系統中，再度與案主和其相關的他人會談，以取得更多的資料，進行再評量的工作。

（七）評估（evaluation）：處遇最後的成果，是必須經由評估步驟加以確立的，而評估就是運用一些結構式的工具，由案主本身的角度來評估處遇行動進行的成效，以確立生態系統發揮效用的有效性，以及評量處遇行動的連貫性。處遇的歷程中，也應隨時評估處遇行動的進行狀況，以指向未來處遇方法應改進方向，而受惠其他類似的案主。

生態系統觀點的實施目標

01 協助個人取得所需及運用資源的能力，發展及強化有效因應環境壓力的方法，改善個人及環境間的交流品質。

02 改善個人所在的文化及物理環境條件，增進個人適應外在環境的能力、滿足個人發展的需要。

資料來源：標題、文字引自許臨高等人（2021）；圖作者自繪。

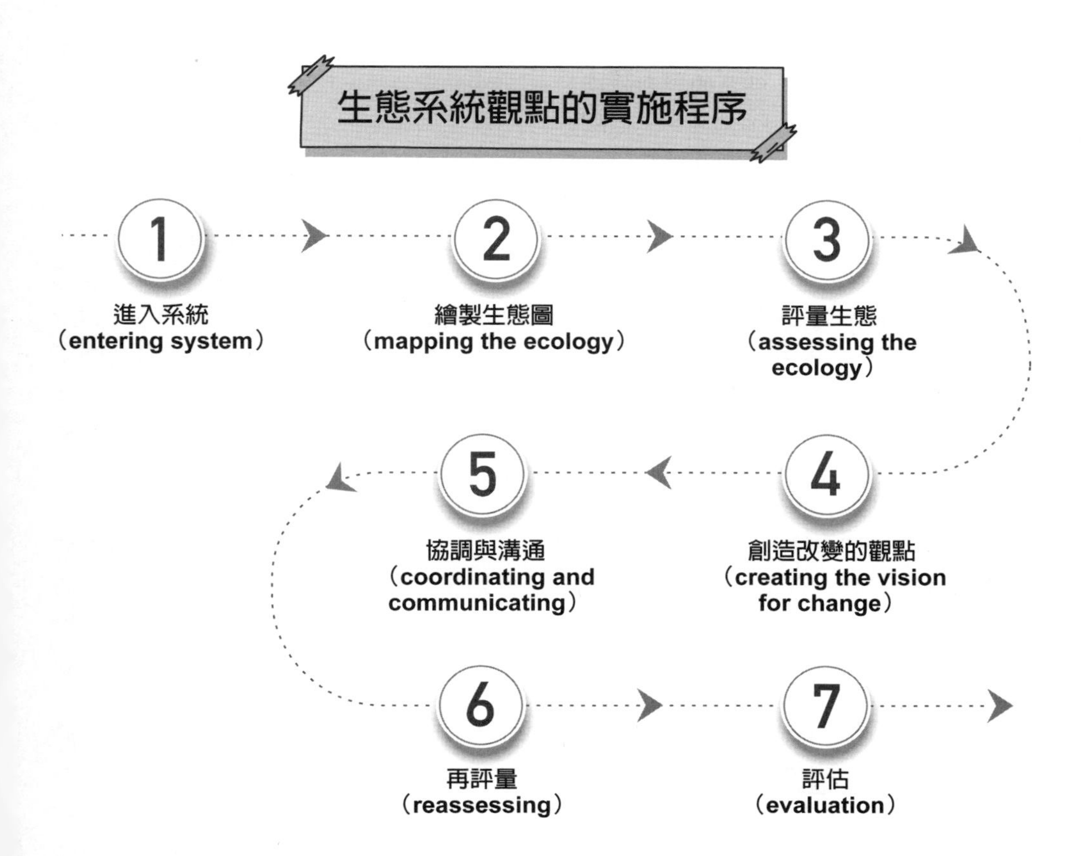

Unit 7-29 生態系統觀點：理論評估

本單元就生態系統觀點之優、缺點，綜整相關文獻並加以補充說明如下（張筱薇，2017；吳秀照，2004；鄭麗珍，2021b；簡春安等人，2010；潘淑滿，2000；許臨高等人，2021；林萬億，2022）：

一、生態系統觀點的優點

（一）重視環境的改變：生態系統觀點對於環境的層次，區分為微視、中介／居中、外部、鉅視等四個層次，生態系統重視案主問題的發生受環境層次的影響。

（二）採用全人、整合的思考架構：生態系統觀點對人類行為的理解，從個人的生理、心理、社會、政治、法律等各個生態系統間的互動，以全人的角度說明影響人類行為的動力因素，整理相關影響因素，具有完整性。

（三）採用多元因果關係的歸因：生態系統觀點對於案主問題分析，採取多元關係的歸因方式，而非單一線性因果關係。生態系統觀點運用「生態思維」來解釋複雜的人類現象，這與線性的思維方式不同，在評估案主問題時，會考慮其在環境中受到不同因素的相互作用，並對周圍因素產生的影響。另因採多元歸因方式，故其所使用的干預方法相當多元，並無專屬特定的方法，提供社會工作者有更多的干預方法選擇。

二、生態系統觀點的缺點

（一）過於抽象及描述性：生態系統觀點雖有助於理解影響人類行為的多元動力因素，但因過於抽象及描述性，無法清楚解釋這些動力因素的影響歷程。而生態系統觀點在案主與其環境互動的圖像方面，提供一個很清晰的思考架構，但亦未能說明案主如何主動適應環境的具體動力與機制歷程。

（二）多元且龐大的干預方式難以運用：生態系統觀點對於案主問題分析，採取多元關係的歸因方式，所以社會工作者可以在案主的各個系統層次上著力或干預。但此觀點多元而龐大的干預方法清單，其實等於沒有建議，降低了運用干預方法的獨特性，反而成為更抽象的觀點，沒有達到運用社會工作方法來統整社會工作專業的目的。因為，此觀點之干預方法過於含括，無法評估成效。

（三）忽略系統的永遠無法平衡性：生態系統觀點強調改變系統的運作及透過資源的提供，以降低案主為了因應問題所產生的壓力，回歸系統的平衡，卻忽略了系統的改變，可能帶來的新的適應需求或新的壓力感。因此，因應的歷程似乎永無休止的一天，而生態系統因此也永無平衡的一天。

（四）缺乏基變改革動力：生態系統觀點認為環境不是固定的，而是隨著時間而改變的，只有人和環境兩者適合的時候才是有利的。生態系統觀點強調人的能力是一種本能，反應了人的能力是生物為了維繫生存或延續物種的自我發展與成長的能力假設，但生態系統觀點的適應性，仍說明了該理論強調在一個基本的社會秩序下互動，壓制了個人產生社會變革的可能性。

生態系統觀點概念統整

核心觀點	人類的發展是個人及其環境交流的結果，個人與生俱來就有能力與環境互動。
環境系統的層次	微視系統、中介／居中系統、外部系統、鉅視系統。
相關核心概念	生命週期（life course）、人際關聯（relatedness）、適者生存／勝任能力（competence）、角色（role）、位置與棲息地（niche and habitat）、適應力（adaptiveness）。
案主問題的類型	困難的生活轉變與創傷的生活壓力事件，環境的壓力、人際過程的失功能。
干預思維	案主問題產生非單一因素所致，採多元思維思考，干預方式是多元的。
干預方法	進入系統➔繪製生態圖➔評量生態➔創造改變的觀點➔協調與溝通➔再評量➔評估
社會工作者的角色	使能者、中介者、調解者、倡導者、監護者、與會者。

Unit 7-30 優勢觀點：基本概念

優勢觀點（優勢觀點取向）係於 1980 年代於美國堪薩斯大學社會工作福利學院的 Charles Rapp 教授所發展。優勢觀點強調發覺和探索案主的優勢與資源，協助案主建立和實現目標。事實上，優勢觀點並非具體的理論，而是一種看待事情的角度與立場，助人工作者可將這樣的角度與立場和實務工作做結合，開創出所謂優勢觀點的工作方法（李麗日，2009）。優勢觀點已廣泛運用在各種領域，如老人長期照顧、情緒困擾的青少年與其家庭、物質濫用問題、成人保護服務、與精神醫療領域等（Saleebey, 1996；轉引自宋麗玉等人，2006）。

優勢觀點乃是挑戰病理觀點的理論，聚焦於優勢，是對於以往社會工作慣用的病理觀點（亦稱為缺點模式、醫療模式、病理模式）的一種反動。所謂的病理觀點，係指社會工作者常以傳統的思維，從病理的角度出發，將案主視為一個病人或有問題的人，助人工作者則以專家的角色出現，協助病人解決問題。因此，社會工作者對於案主的問題，通常以問題或病理稱呼，且抱持單一因果論，以及在處遇過程的專業關係中，常使案主處於不平等的關係。此外，病理觀點常受批評的原因，包括：負向標籤效應與責備受害者、著重環境缺失、連續性照顧理念之不切實際等。

優勢觀點是一種思考和看待人的方式，其相信每個人皆有學習、成長和改變的潛能，強調探索和發現人的優勢和資源，而非問題（許臨高等人，2021）。所謂的優勢觀點，融合了生態、復原力、充權等理論概念，將注意力關注在挖掘服務對象存活至今的力量。優勢觀點強調並相信所有的個人或家庭，必定擁有其特殊的優勢、能力與內外在資源，足以有效的用來因應生活中的所有挑戰（李麗日，2009）。因此，優勢觀點認為案主即使身處於困境中，但仍具有一定的優勢，只是尚未被發掘，藉由社會工作者採取不同的思維來看待案主的問題，跳脫過去以病理角度的思維，發掘案主的優勢或資源，以協助案主解決問題。

優勢觀點雖聚焦於優勢，但並不否認案主面臨的困難與痛苦的存在，以及案主的問題爲助人過程的一部分。優勢觀點認為僅狹隘地關注個人的病理，則會阻礙個人發掘優勢。Miley 等學者指出，優勢觀點讓專業助人者了解處遇模式不應只是狹隘的關注案主的病理與問題，應更寬廣的去看到案主的潛能與發掘優勢（Miley, O'Melia, & DuBois, 2016）。此外，Rapp（1998）則將優勢觀點與個案管理結合，發展出「優點個案管理模式」（優點個管模式）（the strengths model of case management）（轉引自宋麗玉等人，2006）。

病理觀點與優勢觀點哲學架構之比較

項目	病理觀點	優勢觀點
對人的看法	• 人被視為 case，重視個人的症狀診斷治療。 • 個人發展的可能性，因病理觀點受到限制。	• 人被視為獨特的個體，重視其特色、能力與資源。 • 個人發展的可能性，是無限制的。
童年經驗的解讀	童年的創傷經驗和目前的問題存在必然的因果關係。	童年的創傷經驗和目前的問題不必然有因果關係，但可能有影響力。
問題評量的意義	探索個人的問題是為了要使診斷有所依據。	探索個人問題成因是為了了解及欣賞個人，而非歸因。
處遇的焦點	• 集中在案主的弱點、缺點和問題。 • 以因果直線邏輯和方法，來減輕、緩和問題徵兆。	• 發現與善用案主的能力與資源。 • 以整體的思考邏輯和方法，處理案主的情境。
社會工作者與服務對象的關係	社會工作者容易懷疑個人的說法或解釋的真確性。	社會工作者較易從個人的說法出發。
社會工作者與服務對象的責任歸屬	• 處遇計畫的主責是依據社會工作者的設計。 • 有限制的自決、自控、委任及個人發展。 • 資源的動員主要是經由專業人員的知識與技巧的運作。	• 處遇計畫是由個人及家庭來啟發。 • 完全開放的自決、自控、委任及個人發展。 • 資源的動員主要是靠個人及家庭的優勢、能力及調適技巧的運作。
社會工作者與服務對象的角色	社會工作者是問題解決的專家。	與案主站在平等的夥伴關係。
處遇預期的結果	協助減少服務對象的病症、問題及不良生活功能的負向影響。	協助服務對象適應個人生活，並發展出自我肯定的價值與承諾，創造並找尋社區內的夥伴關係。

資料來源：文字整理自 Saleebey（1996）；簡春安等人（2010）。

Unit 7-31 優勢觀點：理論假設

優勢觀點對個人有兩項基本假定：(1)有能力生活的人，必然有能力發展自己的潛能，並且可以取得資源；(2)人類行爲大多取決於個人所擁有的資源，此乃對人有絕對的相信與肯定。基於此假定，優勢觀點貫穿整個實務的第一個原則即是：案主有學習、成長和改變的潛能。每個人都具有優勢，就案主而言，只是暫時被問題掩蓋，如陽光隱藏於烏雲背後，透過社會工作者這面鏡子，反映其優勢，給予讚賞以協助案主重新覺察自己，並得以提升內在自我權能，即自尊和自我效能之肯定（宋麗玉，2009）。優勢觀點相信每個人都具備兩個基本的優勢，包括個人本身內在的優勢、個人所處環境的優勢（Rapp, 1998）。

一、個人本身內在的優勢

包括熱望（aspiration）、能力（competencies）、自信（confidence），社會工作者透過開啟案主的熱望（aspiration），協助案主啟動「可做什麼」的思維，進而激發個人的行動力量。在優勢觀點當中，無論案主的能力之多寡，社會工作者應有意識地選擇著重案主生活中已擁有的能力。當案主建立了目標且有能力，能否逐步付諸行動，則視其自信程度。社會工作者可發掘案主過去與現在的正向經驗，給予肯定和讚美，則可增強案主的自信，有助於發展解決案主問題的正向驅力。

二、個人所處環境的優勢

包括資源（resource）、社會關係（social relations）、機會（opportunity）（宋麗玉，2009；Rapp, 1998）。優勢觀點對環境的基本假定爲：人類行爲大多取決於個人所擁有的資源，此資源含括個人自身和環境資源。社區資源一旦被發現，就能被啟動（宋麗玉，2009）。Rapp認為社會工作不是要去「整頓」個人和社區，而是去「擴大」個人與社區的優勢。優勢觀點的工作方法，就是幫助案主找到（或發掘）其內在及外在的優勢及資源。透過優勢觀點讓我們理解到，案主並非是完全處於無助的狀態，只要能適當的發掘與重新評估案主的狀況，有時社區資源也可能由沙漠轉變成為綠洲。重點是我們必須進一步評估案主的困境，並試圖發掘相關可用的資源或案主的長處，因而在此過程中藉由評估，可找到幫助案主的方法（石泱等人，2021）。

基於前述優勢觀點對於所具有的基本優勢之見解可知，優勢觀點認爲每個人或其環境都有優勢存在，即使目前身處困境，在個人、團體、家庭和社區中，都會有優勢或資源存在，只不過尚未被發掘或運用。因此，社會工作者應努力促使案主擁有正向的期待，將處遇焦點放在其優勢或長處上，以強化案主的自信，將有助於促使案主朝向目標邁進，不斷創造出解決問題的新能量。

Rapp提出的個人本身內在的三大基本優勢

＝ 個人本身內在的三大基本優勢

Rapp提出的個人所處環境的優勢

個人所處環境的優勢

- 01 資源（resource）
- 02 社會關係（social relations）
- 03 機會（opportunity）

Unit 7-32 優勢觀點：優點個管模式

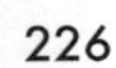

Rapp 與 Saleebey 對優勢觀點的各項論述，經宋麗玉（2009）加以綜合後，提出優勢觀點個案管理模式（簡稱「優點個管模式」）的相關理論觀點，包括：復元、增強權能、生態觀點、復原力、療癒和圓整、參與和社會支持網絡、希望、對話與合作等，茲綜整相關文獻後說明如下（李麗日，2009；宋麗玉等人，2006；宋麗玉，2009；鄭麗珍、潘淑滿，2022；社團法人台灣復原力社會福利協會，2014；簡春安等人，2010；許臨高等人，2021）：

(一) 復元──處遇之終極目標

優勢觀點著重在人的復元（recovery），而非只是「事情」完成或是問題解決。復元並非指恢復原狀或是創傷與障礙消失，而是指由現在出發：重新找到自己，即重新界定自己的價值，並能體現主體性，重建具品質且滿意的生活。復元過程中，案主可以發現及使用本身內外各種資源的潛能與力量。

(二) 增強權能──處遇之中介目標

增強權能乃是促使個人主體性，增強權能是復元的中介目標。優勢觀點強調拓展案主的優勢及能力，促進個人權能之增強。

(三) 生態觀點──環境優勢蘊藏之處及處遇之脈絡

優勢觀點模式強調需進入案主的生態脈絡了解其行為與處遇，目的在於善用社區資源，協助案主運用資源，並與環境中其他個體或組織發展正面的成員關係。

(四) 復原力、療癒和圓整──內在優勢

復原力（resilience，亦翻譯為韌性）是指案主即使處在明顯具有威脅性的情境脈絡中，仍表現出超乎預料的功能或行為，而成功適應並獲得發展。復原力乃是個人發展歷程中逐漸成形的一種內在能力，它可能是一種復元（recovery）過程的助力，但不同於復元，因為復元指涉過程與結果。

(五) 參與和社會支持網絡──環境優勢

優勢觀點倡導讓案主在社區獲得平等的參與，整合進入社區，在當中獲得歸屬感，有機會發展適合其生存的社會支持網絡，提升其生活品質和滿意度。

(六) 希望──點燃復元之光

優勢觀點處遇模式的最終目標為個人之復元（recovery），影響復元歷程最重要的是「希望的萌生」。優勢觀點之處遇為協助個人建立信心以增強意志力，復元中的人會找方法維持和重新獲得希望，點燃復元之光。

(七) 對話與合作──落實優勢觀點之途徑

優勢觀點強調社會工作者透過與案主的對話，了解其優勢和想望，並且在工作目標上達成共識，共同討論詳細的行動方法，開啟合作的可能。

優勢觀點個案管理模式（優點個管模式）相關的理論觀點

優勢觀點個案管理模式（優點個管模式）相關的理論觀點

1. **復元**
   ——處遇之終極目標
2. **增強權能**
   ——處遇之中介目標
3. **生態觀點**
   ——環境優勢蘊藏之處及處遇之脈絡
4. **復原力、療癒和圓整**
   ——內在優勢
5. **參與和社會支持網絡**
   ——環境優勢
6. **希望**
   ——點燃復元之光
7. **對話與合作**
   ——落實優勢觀點之途徑

Unit 7-33 優勢觀點：優點個管實務運作模式

優勢觀點個管模式包含實務理論的一套運作原則及工作方法，茲就其工作程序與方法，綜整說明如下（宋麗玉等人，2006；宋麗玉，2009）：

一、建立助人關係

優勢觀點個管模式在處遇上，與案主的關係是有目標的、相互的、友善的、信任的、增強權能的關係，焦點在激發案主的希望。關係建立所需要的重要行為，包含：建立希望並給予尊重、尊重案主、聚焦在正向事物、慶祝事情完成和成功、陪伴案主、協助案主朝向他們認為重要的目標等，以及倡導案主對生活的自主性、家庭成員的互動與彼此支持等。

二、優點評量

優勢觀點個管模式採用「優點量表」對案主進行整體評量，作為處遇的重要依據。優點評量以案主的想望為中心（我要的是什麼？），在這個想望下了解其現況（現在有什麼資源），以及過去曾經使用的個人與社會資源。優點評量是了解案主的工具，用以協助案主陳述和發掘自身才能、資源與想望的工作方法。

三、建立個別計畫

延續案主優點評量中以案主為中心的生活想望，個人計畫的建立是轉化想望為具體行動的工具。社會工作者協助案主設定目標、共同給予意義，過程中傳遞希望，讓案主相信自己可以朝著目標不斷前進。在個人計畫中行動依據是案主自己選擇的目標，目標的陳述以案主的語言來表達，每一短期行動都是指向長期目標。過程中給予案主鼓勵，是增強案主正向經驗與前進的動力，目標達成時要給予獎勵和慶祝。

四、獲取資源

優勢觀點個管模式透過影響體系以擴展資源網絡，社會工作者必須雙重聚焦於個人與環境。社會工作者一方面透過優點評量與個人計畫，聚焦於案主的生活情境，以協助案主改善其與環境的調和度，同時也由案主個人、行政體系、社區環境與政策等直接服務及鉅視觀點，增權案主並倡導和發展適合案主的友善環境。

五、持續追蹤與結案

在此階段中，持續的追蹤與互動。當案主目標完成，或逐漸肯定自己、建立自我生活滿足感與意義時，此時社會工作者也將評估案主復元狀態，開始展開結案的準備，並持續的追蹤，以鞏固服務成果。

對於優勢觀點的看法，在優點方面包括：(1) 能有效增強社會工作的專業基礎；(2) 提供一個機會，挑戰社會工作內涵的權威論述；(3) 鼓勵社會工作者針對案主所關心的事件，必須將焦點同時放在個人面和社會面；(4) 鼓勵善加利用社區的豐富資源。然而，對於優勢觀點的缺點方面，則包括：(1) 是一種偽裝的正向思考，忽略案主實際遭遇的問題，只是重新建構案主悲慘的境遇，並過於樂觀；(2) 無法說明什麼或是怎樣的態度和行為，是案主的優勢；(3) 對所依據的復原力的研究可疑的詮釋，部分研究內容所指出之結論有所矛盾；(4) 把過多的責任放在個人與社區上（簡春安等人，2010）。

優勢觀點的主要概念：優勢觀點社會工作實務的基礎

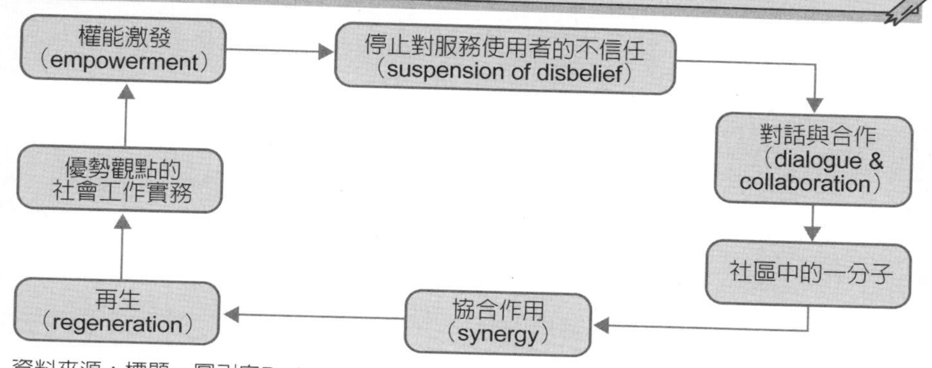

資料來源：標題、圖引自Perkins & Tice（1995）；轉引自簡春安等人（2010）。

優勢觀點典範架構圖

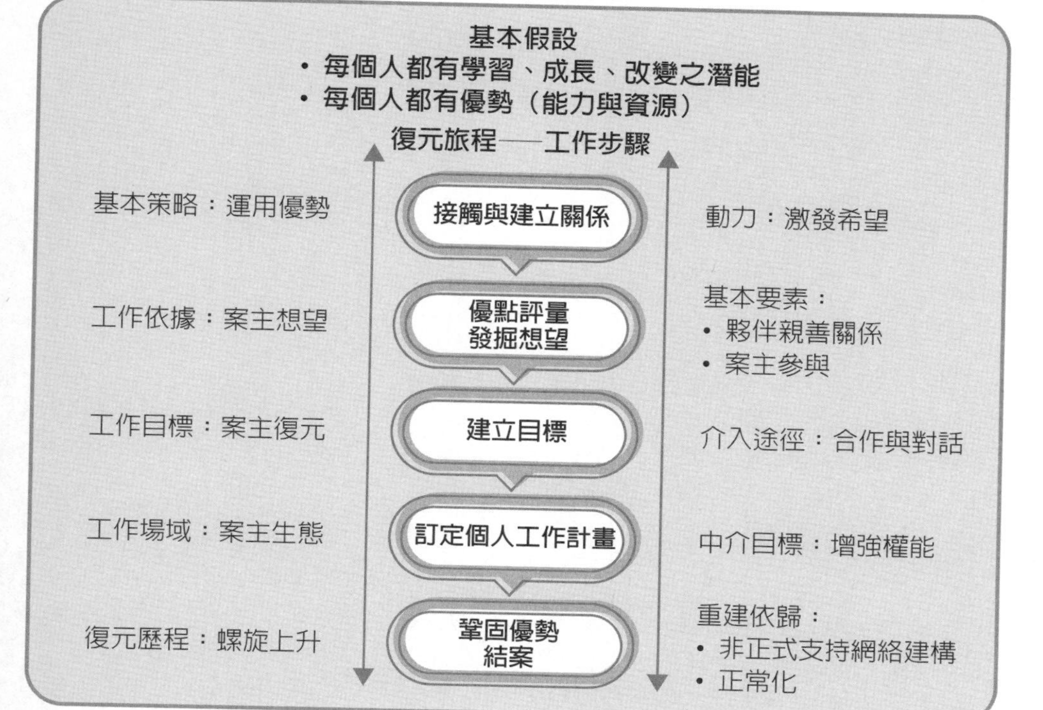

資料來源：標題、圖引自宋麗玉（2009）。

參考書目

中文部分

中華民國社區發展研究中心（1992）。《社會工作辭典》。臺北：中華民國社區發展研究訓練中心。

天主教善牧社會福利基金會（2023）。檢索自：https://reurl.cc/EoVVQk

王玠等人譯（1998）。《個案管理》（原著Ballew, J. R. & Mink, G.）。新北：心理。

石泱等人（2021）。〈以優勢觀點評估團體營隊活動之執行成效〉。《社區發展季刊》，173：411-431。

白倩如（2013）。〈社會個案工作契約與計畫訂定〉，收錄於曾華源主編《社會個案工作》。臺北：洪葉。

白倩如、曾華源（2021）。〈專業界線與華人社會關係之倫理議題〉，收錄於曾華源等著《社會工作專業價值與倫理》。臺北：洪葉。

朱惠英等人譯、Chris Trotter著（2008）。《如何與非自願個案工作》。臺北：張老師。

李宗派（1999）。〈討論社會工作之倫理原則與問題〉。《社區發展季刊》，86：47-53。

李仰慈、曾華源（2021）。〈保密實踐之倫理議題〉，收錄於曾華源等著《社會工作專業價值與倫理》。臺北：洪葉。

李保悅（1980）。〈介紹心理暨社會學派個案工作〉。《社區發展季刊》，11：22-28。

李增祿（2012）。〈社會工作的本質與理論〉，收錄於李增祿等著《社會工作概論》。臺北：巨流。

李麗日（2009）。〈新移民個人充權策略——由優勢復原觀點出發〉，《社區發展季刊》，126：240-253。

宋麗玉等人（2006）。〈優點個案管理模式之介紹與運用於受暴婦女之評估結果〉。《社區發展季刊》，113：143-160。

宋麗玉（2009）。〈優勢觀點社會工作概論〉，收錄於宋麗玉等著《優勢觀點：社會工作理論與實務》。臺北：洪葉。

呂民璿（2002）。《社會個案工作研究：方法、探討與處遇》。臺北：洪葉。

社團法人台灣復原力社會福利協會（2014）。《復原力任務中心社會工作：理論與技術》。臺北：洪葉。

林萬億（2022）。《當代社會工作：理論與方法》。臺北：五南。

林勝義（2013）。《社會工作概論》。臺北：五南。

林勝義（2023）。《社會工作引論》。臺北：五南。

吳秀照（2004）。〈東南亞外籍女性配偶對於發展遲緩子女的教養環境與主體經驗初探——從生態系統觀點及相關研究分析〉。《社區發展季刊》，105：159-175。
姚奮志（2016）。〈身心障礙者個案管理及生涯轉銜服務現況分析檢討與發展〉。《台灣社區工作與社區研究學刊》，6（1）：77-137。
高迪理（1990）。〈個案管理：一個新興的專業社會工作概念〉，《個案管理》。臺北：中華民國社會工作專業人員協會。
徐錦鋒（2021）。〈社會資源〉，收錄於許臨高主編《社會個案工作：理論與實務》。臺北：五南。
洪敏琬譯、Chris Beckett原著（2017）。《社會工作實務理論：整合運用取向》。臺北：洪葉。
曾華源（2021a）。〈社會工作社會暨心理學派〉，收錄於宋麗玉等著《社會工作理論：處遇模式與案例分析》。臺北：洪葉。
曾華源（2021b）。〈危機介入取向社會工作模式〉，收錄於宋麗玉等著《社會工作理論：處遇模式與案例分析》。臺北：洪葉。
曾華源（2021c）。〈社會工作任務中心取向〉，收錄於宋麗玉等著《社會工作理論：處遇模式與案例分析》。臺北：洪葉。
曾華源等人（編）、胡慧嫈等人（譯）、Hepworth, D., Rooney, R. & Larsen, J. A. 著（2010）。《社會工作直接服務：理論與技巧》。臺北：洪葉。
曾華源、黃俐婷（2006）。〈心理暨社會派、生態系統觀及增強權能觀對“人在情境中”詮釋之比較〉。《東吳社會工作學報》，14：63-89。
曾華源、胡慧嫈（2021）。〈案主自我決定的倫理議題〉，收錄於曾華源等著《社會工作專業價值與倫理：社會脈絡下的倫理實踐》。臺北：五南。
曾麗娟（2021）。〈社會工作會談〉，收錄於許臨高主編《社會個案工作：理論與實務》。臺北：五南。
莫藜藜（2021）。〈社會個案工作的意義與發展〉，收錄於許臨高主編《社會個案工作：理論與實務》。臺北：五南。
莫藜藜、黃韻如（2021）。〈社會個案工作的過程〉，收錄於許臨高主編《社會個案工作：理論與實務》。臺北：五南。
許臨高等人（2021）。〈社會個案工作理論與實務〉，收錄於許臨高主編《社會個案工作：理論與實務》。臺北：五南。
許臨高、顧美俐（2021）。〈社會個案工作的專業關係〉，收錄於許臨高主編《社會個案工作：理論與實務》。臺北：五南。
郭靜晃（2001）。《社會問題與適應》。臺北：揚智。
張秀玉（2005）。〈從增強權能觀點探討身心障礙嬰幼兒其家庭之處遇方法〉。《社區發展季刊》，109：486-499。

張思忠等譯（1989）。《社會個案工作》。臺中：向上兒童福利基金會。
張曉筱（2017）。〈社工理論比較與實務運用：任務中心取向，生態觀及增強權能觀三者的比較分析〉。《社區發展季刊》，159：385-400。
施教裕（2021）。〈認知行為理論〉，收錄於宋麗玉等著《社會工作理論：處遇模式與案例分析》。臺北：洪葉。
翁毓秀審閱、Joyce Lishman 著（2014）。《社會工作會談與溝通技巧》。臺北：洪葉。
黃源協（2006）。〈社會資源網絡建構與個案管理實務——以中部四區為例〉。《社區發展季刊》，115：65-77。
黃源協等人（2017）。《個案管理與照顧管理》。臺北：雙葉。
黃維憲等人（1985）。《社會個案工作》。臺北：五南。
陳政智（2002）。〈身心障礙者個案管理與個案工作服務模式之差異〉。《社區發展季刊》，97：190-196。
謝秀芬（2016）。《社會個案工作：理論與技巧》。臺北：雙葉。
潘淑滿（2000）。《社會個案工作》。新北：心理。
萬育維（2003）。《社會工作概論：理論與實務》。臺北：雙葉。
萬育維譯、Barry R. Cournoyer 著（2012）。《社會工作實務手冊》。臺北：洪葉。
鄭維瑄（2014a）。〈社會個案工作的專業關係〉，收錄於曾華源主編《社會個案工作》。臺北：洪葉。
鄭維瑄（2014b）。〈社會個案工作過程〉，收錄於曾華源主編《社會個案工作》。臺北：洪葉。
鄭維瑄（2014c）。〈社會個案會談與專業關係建立〉，收錄於曾華源主編《社會個案工作》。臺北：洪葉。
鄭麗珍（2021a）。〈增強權能理論與倡導〉，收錄於宋麗玉等著《社會工作理論：處遇模式與案例分析》。臺北：洪葉。
鄭麗珍（2021b）。〈生態系統觀點〉，收錄於宋麗玉等著《社會工作理論：處遇模式與案例分析》。臺北：洪葉。
鄭麗珍、潘淑滿（2022）。《社會個案工作：理論與實務工作手冊》。臺北：雙葉。
劉珠利（2003）。〈對天然災害受災女性之社會工作——一個增強權能的角度〉。《社區發展季刊》，109：444-458。
簡春安等人（2010）。《社會工作理論》。臺北：巨流。
簡美華（2014a）。〈社會個案工作：危機干預〉，收錄曾華源主編《社會個案工作》。臺北：洪葉。
簡美華（2014b）。〈社會個案工作：任務中心取向〉，收錄於曾華源主編《社會個案工作》。臺北：洪葉。

英文部分

Abramson, M. (1985). The autonomy-paternalism dilemma in social work practice. *Social Casework: The Journal of Contemporary Social Work, 66*(7), 387-393.

Barker, R. L. (1991). *Social work dictionary* (2th ed.). Washington, DC: NASW Press.

Barker, R. L. (2014). *The social work dictionary* (6th ed.). Washington, DC: NASW Press.

Biestek, F. (1957). *The casework relationship.* Chicago: Loyola University Press.

Brammer, L. M., Shostrom, E . L., & Abrego, P. J. (1993). *Therapeutic counseling and psychology* (6th ed.). Eaglewood Cliffs, N.J.: Prentice Hall.

Bronfenbrenner U. (1979). *The ecology of human development: Experiments by nature and design.* Cambridge, Mass.: Harvard University Press.

Collins, B. (1986). Defining feminist social work. *Social Work, 31*, 214-219.

Compton, B. R., & Galaway, B. (1999). *Social work process* (6th ed.). N.Y.: Brooks/Cole Co.

Dorfman, R. A. (1996). *Clinical social work: Definition, practice and vision.* New York: Brunner/Mazel, Publishers.

DuBois, B., & Miley, K. K. (1999). Social work: An empowering profession (3rd ed.). Boston: Allyn & Bacon.

Fischer, J. (1978). *Effective casework practice*. NY: McGraw Hill.

Frankel, A. J., & Gelman, S. R. (1998). *Case management: An introduction to concepts and skills*. Chicago: Lyceum.

Galbreath, W. B. (2005). Dual relationships in rural communities. In Lohmann & Lohmann (eds.). *Rural social work practice.* pp. 105-123. NY: Columbia University Press.

Gutierrez, L. M. (1990). Working with women of color: An Empowerment perspective. *Social Work, 35*(2), 149-154.

Gutierrez, L. M., Parsons, R. J., & Cox, E. O. (1998). *Empowerment in social work practice: A sourcebook*. Pacific Grove, CA: Brooks/Cole Publishing Company.

Greene, R. R., & Ephress, P. H. (1991). *Human behavior theory and social work practice*. New York, NY: Aldine de Gruyter.

Hepworth, D. H., Rooney, R. H., & Larsen, J. A. (1997). *Direct social work practice: Theory and skill* (5th ed.). Brooks /Cole Publishing Company.

Hepworth, D. H., Rooney, R. H., Rooney, G. D., & Strom-Gottfried, K. (2010). *Direct social work practice: Theory and Skills* (8th ed.). Belmont, CA: Brooks/Cole Cenage Learning.

Hepworth, D. H., Rooney, R. H., Rooney, G. D., & Strom-Gottfried, K. (2012). *Direct social work practice: Theory and skills* (9th ed.). Belmont, CA: Brooks/Cole Cenage Learning.

Ivey, A. E., Ivey, M. B., Zalaquett, C. P., & Quirk, K. (2011). *Essentials of intentional interviewing: Counseling in a multicultural world.* Pacific Grove, CA: Brooks/Cole Publishing Company.

Johnson, L. (1998). *Social work practice: A generalist approach* (6th ed.). Boston: Allyn and Bacon.

Kadushin, A., & Kadushin, G. (1997). *The social work interview: A guide for human service professionals* (4th ed.). New York: Columbia University Press.

Kagle, J. D., & Giebelhausen, P. N. (1994). Dual relationships and professional boundaries. *Social Work, 39*(2), 213-220.

Keith-Lucas, Alan (1986). *Giving and taking help*. Chapel Hill: The University of North Carolina Press.

Lang, G., & Molen, Henk van der (1990). Personal conversations: *Roles and skills for counsellors*. London: Routledge.

Miley, K. K., O' Melia, M. W., & DuBois, B. L. (2016). *Generalist social work practice: An empowering approach*. Pearson.

Mizrahi. T., Davis, L. E. (2008). *Social work practice. Washington,* D.C. & New York: NSAW Press and Oxford University Press.

Pardeck, J. T. (1996). *An ecological approach to practice, social work practice: An ecological approach.* pp.1-25. Greenwood Publishing Group, Inc.

Perkins, K., & Tice, C. (1995). A strengths perspective in practice: Older people and mental health challenges. *Journal of Gerontological Social Work, 23* (3/4), 83-97.

Perlman, H. H. (1973). *Social casework: The problem-solving process.* The University of Chicago Press.

Rapp, C. (1998). *The strengths model: Case management with people suffering from severe and persistent mental illness*. New York: Oxford University Press.

Reamer, F. G. (2003). Boundary issues in social work: Managing dual relationships. *Social Work, 48*(1), 121-133.

Reid, W. J., & Epstein, L. (1972). *Task-centered casework.* N.Y.: Columbia University Press.

Reid, W. J. (2011). Task-centered social work. In Turner, F. J., *Social work treatment: Interlocking theoretical approaches* (5th ed.). N.Y.: Oxford University Press.

Rooney, R. H. (1992). *Strategies for work with involuntary clients.* New York: Columbia University Press.

Rothman, J. (1991). A model of case management: Toward empirically based practice. *Social work, 36*(6), 521-528.

Saleebey, D. (1996). The Strengths perspective in social work practice: Extensions and cautions. *Social Work, 41*(3), 296-305.

Sevel, J., Cummins, L., & Madrigal, C. (1999). *Student guide and workbook for social work skills demonstrated.* Needham Heights, MA: Allyn and Bacon.

Siporin, M. (1975). *Introduction to social work practice.* NY: Macmillan.

Solomon, B. (1976). *Black empowerment: Social work in oppressed communities.* New York: Columbia University Press.

Specht, H., & Specht, R. (1986). Social work assessment: Route to clienthood. *Social Casework, 67,* 525-593.

Strean, H. S. (1978). *Clinical social work: Theory and practice.* London: The Free Press.

Stromwall, L. K. (2002). Is social work's door open to people recovering from psychiatric disabilities? *Social Work, 47*(1), 75-83.

Taylor, B., & Devine, T. (1993). *Assessing needs and planning care in social work.* England: Arena.

Turner, J. (1977). Social casework: The functional approach. *Encyclopedia of social work* (17th ed). pp.1280-1321. Washington, D.C.: NASW.

Woods, M. E., & Hollis, F. (2000). *Casework: A psychosocial therapy.* New York: McGraw-Hill Companies.

圖書館出版品預行編目(CIP)資料

解社會個案工作/陳思緯著. --初版. --臺北
：五南圖書出版股份有限公司, 2023.11
面； 公分
BN 978-626-366-541-5 (平裝)
CST：社會個案工作
7.2 112014129

1J1C

圖解社會個案工作

作　　者－陳思緯
發 行 人－楊榮川
總 經 理－楊士清
總 編 輯－楊秀麗
副總編輯－李貴年
責任編輯－陳俐君、何富珊
封面設計－姚孝慈
出 版 者－五南圖書出版股份有限公司
地　　址：106臺北市大安區和平東路二段339號4樓
電　　話：(02) 2705-5066　傳　　真：(02) 2706-6100
網　　址：https://www.wunan.com.tw
電子郵件：wunan@wunan.com.tw
劃撥帳號：01068953
戶　　名：五南圖書出版股份有限公司

法律顧問　林勝安律師

出版日期　2023年11月初版一刷
定　　價　新臺幣360元

經典永恆·名著常在

五十週年的獻禮——經典名著文庫

五南，五十年了，半個世紀，人生旅程的一大半，走過來了。
思索著，邁向百年的未來歷程，能為知識界、文化學術界作些什麼？
在速食文化的生態下，有什麼值得讓人雋永品味的？

歷代經典・當今名著，經過時間的洗禮，千鍾百鍊，流傳至今，光芒耀人；
不僅使我們能領悟前人的智慧，同時也增深加廣我們思考的深度與視野。
我們決心投入巨資，有計畫的系統梳選，成立「經典名著文庫」，
希望收入古今中外思想性的、充滿睿智與獨見的經典、名著。
這是一項理想性的、永續性的巨大出版工程。
不在意讀者的眾寡，只考慮它的學術價值，力求完整展現先哲思想的軌跡；
為知識界開啟一片智慧之窗，營造一座百花綻放的世界文明公園，
任君遨遊、取菁吸蜜、嘉惠學子！